기독교문서선교회(Christian Literature Center: 약칭 CLC)는 1941년 영국 콜체스터에서 켄 아담스에 의해 시작되었으며 국제 본부는 미국 필라델피아에 있습니다. 국제 CLC는 59개 나라에서 180개의 본부를 두고, 약 650여 명의 선교사들이 이동도서차량 40대를 이용하여 문서 보급에 힘쓰고 있으며 이메일 주문을 통해 130여 국으로 책을 공급하고 있습니다. 한국 CLC는 청교도적 복음주의 신학과 신앙서적을 출판하는 문서선교기관으로서, 한 영혼이라도 구원되길 소망하면서 주님이 오시는 그날까지 최선을 다할 것입니다.

추천사

김 정 우 박사
총신대 명예교수, 한국신학정보연구원장

누에(silkworm)가 뽕잎을 먹으며 5령을 지내면 1500m의 명주실을 뽑아내어 아름다운 비단이 나오듯이, 이윤경 박사가 평생 먹은 글들이 이제 11장으로 구성된 책이 되어 나온다.

한국의 독자들에게 다소 낯선 『제2성전 시대의 묵시문학과 사상』에는 페르시아 시대에서 로마 시대까지 최신 연구들을 섭렵하여 소화한 저자만의 독자적 해석이 나온다. 묵시문학이 추방과 핍박의 콘텍스트에서 나왔지만, 저자는 오히려 그 속에서 희망의 메시지와 참회 기도에 천착한다.

다른 무엇보다 이 책은 구약과 신약 세계 사이에 단절된 것으로 보이는 길을 안내하는 실크로드가 될 것이다.

왕 대 일 박사
전 감신대 구약학 교수

이스라엘 고대사에서 제2성전기는 두 가지 관점에서 살펴볼 수 있다. 페르시아에서 헬라, 로마에 이르는 제국의 역사에서 관찰할 수도 있고, 그 제국에 억눌려 지냈던 유다사람들의 생존환경에서도 관찰할 수 있다. 제국의 역사가 승자의 당찬 고백으로 역사의 흥망성쇠를 풀어나간다면, 피지배자의 역사에는 억눌린 자의 한(恨)과 소망이 각인되어 있다.

이윤경 박사는 제2성전기라는 암울한 시대를 살았던 유다사람들의 정신 사조를 묵시사상이라는 프리즘으로 추적한다. 묵시사상에 담긴 생존을 위한 몸부림을 구·신약중간기의 여러 텍스트들에 대한 분석을 통해서 추적한다.

그가 펼치는 사색의 여정을 따라서 제2이사야에서 제3이사야, 스가랴, 다니엘, 쿰란문헌, 마카비, 에녹서, 희년서 등에 이르는 묵시문헌의 길을 걷다 보면 제2성전 시대의 유대종교 문헌이 어떻게 해서 묵시사상의 보금자리가 되었는지를 깨닫게 된다.

이 책의 독자들은 이윤경 박사가 제시한 전승의 흐름에 공감하면서 유대역사가 씨름하였던 신정론 문제가 어떻게 해서 유대묵시사상의 종말론으로 풀리게 되었는지를 실감나게 배울 수 있다.

유 윤 종 박사
평택대학교 구약학 교수, 피어선신학전문대학원장

이윤경 박사의 주 관심은 '구약성서와 사해사본'에 있다. 사해사본을 남긴 공동체의 주요 관심은 묵시사상에 있다.

따라서 이윤경 박사의 관심이 묵시사상에 있다는 것은 매우 자연스러운 일이며, 그와 관련된 연구를 꾸준히 해왔다. 이 책은 그 연구의 결정판이다.

이 책은 묵시사상이 태동한 제2성전 시대부터 쿰란 공동체에 이르기까지의 사상사를 구약성서 외에도 외경 및 다양한 문헌들을 통해 추적하고 있다.

이 책은 묵시문학의 근원이 이 세상에 대한 하나님의 주권의 철저한 인정과 그로 인한 희망에 있음을 잘 보여주고 있다.

따라서 오늘날 희망을 잃고 방황하는 우리 시대를 되돌아볼 수 있는 성찰의 기회를 제공한다.

유 선 명 박사
백석신학대학원 구약학 교수

신약성경과 초기기독교를 바르게 이해하기 위해서는 제2성전기의 유대교 문헌을 알아야 한다. 지난 수십 년간 이 분야에서 생산된 막대한 연구물들 중 일부만이 국내에 소개되어 아쉬웠던 차에, 제2성전기문헌 전문가가 우리말로 쓴 탄탄한 연구서가 출간되어 반갑기 그지없다.

본서는 히브리 정경으로부터 외경과 위경, 사해문서에 이르는 광범위한 문헌에 흐르는 묵시문학의 분석을 통해 당대 유대사회와 종교의 모습은 물론, 신약성경과 초기기독교의 태동으로 이어지는 격동의 과정을 생동감 있게 그려주고 있다.

본서가 전체적으로 학술논문의 원형을 유지하고 있지만 가독성이 훌륭해서 신학도 뿐만 아니라 이 흥미로운 분야에 관심을 가진 모든 성도들의 일독을 권한다.

하 경 택 박사
장로회신학대학교 구약학 교수

제2성전 시대는 구약성서가 완결되는 시기이며 묵시적 종말사상이 꽃피우던 시기이다. 이 시기에 대한 이해 없이는 구약신학이 불가능하다. 하지만 이 시기에 생성된 문헌 가운데 구약 정경에 속한 책들이 매우 제한적이어서, 이 시기에 대한 온전한 조망을 위해서는 외경과 쿰란문서에 대한 연구가 필수적이다. 저자는 본 책에서 이러한 구약신학적 작업의 당위성과 필요성을 동시에 충족시켜주고 있다.

저자는 11개의 논문을 통해서 포로기 이후의 묵시문학적 종말사상을 다양한 각도에서 고찰하며, 시대상황에 대응하며 전개되는 신학사상의 궤도를 정밀하게 추적한다. 결과적으로 저자의 이러한 작업은 구약성서뿐 아니라 신약성서 묵시적 종말사상의 기원과 배경을 이해하도록 이끈다. 이러한 점에서 이 책은 구약성서와 신약성서를 아우르는 신앙과 종말사상을 알고자 하는 사람들에게 반드시 권해야 할 책이다.

김 선 종 박사
호남신학대학교 구약학 교수

이 책은 저자가 오랜 시간 동안 성실하고 일관되게 연구해온 성과를 고스란히 보여주고 있다. 묵시사상은 구약시대뿐 아니라 구약과 신약의 중간기 시대에 중요한 사상을 이루고 있을 뿐 아니라, 예수 그리스도와 바울의 부활과 종말 사상을 바르게 이해하기 위해서도 필수적이다.

저자는 묵시사상을 입체적으로 밝히기 위해 예언서와 지혜문학과 쿰란 문서 등의 다양한 측면에서 접근하여 연구하고 있다. 이 책은 고난과 혼란함으로 점철된 시대에 하나님의 뜻을 알고자 하는 독자들에게 큰 도움과 도전이 될 것이다.

홍 국 평 박사
연세대학교 구약학 교수

이화여대 이윤경 박사의 논문집이 나왔다. 그간 발표된 논문에 새로 쓴 글을 모아 총 11장으로 구성된 탄탄한 책이다. 최근 구약학계에서 제2성전 시대에 대한 관심이 전에 없이 뜨겁다. 우리가 아는 성서문헌과 사상 상당 부분이 이 시대의 산물이라는 합의가 만들어지고 있기 때문이다. 제2성전기 연구는 대부분 해외 학자의 연구나 번역물에 기댈 수밖에 없었던 상황에서 국내학자의 튼실한 연구가 반갑다.

묵시를 빼고 이 시대를 이해할 수 있을까?

제2이사야, 스가랴, 다니엘 등 성서후기문헌에서 시작해 국내 독자에게 익숙하지 않을 수 있는 쿰란문서, 마카비 시대, 제2성전기 유대문헌 등 중간기문헌을 관통하는 묵시라는 키워드를 통해 이 시대의 상황 속으로 독자를 안내한다.

최근 연구 경향을 충실히 반영한 묵직한 연구물로 가득한 이 책은 단숨에 읽을 책이 아니라 찬찬히 곱씹으며 읽을 책이다. 이런 책이 더 많이 쓰이고 널리 읽혀 국내 성서학의 토양이 굳어져가기 바란다.

제2성전 시대의 묵시문학과 사상

The Apocalytic Literature and Thought in the Second Temple Period
Written by Yoonkyoung Lee
All rights reserved.
Korean Edition Copyright ⓒ 2019 by Christian Literature Center, Seoul, Korea

제2성전 시대의 묵시문학과 사상

2019년 10월 31일 초판 발행

지은이	|	이윤경
편집	|	정희연
디자인	|	박성준, 노수경
펴낸곳	|	(사)기독교문서선교회
등록	|	제16-25호(1980.1.18.)
주소	|	서울특별시 서초구 방배로 68
전화	|	02-586-8761~3(본사) 031-942-8761(영업부)
팩스	|	02-523-0131(본사) 031-942-8763(영업부)
이메일	|	clckor@gmail.com
홈페이지	|	www.clcbook.com
송금계좌	|	기업은행 073-000308-04-020 (사)기독교문서선교회

ISBN 978-89-341-2048-3 (93230)

이 도서의 국립중앙도서관 출판예정도서목록(CIP)은 서지정보유통지원시스템 홈페이지 (http://seoji.nl.go.kr)와 국가자료공동목록시스템(http://www.nl.go.kr/kolisnet)에서 이용하실 수 있습니다. (CIP제어번호: 2019041568)

이 책의 저작권은 저자와 (사)기독교문서선교회가 소유합니다. 신저작권법에 의하여 한국 내에서 보호받는 저작물이므로 무단 전재와 무단 복제를 금합니다.

The Apocalytic Literature and Thought in the Second Temple Period

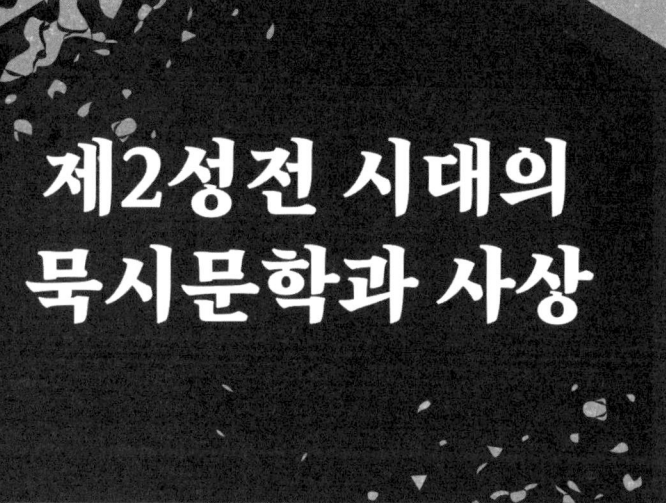

제2성전 시대의 묵시문학과 사상

이윤경 지음

CLC

목차

추천사   1

김정우 박사_총신대 명예교수, 한국신학정보연구원장
왕대일 박사_전 감신대 구약학 교수
유윤종 박사_평택대학교 구약학 교수, 피어선신학전문대학원장
유선명 박사_백석신학대학원, 구약학 교수
하경택 박사_장로회신학대학교 구약학 교수
김선종 박사_호남신학대학교 구약학 교수
홍국평 박사_연세대학교 구약학 교수

저자 서문   9

제1장 서론   12
제2장 제2이사야의 문학과 희망의 메시지   39
제3장 제3이사야의 묵시문학적 메시지   72
제4장 스가랴서의 묵시문학적 메시지   106
제5장 다니엘서의 묵시문학적 메시지   141
제6장 제2성전 시대 묵시문학 장르에 나타난 참회기도 연구   166
       (이사야 63:7-64:11과 다니엘 9:3-19을 중심으로)
제7장 쿰란 다니엘 문서 (4Q242, 243-245, 246)   193
제8장 마카비 혁명 시대의 하시딤   224
제9장 4Q위-에스겔(Pseudo-Ezekiel)에 나타난 에스겔 전승의 재해석   257
제10장 벨리알과 사탄에 대한 역사적 개념 변천 연구   284
제11장 묵시문학적 관점에서 본 쿰란문서의 '죽음과 부활' 이해   310

저자 서문

이윤경 박사
이화여자대학교 기독교학과 교수

　한국교회와 신학교에서 구약성서는 '바벨론 포로로 끌려갔다'는 것에서 끝나버린다. 그 이후에 무슨 일이 벌어졌는지 묻지도 않고 답하지도 않는다.
　바벨론에 끌려간 이스라엘 사람들은 어떻게 살았을까?
　포로로 끌려가지 않고, 팔레스타인에 남아있던 자들은 또 어떻게 살았을까?
　성서 안에서 우리는 '고레스'라는 이름을 만난다. 예루살렘이 바벨론에 무너진 것이 기원전 586년 가을인데, 고레스가 페르시아제국을 창건하는 것은 기원전 539년 10월이다. 바벨론에 끌려간 지 대략 50년 쯤 된 시점이었다. 고레스는 피정복민들에게 본국으로 돌아갈 수 있는 기회를 허락하였다. 어려서 부모님을 따라 끌려갔던 이들도 이미 노년의 나이가 된 시점이었다.
　이들은 바벨론제국보다 더 찬란하였던 페르시아제국에서 살면서 과연 조상들의 땅으로 돌아가기를 원하였을까?

제2성전이 우여곡절 끝에 기원전 515년에 완공되었다. 성전이 재건되고서도 두 세대가 지난 후에, 에스라가 예루살렘에 등장한다. 그 후 느헤미야가 등장한다. 이들은 기원전 586년에 포로로 끌려간 지 한 세기 뒤의 인물들이다. 이들은 이미 성공적으로 페르시아제국의 체제에 안착한 자들의 후손이었고, 유대인이면서 페르시아제국의 그늘 아래 사는 것에 아무런 모순을 느끼지 못하였다.

이들이 페르시아제국의 변방, 예루살렘에 도착하였을 때 가장 먼저 떠오른 생각은 무엇이었을까?

분명 정치, 경제, 문화 모든 제반시설에서 낙후된 예루살렘의 현실 앞에서, 이들은 '개혁'을 생각하지 않을 수 없었을 것이다.

페르시아제국의 변방, 예루살렘을 정치적으로 안정시키고, 사회적으로 선진화를 이루기 위해서 이들이 가장 필요하다고 본 것은 무엇이었을까?

페르시아제국은 영원하지 않았다. 알렉산더라는 마케도니아의 젊은 왕이 세계사에 등장한다. 그는 서양의 군대를 이끌고 페르시아제국의 수도 페르세폴리스를 정복한다. 그는 제국의 성장을 보지 못하고 요절하였지만, '헬레니즘'이라는 지울 수 없는 문화유산을 남겼다.

이 헬라제국 시대에 유다는 그때까지 겪지 못하였던 도전을 받았다. 유대인들은 단지 부당한 세금이나 부역과 같은 종래의 경험뿐만 아니라, '헬레니즘'이라는 문화적 도전을 받게 된다.

헬레니즘 문화는 예루살렘을 강타하고, 안티오쿠스 4세 에피파네스의 등장으로 유대인의 종교문화의 중심을 흔들게 되었다. 이제 하스몬 왕조가 등장하고, 쿰란 공동체가 등장하게 된다. 헬라제국이라는 식민지 토대에서, 이들은 이데올로기적 갈등과 분열을 겪게 된다. 식민세력은 단순히 경제적 수탈뿐만 아니라, 그보다 더 크고, 깊고, 오래 지속될 동족상잔의 비극을 초래한다.

본서는 소위 제2성전 시대라 불리는 포로 후기 이스라엘 사회를 반추하며, 역사적으로 던질 수 있는 질문에 답하고자 한다. 역사는 늘 그 역사의 시점을 살아가는 이들의 사상의 반영이다. 그리고 그 사상의 반영을 해석하는 책들이 또 다른 역사가 된다. 셀 수도 없을 정도로 긴 세월 동안 제국의 통치를 겪으면서, 이스라엘 사람들은 '고난'과 '하나님의 정의'라는 문제에 천착하지 않을 수 없었다.

왜 하나님을 믿는 민족이 고난을 겪는가?
왜 하나님은 악인이 의인에게 고통을 줄 때, 아무것도 하시지 않는가?
침묵하시고, 숨어 계시는 하나님이 정의의 하나님이 될 수 있는가?

이스라엘 사람들은 결국 이 문제가 역사 안에서, 사람의 힘으로 해결될 수 없다는 사실에 직면하게 된다. 이 거대한 비극적 현실인식 가운데, 그들은 신학적 도약을 하게 된다. 이것이 바로 '묵시문학적 종말론적 희망 사상'이다. 역사를 가로 질러 오시는 하나님의 직접 통치에 대한 희망이 무르익어간다.

본서의 추천사를 써주신 김정우, 왕대일, 유윤종, 유선명, 하경택, 김선종, 홍국평 박사님께 감사를 드리며 특히 출판를 담당해 주신 기독교문서선교회(CLC) 박영호 대표님께 감사를 드린다.

제1장

서론

1. 제2성전 시대

제2성전 시대는 이스라엘 백성이 포로지에서 귀환한 후 스룹바벨과 여호수아의 지도하에 성전을 재건한 기원전 515년부터 로마 군대가 성전을 붕괴한 기원후 70년까지의 기간을 지칭한다. 기독교인의 관점에서는 이 시대를 '신구약 중간기'라 부른다. 포로 귀환 이후 시대를 지칭하기에, '포로 후기'라고도 불리는 이 시대는 페르시아와 헬라, 그리고 로마제국을 망라한다. 그러나 최근 '포로'라는 관점이 바벨론제국 시대에 추방된 자들의 관점에 특권을 부여한다는 점에서, '성전 없는 시대'라고 부를 것을 제안하는 입장도 있다.[1]

제2성전 시대를 여는 배경에는 페르시아제국이 있다. '제2성전'이라는

---

1   J. A. 미들마스, "텅 빈 땅 신화를 넘어서서: 초기 페르시아 재평가," 개리 N. 크노퍼스, 레스터 L. 그래브, 데이드레 N. 풀턴 편, 『다시보기: 이스라엘의 포로와 회복』, 이윤경 역 (서울: CLC, 2019), 제11장; 질 미들마스, 『이스라엘의 무성전시대: 포로기의 역사, 문헌, 그리고 신학에 대한 개요』, 홍성혁 역 (서울: CLC, 2018).

말이 가능하게 된 것은 바로 고레스라는 인물의 등장 때문이었다. 그가 바벨론을 정복하고, 칙령을 내려 유대인의 본국으로의 귀환을 승인하였고, 이후 다리오 왕 때에 성전 재건은 완수되었다. 성전이 재건되고 60여 년의 공백 이후, 아닥사스다 왕 때에 에스라와 느헤미야가 예루살렘에 등장한다. 이 시대와 사건을 배경으로 하는 성서는 역대기, 에스라, 느헤미야와 같은 역사서 외에도, 제2, 3이사야와 학개와 스가랴, 그리고 말라기와 같은 예언서, 그리고 에스더와 욥기와 같은 성문서가 있다.

<페르시아제국 시대 주요 연대>

539년	고레스의 바벨론 정복
538년	고레스 칙령과 세스바살 귀환
535년	스룹바벨 지도하에 유대인 귀환과 성전 재건 시작
530년	성전 재건 중단
520년	학개와 스가랴 예언
515년	성전 재건 완성
458년	에스라의 사역 시작
445년	느헤미야 1차 총독 부임 개시
433년	느헤미야 1차 총독 부임 종료
424년	느헤미야 2차 총독 부임

<페르시아 왕들과 관련 성서본문과 성서의 인물들>

페르시아 왕	성서 표기	성서관련 본문	성서인물
고레스 (539-530)	고레스	사 45장, 스 1-3장	세스바살
감비세스 (530~522)	(아하수에로?)	스 4-6장?	
바르디야 (=스메르디스 522)	(아닥사스다?)	스 4:7-23?	
다리우스 1세 (522-486)	다리오	스 5-6장	스룹바벨, 여호수아 학개, 스가랴
크세르크세스 1세 (486-465)	아하수에로	에 1-10장	에스더
아닥사스다 1세 (465-424)	아닥사스다	느 1-13장, 스 7-10장	에스라 스 7:8 (458년) 느헤미야 느 1:1 (446년)

그런데 제2성전 시대의 시작인 페르시아제국에 대한 평가는 극단적으로 갈리고 있다. 대표적으로 허버트 도너(Herbert Donner)는 페르시아 시대를 '암흑기'로 명명한다.² 이런 부정적인 평가는 이 시대가 '유대교'의 등장 시기이며, "성전 없는 종교, 제의 없는 예배라는 이상(理想)보다 저급한"³ 성전 재건에 몰두한 시기였기에, 기독교의 관점에서는 더욱 부정적으로 평가되었다.

포로 후기는 신약 시대의 배경으로만 가치가 있을 뿐이라는 관념이 팽배하였다.⁴ 반면, 대표적인 페르시아 시대 유다 연구자인 그래브(Lester L. Grabbe)는 페르시아 시대를 "고대로부터 현재에 이르기까지 유대 사상과 관습의 발전사에 가장 중요한 단일 시대"⁵라고 단언한다. 이런 대조적인 평가 속에서, 페르시아 시대와 그 이후 시기에 대한 연구는 최근 구약성서학의 중심 주제로 부상하고 있다.

페르시아 시대 역사를 다룬 2004년에 출간한 그래브의 책은 1,400여 종의 참고문헌을 소개하는데, 그중 절반 이상은 1990년 이후의 출간물이라고 밝히고 있다.⁶

본서는 페르시아 시대로부터 헬라 시대에 이르는 시기 동안 기록된 정경 문서와 쿰란 문서 중에서 묵시문학적 성격을 띠고 있는 책들과 사상에 집

---

2 oded Lipschits and Manfred Oeming, eds. *Judah and the Judeans in the Persian Period* (Winona Lake, IN: Eisenbrauns, 2006), ix에서 재인용.
3 피터 R. 아크로이드, 『이스라엘의 포로와 회복: 기원전 6세기 히브리 사상 연구』, 이윤경 역 (서울: CLC, 2019), 29.
4 포로 후기에 대한 전통적인 부정적 평가와 이에 대한 반론에 관해서는 아크로이드, 『이스라엘의 포로와 회복』, 제1장 참조.
5 Lester L. Grabbe, *A History of the Jews and Judaism in the Second Temple Period, Volume 1: Yehud, the Persian Province of Judah* (London: Bloomsbury Publishing, 2004), 2.
6 Lester L. Grabbe, *A History of the Jews and Judaism in the Second Temple Period*, xiii.

중한다.

기원전 586년 예루살렘이 멸망했다. 열왕기하 24:14은 이렇게 보도한다.

> 예루살렘의 모든 백성과 모든 지도자와 모든 용사 만 명과 모든 장인과 대장장이를 사로잡아 가매 비천한 자 외에는 그 땅에 남은 자가 없었더라 (왕하 24:14).

그에 반해, 예레미야는 추방이 총 세 차례에 걸쳐 진행되었고, 전체 숫자는 4,600명이었다고 기록한다. 예레미야에 따르면, 기원전 597년 1차에 3,023명, 기원전 586년 2차에 832명, 기원전 581년 3차에 745명이 포로로 끌려갔다(렘 52:28-30). 열왕기하와 예레미야가 전하는 포로로 끌려간 자들의 숫자는 거의 두 배로 차이가 나지만, 어느 경우든 전체 인구에 대비하여 포로로 끌려갔던 이들은 작은 숫자에 불과하였다.[7]

바벨론이 시행한 속국의 지도자 집단을 강제 이주시키는 정책에 따라, 포로로 끌려간 자들은 당시 유다의 정치적, 종교적 지도자와 기술자 계층에 국한되었다. 식민지가 된 팔레스타인에는 네 개의 속주가 설치되었고, 이방인 상류층이 이주했다.[8]

예루살렘 멸망 후 바벨론 시대의 팔레스타인 사회의 모습을 보여주는 기록은 없다. 이런 이유로, 학자들은 바벨론 포로기의 팔레스타인의 상황을 상반된 모습으로 재구성한다. 포오러(Fohrer)는 성전 파괴 이후 예루살렘

---

[7] 섕크스는 당시 인구의 90%는 팔레스타인에 남아 있었다고 보고, 갓월드는 95%가 남아 있었다고 본다. 허셜 섕크스, 『고대 이스라엘』, 김유기 역 (서울: 한국신학연구소, 2013), 293; 노만 K. 갓월드, 『히브리성서 2: 사회문학적 연구』, 김상기 역 (서울: 한국신학연구소, 1985), 90.
[8] 마틴 노트, 『이스라엘 역사』, 박문재 역 (서울: 크리스챤다이제스트, 1996), 373-374.

이 완전히 초토화되었고, 토지는 황폐해졌으며, 지도자들은 죽임을 당하거나 강제 이송되어 빈농만 남게 되었다고 본다.[9] 정반대 의견으로, 벌퀴스트(Berquist)는 바벨론의 공격이 유다의 농민들에게 미미한 영향밖에 끼치지 못하였고, 전통적인 계층적 사회 구조와 종교 생활을 그대로 유지하며 살아갔다고 본다.[10]

아케메니드 페르시아 왕조에 대한 기록 또한 부족하다. 특히, 왕조 스스로가 남긴 기록은 거의 남아 있지 않다. 헤로도토스의 역사 책에 의존하거나, 그 외 페르시아 왕조 시대의 건축물과 부조물, 그리고 미술품들을 통해서 당시 사회상을 파악한다.[11] 예컨대, 페르시아 왕실 기록으로 고레스 실린더(The Cyrus Cylinder)가 있다. 역대하 36:23과 에스라 1:2-4은 고레스 칙령을 다음과 같이 기록한다.

> 바사 왕 고레스는 말하노니 하늘의 신 여호와께서 세상 만국으로 내게 주셨고 나를 명하사 유다 예루살렘에 전을 건축하라 하셨나니 이스라엘의 하나님은 참 신이시라. 너희 중에 무릇 그 백성 된 자는 다 유다 예루살렘으로 올라가서 거기 있는 여호와의 전을 건축하라. 너희 하나님이 함께 하시기를 원하노라. 무릇 그 남아 있는 백성이 어느 곳에 우거하였든지 그곳 사람들이 마땅히 은과 금과 기타 물건과 짐승으로 도와주고 그 외에도 예루살렘 하나님의 전을 위하여 예물을 즐거이 드릴지니라 하였더라(스 1:2-4).

---

9   게오르크 포오러, 『이스라엘 역사』, 방석종 역 (서울: 성광문화사, 1986), 251.
10 J. L. Berquist, *Judaism in Persian's Shadow: A Social and Historical Approach* (Minneapolis: Fortress Press, 1995), 17.
11 유홍태, 『고대 페르시아의 역사』 (파주: 살림출판사, 2008), 24.

역대기와 에스라는 고레스가 야웨의 도움을 인정한 것으로 말하지만, 고레스 칙령에는 바벨론의 신 마르둑에게 공을 돌리고 있다. 고레스 실린더에는 파괴된 성소들을 재건하고 흩어진 주민들을 재정착하도록 하는 그의 정책이 기록되어 있다.[12] 그는 강제 이주나 유배를 당했던 사람들이 고국으로 돌아가는 것을 허용하였으며, 고국에서 종교적, 정치적 기관들을 다시 설립하도록 장려하였다.[13] 그런데 유대인 공동체는 하나님께서 고레스의 마음을 감동시켰기 때문에, 그가 귀환을 허용한 것으로 이해하였다. 그래서 제2이사야는 고레스를 '기름 부음을 받은 자'로 부른다.

고레스가 포로들을 출신 지역으로 귀환하도록 하고, 각자의 성전을 재건하도록 한 데는 실질적인 목적이 있었다. 페르시아는 그들의 세력에 동조하는 거점들을 확보하는 것이 아주 유리하다고 판단하였으며, 이러한 지역들에 대해서는 관용적인 정책을 시행하였다.[14]

고레스가 유대인에게 팔레스타인으로의 귀환을 허용하고, 예루살렘에서 유대인의 전통 제의를 복구하는 일을 후원하고, 이 업무를 그들의 왕족 출신의 인물에게 맡긴 이유는, 이것이 철저히 제국의 변방을 관리하는 정책에 부합하였기 때문이었다. 팔레스타인은 이집트의 국경지대 가까이에 위치해 있었기 때문에, 그곳에 친페르시아적인 집단을 두는 것이 고레스에게

---

12 "아슈르(Ashur), 수사(Susa), 아가데(Agade), 에슈눈나(Eshnunna), 잠반(Zamban), 메투마(Metuma), 데르(Der)를 비롯해 구티움(Gutium) 지역에 이르기까지 오랜 세월 동안 성소들이 폐허로 남아 있던 티그리스강 너머 거룩한 도시들을 위해, 나는 그 도시들 가운데 처소를 갖고 있는 신들을 그들의 원래 위치로 회복시켜 주고 그들을 영원한 처소에 머물게 했다. 나는 그 도시들의 주민들을 모두 모아 그들의 거주지로 돌아가게 해주었다." 허셜 섕크스, 『고대 이스라엘』, 313에서 재인용.
13 허셜 섕크스, 『고대 이스라엘』, 313.
14 에드윈 M. 야마우찌, 『페르시아와 성경』, 박응규·이한영·조용성 역 (서울: CLC, 2010), 109.

유리하였다.[15]

한편, 바벨론 시대에 그달랴를 살해하고 이집트로 이주해 간 사람들에 관한 기록도 남아 있지 않다. 다만 바벨론 포로기를 한참 지나, 페르시아 시대에 이집트에 살았던 유대인 디아스포라의 모습을 조금이나마 알 수 있다. 1907년 이집트 남쪽 엘레판틴섬에서 발굴된 아람어 파피루스(Elephantine Papyrus)의 발견 이후, 엘레판틴에 주둔하였던 페르시아 군대의 유다 용병과 그들의 생활상을 비교적 상세히 알 수 있게 되었다.[16]

엘레판틴 파피루스는 기원전 495-399년 사이의 페르시아 시대 문서로, 이 기록 중 엘레판틴에 살고 있던 유대인 용병 공동체가 이집트 토착민들의 반유대주의 폭동으로 그들의 성전이 무너지자 유다의 페르시아 총독이었던 바고히(Bagohi)에게 탄원서를 보내 성전 재건을 도와줄 것을 요청하는 서신이 발견되었다(Cowley 32; TAD A4.9; Porten 21).[17] 이 기록은 당시 이집트에 있었던 유대인 공동체가 자체 성전을 건축하고, 그곳에서 이교적 영향을 받은 형태의 야웨 신앙생활을 하였고, 예루살렘과 사마리아 두 곳 모두와 교류하고 있었음을 알려준다.[18]

여호야긴이 바벨론 왕실의 배급 대상자였다는 열왕기하 25:27-30의 보고에 대한 바벨론 왕실의 교차 기록인 '여호야긴 배급 토판'(Jehoiachin's Ration Tablet) 외에,[19] 바벨론으로 강제 이주된 다른 유대인 포로에 대한 기

---

15 존 브라이트, 『이스라엘 역사』, 박문재 역 (서울: 크리스챤 다이제스트, 1993), 497.
16 Bezalel Porten, et al. *The Elephantine Papyri in English: Three Millennia of Cross-Cultural Continuity and Change* (Leiden: Brill, 1996), 146. 영어 음역과 해석 및 사진은 다음 웹사이트를 참조하라. http://www.kchanson.com/ancdocs/westsem/templeauth.html
17 이윤경, "느헤미야, 산발랏, 도비야의 관계를 통해서 본 느헤미야 개혁," 「한국기독교신학논총」 86 (2013); 8.
18 허셜 생크스, 『고대 이스라엘』, 310-311.
19 현재 베를린의 버가모 박물관(Pergamon Museum)에 아카드어로 된 토판이다. 이 토판에

록은 거의 없다. 벌퀴스트는 대부분의 유대인 포로가 농촌으로 보내졌을 것이라고 추정한다.[20] 섕크스(Shanks)는 "미개발 지역에 있는 왕실 토지의 소작인"으로 바벨론에 정착하게 되었다고 추정한다.[21]

바벨론 정착 초기의 모습을 기록한 성서 구절(겔 30:30-33; 렘 29:5)과 그 이후 페르시아 시대의 성서 구절(스 1:6; 2:65, 68-69)로 보건대, 바벨론에 포로로 끌려간 유대인들의 생활은 강제 이주되었지만, 자유롭게 농업이나 상업에 종사하여 재산을 모을 수 있었고, 심지어 노예도 부렸다.

성서 외 자료로는 무라슈 문서(Murashu texts)를 통해 기원전 5세기 페르시아제국의 니푸르 지역에 살았던 유대인 디아스포라의 상황을 추론할 수 있다.[22]

현대 학자들은 하틴(Hatin)의 아들 무라슈 가족이 운영한 사업 활동을 총칭하여 '무라슈 회사'(Murashu firm)라고 부른다. 이 가족의 사업 활동은 대략 880여 개의 토판에 기록되었다. 이 토판은 1893년 펜실베이니아대학교의 제3차 니푸르 발굴 때 개인 집의 한 방에서 출토되었다. 이 토판의 문서는 아카드어와 아람어로 기록되었다. 무라슈 문서의 기록을 보고 다음과 같은 사실들을 추론할 수 있다.

이 문서에는 바벨론에서 가족 중심으로 운영되던 대규모 금융기관의 서류

는 "10 sila to Ia-ku-u-ki-nu, the king of Judah's son, 2½ sila for the five sons of the Judean king"라고 여호야긴과 그의 다섯 아들에게 준 배급량이 기록되어 있다.

20 J. L. Berquist, *Judaism in Persian's Shadow: A Social and Historical Approach*, 16.
21 허셜 섕크스, 『고대 이스라엘』, 306.
22 Hermann Vollrat Hilprecht, *Business Documents of Murashû Sons of Nippur Dated in the Reign of Artaxerxes I. (464-424 B.C.)* (Sagwan Press, 2015); Albert Tobias Clay and Hermann Vollrat Hilprecht, *Business Documents of Murashû Sons of Nippur Dated in the Reign of Darius II (424-404 B.C.)* (Franklin Classics, 2018).

들이 포함되어 있다. 유대인들이 체결한 계약서의 사본과 유대인들에 관련된 다른 서류들은 유대인들이 니푸르 지역의 28개 정착촌에서 유대인 공동체를 형성하고 있었음을 증언한다… 이 기록들은 유대인들이 그곳에 정착한 후, 한 세기 동안 농업, 상업, 은행업에서 성공을 거두었음을 보여준다. 유대인들이 외국인의 후손이긴 했지만, 그들에 대한 차별은 없었던 듯하다. 유대인들은 다른 사람들과 같은 이자율로 같은 종류의 계약을 맺었다. 여러 명이 명망 있는 지위에 올랐는데 그 중 한 명은 무라슈의 회사 내부에 있었고 또 한 명은 행정기관에 있었다. 한 유대인은 군역전(軍役田)을 갖고 있어서 그것으로 인해 군에서 복무하거나 대리인을 제공해야 했다.[23]

성서 안팎의 자료를 통해 볼 때, 바벨론 시대에 포로로 끌려간 자들은 페르시아 시대에 이르러서는 그곳에서 안정된 삶을 영위하게 되었음을 알 수 있다. 스룹바벨과 함께 귀환한 자들이 성전 재건을 위해 상당한 금과 은과 제사장의 옷을 헌물하고(스 2:69), 석수와 목수를 고용하고, 시돈 사람과 두로 사람에게서 백향목을 구입한(스 3:7) 사실을 볼 때, 이들이 경제적으로 안정된 삶을 살았다는 것을 추론할 수 있다.

다른 한편, 에스라가 귀환할 때, 레위인이 한 사람도 동행하지 않았다는 (스 8:15) 사실은 이들이 본국 귀환보다 페르시아에 그대로 남기를 더 선호하였다는 방증으로 볼 수 있다. 이것은 요세푸스의 기록을 통해서도 확인할 수 있다.

고레스 왕이 이스라엘 백성들에게 이 같은 성명서를 발표했을 때, 유대의

---

23 허셜 섕크스, 『고대 이스라엘』, 298-300.

두 지파의 지도자들과 베냐민과 레위 지파 족속들과 제사장들이 예루살렘으로 떠났다. 그러나 많은 유대인은 자신들의 소유를 두고 떠나기가 싫어서 그대로 바벨론에 남아 있었다(『유대고대사』 11.1.3).[24]

바벨론의 유대인 포로들의 제의적, 종교적 생활에 대해서는 많은 추측이 제기되어 왔다. 제2성전 시대에 예루살렘 외에 유대인 디아스포라 지역에 성전이 있었다는 증거는 많다. 이집트 디아스포라 중에서, 위에서 언급한 기원전 5세기 엘레판틴에 있었고, 이후 헬라 시대에 레온토폴리스에도 성전이 있었다(『유대고대사』 12.9.7; 13.3.2). 또한, 사마리아의 그리심 산에도 성전이 건축되었다(『유대고대사』 11.8.2).

그러나 흔히 추측하는 것과 달리, 바벨론 포로기에 성전을 대체하는 회당이 디아스포라에 생겼다는 구체적인 증거는 없다.[25] 오히려 시편 137편에서 "바벨론의 여러 강변 거기에 앉아서 시온을 기억하며 울었도다"(시 137:1)는 구절과 그발 강 가에서 소명을 받은 에스겔(겔 1:3)을 볼 때, 강가나 성문과 같은 야외에서 모였던 것 같다. 유대인 포로들의 종교 생활을 위한 특정 건물은 없었을 것으로 보는 것이 일반적이다.[26]

그러나 이들이 유다로 귀환한 이후의 종교적 삶에 대해서는 예루살렘성전 재건과 그에 얽힌 내러티브를 통해 상대적으로 잘 알려져 있다. 고레스 후원하에 예루살렘을 재건하는 일은 중단되었다가 다리오 1세 때 봉헌되었다. 고레스하에서 성전 재건 사업은 세스바살이 맡았다.

세스바살은 성전 기구를 맡고 있었고(스 1:7-8; 5:14-15), 성전의 기초를

---

24 요세푸스, 『유대고대사 제4권』, 성서자료연구원 역 (서울: 달산, 1991), 507.
25 피터 R. 아크로이드, 『이스라엘의 포로와 회복』, 60-1.
26 허셜 섕크스, 『고대 이스라엘』, 304-305.

놓았다(스 5:16). 그러나 그는 성전 재건 공사가 지연되는 과정에서 역사의 무대로부터 사라졌다. 이후 여호야긴의 맏아들 스알디엘의 아들 스룹바벨이 총독의 직위를 계승하였다.[27]

성전 재건 공사에서 스룹바벨이 정치적 지도자의 역할을 하였다면, 종교적 지도자는 여호사닥의 아들, 대제사장 여호수아였다(학 1:1; 슥 3:3). 스룹바벨이 실제 준공식에 핵심적 인물로 참여한 것은 분명 강렬한 메시아적 기대를 불어넣었다. 학개는 스룹바벨을 '종'과 '인'(印)으로 부른다(학 2:23). 스가랴 역시 '내 종 순(筍)'(슥 3:8)이라고 부른다.

스룹바벨의 활약을 재구성하는 것은 어려운 작업이다. 역대기 사가가 스룹바벨의 행적을 그의 삼촌인 세스바살의 행적과 겹쳐서 묘사하고 있는 데다가 그가 유다 땅에 당도한 시기가 알려지지 않았기 때문이다.[28] 그리고 스룹바벨 역시 역사의 무대에서 사라지고 만다.[29] 이후 유다는 에스라와 느헤미야가 등장할 때까지 대제사장 여호수아와 그의 후계자들의 권세 아래에서 일종의 성전을 중심으로 하는 신정(神政) 공동체로서 존속했을 것이다.[30]

---

27 역대상 3:17과 마태복음 1:12은 여호야긴-스알디엘-스룹바벨로 이어지는 족보를 제시한다. 한편, 에스라와 느헤미야, 그리고 학개는 일관되게 '스알디엘의 아들 스룹바벨'이라고 보도한다. 그러나 역대상 3:19은 스룹바벨을 스알디엘의 동생, 브다야의 아들로 언급한다.

28 존 브라이트, 『이스라엘 역사』, 503.

29 스룹바벨이 사라진 것에 대한 심층 논의는 다음을 참조하라. Theodore J Lewis, "The Mysterious Disappearance of Zerubbabel," in *Seeking Out the Wisdom of the Ancients: Essays Offered to Honor Michael V. Fox on the Occasion of His Sixty-Fifth Birthday*, R. L. Troxel, K. G. Friebel and D. R. Magary eds. (Winona Lake, IN: Eisenbrauns, 2005), 301-14.

30 존 브라이트, 『이스라엘 역사』, 511. 가장 대표적인 입장은 Joel Weinberg, *The Citizen-Temple Community* (Sheffield: JSOT Press, 1992). 와인버그의 입장에 반대하는 입장은 다음을 참조하라. Jeremiah Cataldo, "Persian Policy and the Yehud Community During Nehemiah," *Journal for the Study of the Old Testament* 28/2 (2003), 131-43; Jeremiah Cataldo, *Theocratic Yehud?: Issues of Government in a Persian Province* (New York: T&T Clark, 2009).

성전이 완공된 이후 60년 동안의 유대인 공동체의 운명이 어떠했는지는 알려진 바가 없다. 에스라 1-6장에서 성전 재건의 시작과 중단, 그리고 완공에 이르기까지 과정을 약술한 후, 에스라 7:1은 '이 일 후에'라는 말로 에스라의 등장을 고한다. 즉, 성전 완공으로부터 에스라가 예루살렘에 등장하기까지 60여 년의 시간에 대해 알 수 없다.

그런데 에스라가 언제 예루살렘에 왔느냐 하는지는 논의의 주제가 되었다. 에스라의 예루살렘 당도 연대에 대해 세 가지 주장이 제기되고 있다.

첫째, 성서의 기술을 그대로 따르는 전통적인 입장이다. 에스라가 아닥사스다 1세 재위 제7년(기원전 458년)에, 느헤미야는 아닥사스다 제20년(기원전 445년)에 유다에 당도했다.

둘째, '제7년'을 아닥사스다 2세 재위 제7년으로 수정해서 읽는 입장이다. 이 입장은 에스라의 유다 당도를 느헤미야가 역사의 무대에서 사라진 한참 후의 일로 추정하는 것이다.[31]

셋째, '제7년'을 아닥사스다 1세 재위 '제27년'(기원전 438년)이나 '제37년'(기원전 428년)으로 수정해서 읽는 입장이다. 이 경우, 느헤미야가 예루살렘에 당도한 후에 도착하지만, 에스라와 느헤미야를 동시대에 두게 된다.[32]

---

31 A. H. J. 군네벡, 『이스라엘 역사』, 문희석 역 (서울: 한국신학연구소, 2000), 295.
32 이 주장을 하는 입장에 대한 자세한 설명은 다음을 참조하라. Edwin Yamauchi, "The Reverse Order of Ezra/Nehemiah Reconsidered," *Themelios* 5.3 (1980): 7-13

<에스라와 느헤미야의 예루살렘 당도 순서 추론>

에스라 먼저 당도 (전통적 입장)	에스라: 아닥사스다 1세 제7년(458년) 느헤미야: 아닥사스다 1세 제20년(445년)
느헤미야 먼저 당도 (당도 순서 바뀜)	느헤미야: 아닥사스다 1세 제7년(458년) 에스라: 아닥사스다 2세 제20년(404-358년)
느헤미야 먼저 당도 (동시대 인물)	느헤미야: 아닥사스다 1세 제20년(445년) 에스라: 아닥사스다 1세 제27년(438년)/제37년(428년)

에스라는 예루살렘에 도착한 후 많은 유대인이 이방 여자들과 결혼한다는 보고를 받았다. 이에 그는 백성을 모으고 이런 통혼은 폐지해야 한다는 결정을 내린다. 또한, 그는 공동체의 회합에서 율법을 낭독하였다. 그리고 장막절을 지내고, 회개의 절기를 행하고, 마침내 율법의 각 규정에 따라서 백성들이 다시 살겠다는 서약을 하게 된다(느 8-10장).[33]

기원전 445년 느헤미야는 왕의 친서를 휴대하고 페르시아의 군인들과 함께 예루살렘에 도착하였다(느 2:7-9). 느헤미야는 예루살렘을 답사한 후, 성벽 공사에 착수하였다. 성서는 성벽이 52일 만에 세워졌다고 말한다. 그러나 요세푸스는 성벽 재건 기간이 2년 4개월이라고 기록한다(『유대고대사』 11.5.8).[34]

느헤미야의 성벽 공사에 대해서 두 가지 상반된 입장이 있다. 한편에서는 느헤미야의 보고대로 이 성벽이 52일 만에 완공되었다면, 그 규모가 다윗성에 한정되었을 것으로 본다. 다른 한편에서는 이 성벽이 남서쪽 언덕까지 확장된 것으로 본다.[35] 느헤미야는 예루살렘 성문과 성벽 재건 외에

---

33 A. H. J. 군네벡, 『이스라엘 역사』, 287.
34 존 브라이트, 『이스라엘 역사』, 524.
35 느헤미야 성벽에 대한 고고학적 논증에 대해서는 다음을 참조하라. Israel Finkelstein, "Jerusalem in the Persian (and Early Hellenistic) Period and the Wall of Nehemiah," *Journal for the Study of the Old Testament* 32/4 (2008), 507.

도, 여러 가지 개혁 정책을 시행하였다. 경제 정책으로 저당, 부채, 이자 등에 관한 법령을 시행하였고, 문화, 생활 정책으로 유대교 식으로 백성의 삶을 통제하고자 하였는데, 여기에 통혼 금지가 포함되었다. 또한, 종교 정책으로 제의를 개혁하였다.

느헤미야가 총독으로 부임한 당시의 페르시아 왕 아닥사스다 1세(기원전 465-424년) 재임 초반기에 이집트의 폭동(기원전 460-454년)이 일어났다. 이집트 폭동을 진압한 후, 페르시아는 50년간 계속되어 온 헬라와의 전쟁을 '칼리아스 화약'(Peace of Callias)을 맺음으로써 종결지었다(기원전 449년).

이런 일련의 사태를 통하여 페르시아는 "메소포타미아와 이집트를 연결하는 주요 교역로를 통제하기 위해 요단강 양편에 수많은 요새를 건설"했고, "페르시아 정부의 정치적 필요를 채우기 위해 현존하는 도로망을 강화"하였다.[36] 페르시아 왕이 예루살렘 성벽 공사를 지원한 것은, 그 성벽의 규모가 어느 정도이든 군사적 필요에 기인한 것으로 볼 수밖에 없다.[37]

> 구약성서에는 에스라와 느헤미야 이후 페르시아제국 후기에 대한 언급은 나타나지 않는다. 이제 에스라와 느헤미야 이후 100여 년의 시간을 건너뛰어 다니엘서와 스가랴서는 알렉산더 대왕의 등장과 헬라제국의 등장을 기술한다. 기원전 332년 페르시아가 알렉산더에게 패권을 넘겨주게 되면서 팔레스타인은 헬레니즘 세계의 편입되어 계속해서 피식민지로 머무르게 된다.[38]

---

36 허셜 섕크스, 『고대 이스라엘』, 319.
37 레스터 L. 그래브, "예루살렘은 페르시아 요새였는가?" 개리 N. 크노퍼스, 레스터 L. 그래브, 데이드레 N. 풀턴 편, 『다시보기: 이스라엘의 포로와 회복』, 이윤경 역 (서울: CLC, 2019), 제7장. 그래브는 "예루살렘이 페르시아의 수비대였다는 가설에 대한 지지는 거의 찾아볼 수 없다."고 결론을 내린다.
38 알렉산더 등장에 관해서는 다음을 참조하라. 마틴 헹엘, 『신구약 중간사』, 임진수 역 (파

알렉산더 대왕의 급작스러운 죽음 이후, 헬라제국은 그의 장군들 사이에서 벌어진 전쟁의 결과 여러 왕조로 분열되었다. 그 결과, 기원전 200년까지 팔레스타인은 프톨레미 왕조에 종속되었다. 그러나 기원전 198년 프톨레미 왕조의 프톨레미 5세와 셀루시드 왕조의 안티오쿠스 3세 사이의 파네아스 전투(Battle of Panium)의 결과, 팔레스타인은 셀루시드 지배하에 놓이게 되었다. 이 시기까지 헬라제국의 지배하에서 유다는 정치적 독립을 박탈당하고, 경제적 수탈을 당하였지만, 종교적 탄압을 받지는 않았다.

하지만, 이런 상황은 오래가지 않았다. 셀루시드제국의 안티오쿠스 4세 에피파네스(Antiochus IV Epiphanes, 기원전 175-164년)가 등장하자, 유다는 헬라 문화의 거센 물결에 부딪히게 되었다.

페르시아제국이 피식민지로부터 "정치적 충성과 세금 납부만" 요구했다면,[39]

헬라제국은 '헬레니즘'이라는 문화적 침투를 하였다. 마카비상의 기록에 따르면, 기원전 175년경에 이르러 많은 예루살렘 지도층, 특히 제사장들이 헬라 문화에 동화하였음을 알 수 있다. 특히, 이런 상황은 안티오쿠스 4세의 칙령으로 인해 가속화되었다.

> 성소 안에서 번제를 드리거나 희생 제물을 드리거나, 술을 봉헌하는 따위의 예식을 하지 말 것. 안식일과 기타 축제일을 지키지 말 것. 성소와 성직자들을 모독할 것. 이교의 제단과 성전과 신당을 세울 것. 돼지와 부정한 동물들을 희생 제물로 잡아 바칠 것. 사내아이들에게 할례를 주지 말 것. 온갖 종류

주: 살림, 2009), 제1장.
39 허셜 생크스, 『고대 이스라엘』, 319.

의 음란과 모독의 행위로 스스로를 더럽힐 것(공동번역 마카비상 1:45-48).

안티오쿠스 4세의 칙령을 종교 탄압으로 규정하고, 예루살렘 근방 모데인(Modein)에 살던 제사장 가문의 마따디아와 그의 다섯 아들은 무장 투쟁을 시작하였다.[40] 다섯 아들 중 유다 마카비는 기습 작전을 성공적으로 이루어 내고, 그 결과 기원전 164년 예루살렘성전을 수복하고, 그날을 기념하여 수전절(Hanukkah)로 드렸다.[41]

<헬라 시대 주요 연표>

332년	알렉산더 대왕의 동방정벌
323년	헬라제국 분열
200년	셀루시드 왕국의 팔레스타인 지배 시작
175년	안티오쿠스 4세 에피파네스의 유다 통치
167년	마카비 혁명
164년	예루살렘성전 재봉헌

헬라제국의 종교적, 문화적 탄압에 맞서 일어난 마카비 혁명은 셀루시드 왕조 내부의 왕위 찬탈전을 기화로 하여 마카비의 형제 요나단은 대제사장직을 차지하게 되었다(기원전 152년). 그런데 마지막 예루살렘성전의 사독계 제사장으로 알려진 알키무스(Alcimus) 사후(기원전 159년)부터 유다 마카비의 형제 요나단이 셀루시드 왕 알렉산더 발라스에 의해 제사장으로 임명

---

[40] 그러나 체리코버는 마카비상의 기록 그대로를 수용하지 않고, 마카비 주도의 봉기가 먼저 있었고, 그 결과 안티오쿠스 4세의 칙령이 선포되었다고 본다. V. Tcherikover, *Hellenistic Civilization and the Jews* (New York, NY: A Temple Book, 1974), 191.

[41] 마카비 혁명 이후 수립된 하스몬 왕조에 대한 개요는 다음 논문을 참조하라. 이윤경, "로마공화정 후기 유대인의 로마관: 하스몬 왕조와 쿰란 공동체를 중심으로," 「서양고대사연구」 53 (2018), 7-32.

(기원전 152년)된 시기는 대제사장 공백기(intersacerdotium)로 알려져 있다(『유대고대사』 20.10.1).

바로 이 점에 착안하여, 슈테그만(Stegemann)은 쿰란문서에서 '의의 스승'이라 불리는 자가 바로 기원전 159년부터 152년까지 예루살렘에서 활동하였던 사독계 제사장이었을 것이라고 추정한다.[42] 요나단 사후 그의 형제 시몬은 기원전 141년 셀루시드제국으로부터 독립을 선언하고, 하스몬 왕조를 창건하게 된다.

슈테그만의 제안은 여전히 논의 중이지만, 하스몬 왕조와 쿰란 공동체는 반목 관계에 놓였다는 것은 주지의 사실이다. 예컨대, 하스몬 왕조의 선전문이라 불리는 마카비상에는 로마와 조약을 맺는 장면이 세 번 나온다. 특히, '로마인 찬사'(The Eulogy to the Romans)로 불리는 마카비상 8:1-16은 로마의 정치 제도와 외교 정책에 대한 찬사로 시작하여 유다와 로마 간의 조약 체결을 긍정적으로 그리고 있다.

반면, 쿰란 공동체는 페셰르 하바국(1QpHab)[43]을 통하여 로마를 유다의 집권세력인 하스몬 왕조를 심판할 신적 심판의 도구에 불과하다고 보고, 로마의 군사 침략에 대해 매우 부정적 입장을 피력한다.

---

42 슈테그만의 입장을 설명하면서, 반대 논리를 제시하는 논문은 다음을 참조하라. Michael O. Wise, "The Teacher of Righteousness and the High Priest of the Intersacerdotium: Two Approaches," *Revue De Qumrân* 14/4 (1990): 587-613.
43 페셰르 하박국의 한글 텍스트는 다음을 참조하라. E. 티그셀라아르, F. 마르티네즈, 『사해문서 1』, 강성열 역 (파주: 나남, 2009), 56-68.

2. 제2성전 시대 묵시문학과 사상

페르시아제국을 거쳐 헬라제국까지 계속해서 점증하는 식민지 지배 세력의 통치 아래 살아가면서, 유대인들은 신정론(神正論)의 문제에 천착하게 된다. 일찍이 압도적인 군사력을 자랑하며 온 세상을 무력으로 짓밟고 등장하는 바벨론을 바라보며, 하박국 예언자는 이렇게 질문한다.

> 어찌하여 거짓된 자들을 방관하시며 악인이 자기보다 의로운 사람을 삼키는데도 잠잠하시나이까(합 1:13).

바벨론 포로지에서 유대인들은 지구라트(the ziggurats: 메소포타미아 계단식 신전 탑)라는 엄청난 종교문화를 경험하며, 야웨 숭배의 타당성을 점차 발견하기 어렵게 되고, 야웨 신앙을 상실하는 지경에 이르렀다.[44] 이런 상황은 셀루시드제국의 안티오쿠스 4세 에피파네스가 등장함으로써, 절정에 도달하게 된다. 제2성전 시대 유대인들은 하박국 예언자처럼 질문하였다.
"하나님이 창조자이며, 모든 존재의 원인이라면, 악은 어디에서 오는가?"
"하나님은 왜 악을 허용하는가?"
이에 대답하는 학문이 바로 신정론(神正論)이다. 신정론은 "불행, 죄와 죽음, 특히 하나님을 부인하는 자들의 번영과 경건한 자들이 당하는 수난을 어떻게 하나님의 전능, 전지, 거룩하심, 그리고 사랑과 조화시킬 수가 있는지"[45]를 질문하고 답하고자 한다. 이 신정론적 질문의 끝에서 묵시문

---

44 도널드 E. 고웬, 『구약 예언서 신학』, 차준희 역 (서울: 대한기독교서회, 2014), 343.
45 W. 푀르스터, 『신구약 중간사: 포로시대부터 그리스도까지』, 문희석 역 (서울: 컨콜디아사, 1975), 53.

학은 태동되었다. 헬라 시대를 거쳐 묵시문학은 유대의 또 하나의 문학 장르로 자리매김을 하게 된다.

본서는 제2성전 시대라 불리는 포로 후기를 배경으로 하는 정경, 외경, 그리고 쿰란문서 중 묵시문학 장르에 속하는 텍스트를 살펴본다. 이를 통하여 이 시대 유대인이 갖고 있었던 묵시문학적 종말사상을 다양한 각도에서 살펴보고, 신학사상의 궤도를 추적하고자 한다. 본서는 다음과 같이 구성되어 있다.

제2장 "제2이사야의 문학과 희망의 메시지"는 구약에서 묵시문학의 시작을 알려주는 이사야 40-55장을 살펴본다. 제2이사야는 바벨론 포로기가 끝나고 새로운 시대가 열리리라는 기대를 표현한다. 제2이사야의 주제는 하나님과 그의 백성이라는 두 주제로 축약할 수 있다. 이 장은 제2이사야를 40-48장과 49-55장으로 나누어 각 단락에서 하나님의 표상과 이스라엘 백성과 시온의 회복이라는 주제로 살펴본다.

제2이사야는 구약 전승에서 분리되어 제시되어 온 창조자 하나님과 구원자 하나님 표상을 하나로 통합하여 제시한다. 우주적, 보편적 하나님 표상을 통하여, 이스라엘뿐만 아니라 열방의 군주들 역시 야웨의 피조물이자 도구에 불과하다는 점을 분명히 제시한다. 이제 창조주이자 역사의 주이신 하나님이 이스라엘의 귀환을 약속하고 실행한다. 이 점에서 제2이사야에 나타난 고난의 종의 모습과 그를 통한 구원의 메시지는 새로운 시대를 향한 희망의 새로운 방식의 표현임을 알 수 있다.

제3장 "제3이사야의 묵시문학적 메시지"는 팔레스타인을 배경으로 귀환 공동체가 직면한 현실의 문제를 다루고 있다. 페르시아제국 초기에 귀환 공동체가 직면한 토착민과 이방인, 그리고 장애인 등을 포함할지의 논

의는 '공동체의 정체성'이라는 문제와 직결된다. 이 문제에 대해서, 제3이사야는 인종적, 지역적 경계를 넘어서서 이스라엘의 정체성을 '야웨와 연합한'이라는 단서를 새로운 기준으로 제시한다.

제3이사야는 인종과 지역이 아니라 종교적 정체성을 공동체의 정체성으로 제시한다. 제3이사야는 새로운 시대, 새로운 유다 공동체에게 새로운 정체성을 제시한다. 제3이사야가 제시하는 새로운 시대는 궁극적으로 제국의 힘의 논리가 아니라, 평화의 논리가 지배하는 세상이다.

제4장 "스가랴서의 묵시문학적 메시지"는 스타일과 주제에서 연결점이 없어 보이는 스가랴 1-8장과 9-14장을 '스가랴'라는 하나의 표제 아래 묶을 수 있는 공유 주제에 천착한다. 두 단락은 모두 '열방에 대한 야웨의 심판'과 '예루살렘 회복'을 공통 주제로 다룬다. 제1스가랴(1-8장)가 열방을 향한 야웨의 분노를 보여준다면, 제2스가랴(9-14장)는 열방이 심판의 대상이지만, 종말에는 예루살렘으로 나아와 유대인과 함께 예배를 드리게 될 것이라고 희망한다.

한편, 제1스가랴는 예루살렘의 회복을 스룹바벨 중심으로 언급한다면, 제2스가랴는 구체적인 인물을 언급하지 않은 채 '목자'라고 부른다. 제1스가랴의 환상은 새예루살렘과 새지도자에 대한 열망으로 가득 차 있고, 제2스가랴는 남, 북왕국의 포로민 모두의 귀환을 제시한다.

제5장 "다니엘서의 묵시문학적 메시지"는 다니엘서가 이스라엘 역사를 회고할 때, 앗수르제국부터 바벨론제국과 페르시아제국을 거쳐 헬라제국에 이르기까지 제국적 상황 속에 살아왔음을 직시하는 가운데 나온 문학임을 보여준다. 다니엘서는 디아스포라 유대인이 겪게 되는 제국적 상황을 문제시한다. 이 제국적 상황에 부딪혀 다니엘서는 묵시문학이라는 독특한 문학

적 장르를 통하여 디아스포라 유대인에게 유대인으로 살아가는 지침서를 제시한다.

다니엘서는 제국의 힘 앞에서 무력해지고 나약해지는 유대인에게 하나님이 역사의 흐름을 주도하신다는 것을 분명히 하고자 한다. 하나님에 관한 올바른 이해와 굳건한 믿음이 있을 때, 디아스포라 유대인들은 제국의 물리적, 문화적 도전에 굴하지 않고, 살아갈 수 있다는 것을 보여준다. 나아가, 다니엘서는 궁극적으로 미가엘과 가브리엘과 같은 천상적 존재의 도움으로 '마지막 때'에 환난을 극복하게 되리라는 희망을 제시한다.

제6장 "제2성전 시대 묵시문학 장르에 나타난 참회기도 연구: 이사야 63:7-64:11과 다니엘 9:3-19를 중심으로"는 제2성전 시대 묵시문학 장르에 나타난 참회기도의 문학적 기능과 역할을 고찰한다.

첫째, 이사야 63:7-64:11은 일반적인 탄원 시가 아니라, '참회기도'로 구분할 필요가 있음을 제시한다. 이사야의 참회기도는 포로기 이후 계속되는 이스라엘 내부의 갈등과 분열 상황을 '하나님 부재'와 '공동체의 소멸'의 위기로 보는 상황 인식을 드러내고, 이 문제를 해결하는 것은 "하늘을 가르시고 강림하시는 주"(64:1, 개역개정 63:19)라고 고백한다. 이런 하나님 표상과 인식은 제3이사야 전체의 묵시문학 장르에 부합한다.

둘째, 다니엘 9:3-19의 참회기도는 안티오쿠스 4세 에피파네스의 종교 정책으로 예루살렘과 성전이 황폐해지는 상황을 배경으로 한다. 위기 상황 타파를 위해, 다니엘은 하나님의 직접 개입을 호소하는 참회기도를 드리고, 이러한 묵시적 종말론적 간구는 가브리엘의 계시를 통해 응답받는다. 따라서, 다니엘 9장의 참회기도에 나타나는 해석하는 천사 가브리엘의 존재와 종말론적 역사 해석과 모든 지식이 하나님에게서 온다는 묵시적 사상에 기초한다. 다니엘 9장의 참회기도는 묵시문학이 지닌 역동성 안에서 저항적 기능을 수행하고 있음을 제시한다.

제7장 "쿰란 다니엘 문서: 4Q242, 243-245, 246"은 쿰란사본 중 다니엘 사본이 아니라, 다니엘과 관련된 사본인 4Q242(4Q나보니두스 아람어기도), 4Q243-245(4Q위경 다니엘서), 그리고 4Q246(다니엘의 아람어 묵시록)을 살펴본다. 먼저, 다니엘 4장과 4Q242는 모두 우상숭배를 비판하고, 이방 왕이 하나님을 찬양하는 것을 선언한다.

그러나 다니엘 4장에서 느부갓네살이 꿈에서 큰 나무를 보고, 순찰자가 그 나무를 베고, 짐승처럼 지내는 환상을 보는데, 4Q242는 이 환상의 실제 주인공인 나보니두스를 전면에 내세움으로써, 다니엘에 대한 보충문서로 읽을 수 있다. 다음으로, 4Q243-245, 246은 다니엘서의 묵시문학적 종말론적 세계관을 더욱 분명하게 확증하는 문서로 읽을 수 있다. 쿰란문서에서 찾아볼 수 있는 '다니엘 문헌'의 존재는 '다니엘'이라는 인물의 중요성뿐만 아니라, 다니엘서가 포로 후기에 미친 영향을 방증한다.

제8장 "마카비 혁명 시대의 하시딤"은 마카비서에서 하시딤을 언급하는 세 구절을 검토하고, 이들에 대해서 다음과 같은 사항을 추론한다.

첫째, 하시딤은 안식일에 싸우기를 거부한 '많은 이들'(마카비상 2:29-38)과 동일시할 수 없다. 하시딤은 안식일에 전투를 벌인 마카비 군대에 가담하였다.

둘째, 하시딤은 서기관 집단과 동일시 할 수 없다. 구약성서의 서기관 역할을 검토해보면, 서기관의 주된 역할은 군사업무가 아니라 행정업무다. 하시딤은 마카비 혁명이 성전 재봉헌이라는 최초의 목적을 이룬 후에도, 계속해서 마카비 군대에 가담했다.

셋째, 하시딤 연구는 지금까지 마카비 혁명의 속성을 '계급 갈등'이나 '내전,' 혹은 '제의와 문화 사이에서 유대인의 이중적 태도'와 관련된 것으로 추정되었다.

본 논문에서는 하시딤의 마카비 혁명 가담은 계급 혁명이나 내전에 참전한 것으로 규정할 수 없다는 것을 밝힌다. 또한, 종교적 원인에서만 참전한 것도 아님을 밝힌다.

넷째, 쿰란사본 발굴 이후, 마카비서의 하시딤을 쿰란 공동체와 동일시하거나 쿰란 공동체의 선조로 간주하는 입장이 있다. 하지만, 본 논문에서는 하시딤과 쿰란 공동체 사이의 역사적 연결고리가 매우 미약하다는 점을 밝힌다.

제9장 "4Q위-에스겔(Pseudo-Ezekiel)에 나타난 에스겔 전승의 재해석"은 유대교와 기독교 양자에서 신학적 개념 발전에 지대한 영향을 끼친 에스겔서가 어떻게 재해석되고 있는지를 살펴본다. 4Q위-에스겔 문서는 우선 정경 에스겔서의 대표적 환상인 '마른 뼈 환상'을 의로운 개인의 부활 사상, 특히 의인의 보상으로 주어지는 부활 개념으로 변용하고 있음을 확인한다.

다음으로 후대 유대문학에서 널리 차용된 '병거-보좌 환상'을 이사야 26:19-20과 병합하여 천상보좌 묘사를 넘어서서 '부활' 주제와 결합되고 있음을 확인한다. 4Q위-에스겔은 '마른 뼈 환상'과 '병거-보좌 환상'을 모두 '부활'이라는 주제에 수렴한다. 마지막으로 4Q위-에스겔 문서는 에스겔 37장(마른 뼈 환상)과 38-39장(마곡의 곡 환상)과 30장(이집트 열방신탁)을 연결하여 역사적 현실을 전제로 하지만, 그들이 처한 당대의 현실적 문제 너머, 다가오는 미래에 하나님의 역사 개입을 확신하는 묵시문학적 종말론적 세계관을 드러낸다.

제10장 "벨리알과 사탄에 대한 역사적 개념 변천 연구"는 구약에는 악한 영적 존재로 등장하는 귀신이나 벨리알과 사탄의 존재가 일반 명사 이상으로 등장하는 경우가 매우 드물다는 것에 착안하여, 역사적으로 이 개념들이 어떻게 변천해왔는지를 살펴보고자 한다. 본 논문은 먼저 구약 본문에 나타나는 귀신/벨리알/사탄의 용례를 분석하고, 이 개념들이 신구약 중간시대 문헌들 속에서는 어떻게 전승되고, 변화되었는지를 추적한다.

그 기원에 있어서 이름과 역할이 달랐던 귀신/벨리알/사탄이 개념의 변천을 겪으면서, 하나의 이름과 개념으로 수렴되고, 마침내 본질에 있어서 인격화된 악한 영적 존재로 상정되기에 이르게 된 과정을 문서들을 통해서 확인한다. 무엇보다도 이 악한 존재들은 신구약 중간시대를 거치면서 종말론적인 신학적 세계관과 맞물리면서 종말적 심판의 구체적 대상으로 등장한다는 것을 제시한다.

제11장 "묵시문학적 관점에서 본 쿰란문서의 '죽음과 부활' 이해"는 쿰란문서에서 구약의 '죽음 너머의 삶과 세계'에 대한 개념이 확대되는 과정을 추적한다. 쿰란 공동체가 죽음과 부활 개념을 확대하는 것은 묵시문학

적 환경에서 기인한 것으로 제시한다.

쿰란 공동체는 시대적으로 셀루시드 왕조 말에서 로마제국으로 팔레스타인의 지배 권력이 이동하는 전환기에 살았다. 이런 시대적 환경 속에서 쿰란 공동체는 구약을 엄격하게 재해석하고, 식민지배 외세를 지나가는 일시적인 권력에 지나지 않는다고 보는, 종말론적 확신을 갖게 된다. 쿰란 묵시문학 문서들에 나타난 '부활'에 대한 언급은 죽음과 사후 세계에 대한 단순한 문학적 상상력이나 교리의 문제가 아니라, 쿰란 공동체의 일원에게만 배타적으로 허락된 '보상'이라는 묵시문학적 종말론의 개념에서 이해할 수 있음을 제시한다.

참고문헌

E. 티그셸라아르, F. 마르티네즈, 『사해문서 1』, 강성열 역. 파주: 나남, 2009.
W. 푀르스터, 『신구약 중간사: 포로시대부터 그리스도까지』, 문희석 역. 서울: 컨콜디아사, 1975.
개리 N. 크노퍼스, 레스터 L. 그래브, 데이드레 N. 풀턴 편, 『다시보기: 이스라엘의 포로와 회복』, 이윤경 역. 서울: CLC, 2019.
게오르크 포오러, 『이스라엘 역사』, 방석종 역. 서울: 성광문화사, 1986.
노만 K. 갓월드, 『히브리성서 2: 사회문학적 연구』, 김상기 역. 서울: 한국신학연구소, 1985.
도널드 E. 고웬, 『구약 예언서 신학』, 차준희 역. 서울: 대한기독교서회, 2014.
마틴 노트, 『이스라엘 역사』, 박문재 역. 서울: 크리스챤다이제스트, 1996.
마틴 헹엘, 『신구약 중간사』, 임진수 역. 파주: 살림, 2009.
에드윈 M. 야마우찌, 『페르시아와 성경』, 박응규·이한영·조용성 역. 서울: CLC, 2010.
요세푸스, 『유대고대사 제4권』, 성서자료연구원 역. 서울: 달산, 1991.
유흥태, 『고대 페르시아의 역사』, 파주: 살림출판사, 2008.
이윤경, "느헤미야, 산발랏, 도비야의 관계를 통해서 본 느헤미야 개혁,"「한국기독교신학논총」86 (2013), 5-29.
존 브라이트, 『이스라엘 역사』, 박문재 역. 서울: 크리스챤 다이제스트, 1993.
질 미들마스, 『이스라엘의 무성전 시대: 포로기의 역사, 문헌, 그리고 신학에 대한 개요』, 홍성혁 역. 서울: CLC, 2018.
피터 R. 아크로이드, 『이스라엘의 포로와 회복: 기원전 6세기 히브리 사상 연구』, 이윤경 역. 서울: CLC, 2019.
허셜 섕크스, 『고대 이스라엘』, 김유기 역. 서울: 한국신학연구소, 2013.
Berquist, J. L. *Judaism in Persian's Shadow: A Social and Historical Approach*.

Minneapolis: Fortress Press, 1995.

Cataldo, Jeremiah. "Persian Policy and the Yehud Community During Nehemiah," *Journal for the Study of the Old Testament* 28/2 (2003), 131-43

_____. *Theocratic Yehud?: Issues of Government in a Persian Province* New York: T&T Clark, 2009.

Clay, Albert Tobias and Hermann Vollrat Hilprecht, Business Documents of Murashû Sons of Nippur Dated in the Reign of Dari*us II (424-404 B.C.)* Franklin Classics, 2018.

Finkelstein, Israel. "Jerusalem in the Persian (and Early Hellenistic) Period and the Wall of Nehemiah,"*Journal for the Study of the Old Testament* 32/4 (2008), 501-20.

Grabbe, Lester L. *A History of the Jews and Judaism in the Second Temple Period, Volume 1: Yehud,the Persian Province of Judah*. London: Bloomsbury Publishing, 2004.

Hilprecht, Hermann Vollrat. Business Documents of Murashû Sons of Nippur Dated in the Reign of Artaxerxes I. (464-424 B.C.) Sagwan Press, 2015.

Lewis, Theodore J. "The Mysterious Disappearance of Zerubbabel," in *Seeking Out the Wisdom of the Ancients: Essays Offered to Honor Michael V. Fox on the Occasion of His Sixty-Fifth Birthday*, R. L. Troxel, K. G. Friebel and D. R. Magary eds. Winona Lake, IN: Eisenbrauns, 2005), 301-14.

Lipschits, Oded and Manfred Oeming, eds. *Judah and the Judeans in the Persian Period*. Winona Lake, IN: Eisenbrauns, 2006.

Porten, Bezalel, et al. *The Elephantine Papyri in English: Three Millennia of Cross-Cultural Continuity and Change*. Leiden: Brill, 1996.

Tcherikover, V. *Hellenistic Civilization and the Jews.* New York, NY: A Temple Book, 1974.

Weinberg, Joel. *The Citizen-Temple Community*. Sheffield: JSOT Press, 1992.

Wise, Michael O. "The Teacher of Righteousness and the High Priest of the Intersacerdotium: Two Approaches," Revue De Qumrân 14/4 (1990): 587-61

제2장

제2이사야의 문학과 희망의 메시지

1. 들어가는 말

이사야는 앗수르 시대로부터 페르시아 시대까지 긴 시대를 배경으로 하고 있다. 시대적인 측면뿐만 아니라 신학적인 내용 면에서도 이사야 1-39장이 하나님의 심판을 강조한다면, 이사야 40-66장은 하나님의 우주적 통치를 강조한다. 그래서 많은 이는 이사야 저작권의 통일성에 오랫동안 의문을 제기해왔다.

중세 스페인의 유대인 이븐 에즈라(Abraham Ben Meir Ibn Ezra, 1092/3-1167년)는 이사야서의 통일성에 문제가 있음을 인식하였고, 각각 다른 두 저자가 이사야 1-39장과 40-66장을 저술하였다고 제안하였다.[1] 역사비평의 등장 이후, 18세기 말에 아이히호른(J. G. Eichhorn)은 제2이사야의 존재를 제

---

1 이븐 에즈라가 이사야서를 단일 저작으로 보았다는 입장도 있다. 레이몬드 딜러드, 트램퍼 롱맨, 『최신구약개론』, 박철현 역 (고양: 크리스천다이제스트, 2009), 402, 각주 1 참조.

기하였다.[2] 그 후 1892년 둠(Bernhard Duhm)은 그의 주석서에서 제2이사야와 제3이사야의 존재를 제기하였다.[3] 한편, 쿰란 제1동굴에서 이사야 사본이 발굴된 이후, 이사야서 33장의 끝 단락에 세 줄의 공백이 있는 것을 보고, 와츠(John D. W. Watts)와 같은 학자는 1-33장과 34-66장으로 구분하여 주석서를 발간하였다.[4] 그러나 전체 분량의 절반에 해당하는 부분에서 서기관을 다른 서기관으로 교체하는 단순한 관습이 반영된 것이라는 지적도 있다.[5]

본 논문에서는 둠의 제안을 따라, 먼저 이사야 40-66장이 기원전 6세기에 저작되었다는 것을 전제로 한다. 그 근거로 차일즈(B. S. Childs)는 다음과 같은 세 가지의 논거를 제시한다.[6]

(1) 이사야 40장 이하의 역사적인 배경은 예루살렘이 함락되었고, 포로들이 옮겨진 것으로 묘사되어 있기 때문에 포로기를 반영하고 있다.
(2) 이 책의 첫 번째와 두 번째 부분 사이의 언어와 문체와 개념들의 현저한 차이점들은 다른 저자들을 가리키고 있다.
(3) 히브리 예언자의 역할은 하나님의 명령에 비추어서 당대의 문제들에 관해 그의 시대의 백성에게 말하는 것이었다. 만약 이사야 40장 이하가 기원전 8세기의 예언자가 약 150년 후의 유배된 백성의 필요들에 응해 말한 것이

---

2 J. G. Eichhorn, *Einleitung in das Alte Testament* (Leipzig: Weidmann, 1787).
3 Bernhard Duhm, *Das Buch Jesaia* (Göttingen: Vandenhoeck & Ruprecht, 1892).
4 존 D. 와츠, 『이사야 1-33』, 강철성 역 (서울: 솔로몬, 2002).
5 John Goldingay and David Payne, *Isaiah 40-55: A Critical and Exegetical Commentary* (London; New York: T&T Clark, 2006), 4. 쿰란 이사야사본에 대한 개요는 이 책의 9-10쪽을 참조하라.
6 B. S. 차일즈, 『구약정경개론』, 김갑동 역 (서울: 대한기독교출판사, 1987), 301.

라면, 그것은 구약성서의 다른 부분에 유례가 없는 상황이 될 것이다.

차일즈는 이사야 1-39장과 40-66장이 다른 시기에 저작되었고, 언어와 문체와 개념에서도 차이가 있다는 점에서 두 단락으로 분리된다고 지적한다. 앞 장에서도 밝혔듯이, 다음으로 쟁점이 되는 것은 이사야 40-66장을 다시 40-55장과 56-66장으로 세분화하는 문제이다. 예컨대, 토레이(C. C. Torrey)와 스마트(J. D. Smart)는 이사야 40-55장과 56-66장의 세분화에 문제를 제기한다.[7] 이사야 40-66장의 세분화와 제3이사야에 대한 논쟁은 다음 장에서 다루고자 한다.

다른 한편, 최근 복음주의 진영에서는 기원전 8세기 예언자가 기원전 6세기의 역사를 초자연적으로 예언하여 기록하였다고는 보지 않지만, 여전히 이사야서의 통일성을 다른 각도에서 주장한다. 예컨대, 스트롬버그(Jacob Stromberg)는 이사야서의 최종 편집자가 이사야 1-39장과 40-66장을 모두 아우르는 두루마리를 소유하였기 때문에, 개별 장들을 독립된 책으로 간주할 수 없다고 본다.[8] 즉, 두 명이나 세 명의 저자가 아니라, 한 명의 최종 편집자가 이사야서 전체를 편집하였다고 본다.

스트롬버그의 경우에는 둠의 제3이사야에 해당하는 자가 최종 편집자라고 본다. 그런데 사실 이 문제는 다른 각도에서 이미 학자들이 이사야서 전체는 신학적으로 유기적 통일체를 이루고 있다는 점을 지적하여 왔다는 점에서 완전히 새로운 주장이라고 할 수는 없다.

---

7   C. C. Torrey, *The Second Isaiah* (Edinburgh: T&T Clark, 1928); J. D. Smart, *History and Theology in Second Isaiah* (Philadelphia: Westminster Press, 1965).

8   Jacob Stromberg, *Isaiah after Exile: The Author of Third Isaiah as Reader and Redactor of the Book* (Oxford: Oxford University Press, 2011).

브루그만(Walter Brueggemann)은 "제2이사야는 신학적으로 제1이사야에서 유기적으로 발생한 것이다."[9]라고 말한다. 같은 맥락에서 렌트톨프(Rolf Rendtorff)는 제3이사야가 제1, 2이사야에 완전히 의존하고 있다고 본다. 이처럼 학자들은 서로 다른 시기에, 서로 다른 상황 속에서 저작된 책들이 '이사야'라는 하나의 이름 아래, 통일성 있는 한 책으로 묶일 수 있는 신학적 근거가 있다고 본다.

본 논문에서는 역사비평 이래, 이사야서의 단일 저작권에 의문을 제시하고, 독립된 세 명의 저작권을 주장하는 견해를 전제한다. 제2이사야의 문학 구조와 단락의 내용을 살펴보고, 제2성전 시대의 서막을 여는 시대에 예언자가 전달하고자 하는 메시지가 무엇이었는지를 파악하고자 한다.

2. 제2이사야의 활동 시기

이사야 40-55장에는 1-39장에 등장하던 유다 왕 아하스와 히스기야가 더 이상 등장하지 않고, 앗수르와 바벨론도 등장하지 않는다. 이사야 40-55장에는 페르시아 왕 고레스가 등장한다. 이 사실에 기초할 때, 이사야 1-39장과 40-55장 사이에는 상당한 시간적 간격이 있다. 이 점에서 이사야 1-39장은 기원전 8세기 후반을 배경으로 하지만, 이사야 40-55장은 적어도 이백 년 이후의 시기를 배경으로 삼고 있음을 알 수 있다.

---

9 Walter Brueggemann, "Unity and Dynamic in the Isaiah Tradition," *Journal for the Study of the Old Testament* 9/29 (1984), 96.

많은 학자가 제2이사야의 고레스 언급을 제2이사야의 시대적 배경을 알려주는 결정적 근거로 본다. 그래서 예컨대, 둠은 이사야 40-55장을 기원전 6세기 중반의 작품으로, 이사야 56-66장을 느헤미야 이전 시기인 기원전 5세기 중반의 작품으로 보았다.[10] 그러나 모든 학자가 둠의 연대 추정에 동의하지는 않는다.

특히, 제2이사야의 저작 시기를 포로기 말과 포로 후기의 어느 시점으로 볼 것인지에 대해서는 많은 논의가 있다. 블렌킨소프(Joseph Blenkinsopp)는 제2이사야의 핵심이 바벨론제국의 마지막 10년(기원전 550-539년경)을 기록한 것이라고 주장한다.[11]

유사하게, 스위니(Marvin A. Sweeney)는 제2이사야의 활동 시기를 바벨론 유배 시절인 기원전 545-538년 즈음 페르시아 고레스가 바벨론을 함락시키기 직전 혹은 직후의 시기로 본다.[12] 이사야 40-55장의 본문에 본국으로 돌아온 사람들이 직면한 문제들이 묘사되지 않았고 전체적인 분위기가 기대에 차 있기에 포로귀환으로부터 오랜 시간이 흐르지 않은 시점으로 제안한다.[13]

제2이사야의 기록 시점이 고레스 등장 직전 혹은 직후라고 볼 때, 제2이사야의 기록 장소에 대해서도 많은 논의가 있었다. 다른 예언자들과 달리 제2이사야에 대한 개인적인 정보를 텍스트 내에서 찾아볼 수 없다. 대부분의 학자들은 제2이사야를 바벨론 상황을 잘 알고 있는 자로 본다(사 46:1f; 47:1-15).

그래서 제2이사야를 바벨론 포로민 중의 한 사람이라고 보는 견해가 일

---

10 폴 D. 핸슨, 『묵시문학의 기원』, 이무용, 김지은 역 (서울: 크리스챤다이제스트, 2007), 43.
11 Joseph Blenkinsopp, *Isaiah 40-55* (New Haven: Yale University Press, 2002), 93.
12 마빈 스위니, 『예언서』, 홍국평 역 (서울: 대한기독교서회, 2017), 69.
13 존 콜린스, 『히브리성서 개론』, 유연희 역 (고양: 한국기독교연구소, 2011), 301.

반적이다. 하지만 제2이사야의 저작 장소로 팔레스타인을 제안하는 토레이와 스마트 같은 학자들도 있다.¹⁴ 폰 왈도우(H. E. Von Waldow)는 제2이사야가 팔레스타인에 거주하면서 메소포타미아 지역에 사는 이들에게 구전 형식으로 메시지를 전했을 가능성을 제시한다.¹⁵

3. 제2이사야의 구조

제2이사야의 구조를 고려하는 두 가지 주요 접근법이 있다.¹⁶ 하나는 '개별 단위 이론'(the detached units theory)이고, 다른 하나는 '열여섯 장 안에서 완벽하게 통합되고 구성된 전체를 찾아내려는 시도'이다. 즉, 전자의 접근 방식은 제2이사야 안의 서로 다른 양식들을 찾는데 집중한다.¹⁷ 예를 들어, 제2이사야에는 독립된 작은 양식들은 많이 찾아볼 수 있다.

고레스 단락(사 41:1-5; 41:25-29; 44:24-28; 45:1-7, 9-13), 종말론적 찬양시 단락(사 42:10-13; 44:23; 45:8; 48:20-21; 52:9-10 등), 종의 노래 단락(사 42:1-4; 49:1-6; 50:4-9; 52:13-53:12), 출애굽 모티프 단락(사 40:1-3; 55:12-13) 등이 있다. 후자는 이와 반대로 다양한 문학 장르를 망라하지만, 한 권의 책으로 연결되는 통일성을 찾고자 하는 방식을 취한다.

---

14 폴 D. 핸슨, 『묵시문학의 기원』, 44에서 재인용.
15 H. E. von Waldow, "The Message of Deutero-Isaiah," *Union Seminary Magazine* 22/3 (1968), 259-287.
16 C. R. North, *The Second Isaiah* (Oxford: Oxford University Press, 1967), 9.
17 예컨대, 제2이사야의 담화(speech) 분석을 한 연구로는 다음을 참조하라. Roy F. Melugin, *The Formation of Isaiah 40-55* (Berlin: Walter de Gruyter, 1976).

라토(Antti Laato)는 보다 세밀하게 학자들이 이전까지 진행해 온 제2이사야의 문학 구조 연구를 네 개의 방향으로 정리하였다.[18]

첫째, 전승사적 입장의 연구는 제2이사야의 내용과 구조를 포로기 이전 예루살렘에서 행해진 가을 축제와 연관이 있다고 본다.
둘째, 편집사적 연구는 제2이사야를 발전해가는 전승 복합체의 결과로 본다.
셋째, 양식사적 연구는 제2이사야를 특별한 방식으로 배열된 여러 개의 일관된 작은 단위를 포함하고 있다고 본다.
넷째, 수사학적 연구는 제2이사야를 수사학적, 구성적 기법으로 통일된 더 긴 시적인 단위를 포함한다고 본다.

라토는 이중에서도 제2이사야 연구에는 양식비평과 수사비평이 특히 큰 공헌을 하였다고 본다.[19] 이처럼 학자들은 제2이사야의 문학 구조를 다양한 측면에서 연구하였고, 그 결과 다양한 방식으로 구조를 제시한다.

예를 들어, 블렌킨소프는 야곱/이스라엘 단락(사 40-48장)과 시온/예루살렘 단락(사 49-55장)으로 구분한다.[20] 오스왈트(John Oswalt) 역시 이사야 40-48장, 49-55장으로 구분한다.[21]

또한, 핸슨(Paul D. Hanson)은 제2이사야를 블렌킨소프와 동일하게 세분하

---

18 Antti Laato, "The Composition of Isaiah 40-55," *Journal of Biblical Literature* 109/2 (1990), 207-28.
19 대표적으로, R. J. Clifford, *Fair Spoken and Persuading: An Interpretation of Second Isaiah* (New York, Toronto: Paulist, 1984).
20 Joseph Blenkinsopp, *Isaiah 40-55*, 61.
21 존 오스왈트, 『이사야 II』, 이용중 역 (서울: 부흥과개혁사, 2016).

고, 이사야 49-55장 부분이 "긴박성과 임박한 기대감에 대한 의식이 고조되고 있는 것처럼 보인다"고 언급한다.[22] 한편, 발쩌(Klaus Baltzer)는 제2이사야를 서막(사 40:1-31)과 결말(사 54:18-55:13), 그리고 그 사이에 총 6막이 들어 있는 구성으로 보고, 각 막은 찬양으로 끝을 맺는다고 본다.[23] 라토는 이사야 40-53장에서 다섯 개의 주기로 형성되는 교차대구 구조(chiasm)를 찾았고, 이사야 54-55장은 요약이라고 본다.[24]

본 논문에서는 제2이사야가 이스라엘 백성의 '현재' 상황과 '미래' 희망에 대한 메시지를 제시한다는 논지를[25] 구조적 차원에서 적용하고자 한다. 즉, 이사야 40-48장에는 바벨론 포로 공동체가 첨예하게 겪고 있던 '현실' 문제를 다루고 있다. 이 단락은 '하나님'이라는 극렬한 신학적 논쟁에 천착한다. 포로 공동체는 포로기 초기부터 압도적인 군사력의 차이뿐만 아니라 종교시설물을 포함한 각종 건축물을 목도하면서, 문화적 차이로 인해 자신들의 종교적 신념에 회의하게 되었다.

이스라엘의 하나님은 바벨론의 마르둑 신보다 열등한 신인가?

바벨론은 복을 받고, 우리는 저주를 받았는가?

포로 공동체는 포로지에서 문화적 충격과 더불어 깊은 종교적 회의에 빠졌을 것이다. 그런데 이제 더욱 강력한 페르시아제국의 부상을 목도한다.

과연 이스라엘의 하나님, 야웨는 오랜 바벨론 포로의 세월 동안에도 아

---

22 폴 D. 핸슨, 『이사야 40-66』, 이인세 역 (서울: 한국장로교출판사, 2012), 41.
23 Klaus Baltzer, *Deutero-Isaiah: A Commentary* (Minneapolis: Augsburg Fortress, 2001), 15. 1막(사 41:1-42:13), 2막(사 42:14-44:23), 3막(사 44:24-45:25), 4막(사 46:1-49:13), 5막(사 49:14-51:10), 6막(사 52:11-54:17)이다.
24 Laato의 표를 참조하라. Laato, "The Composition of Isaiah 40-55," 212-13.
25 이 주제는 다음에서 차용한 것이다. 피터 아크로이드, 『이스라엘의 포로와 회복』, 이윤경 역 (서울: CLC, 2019), 제8장 참조.

무 일도 하시지 않았는데, 새로운 제국의 도래를 맞는 시대에 여전히 붙들고 있을 만한 유효한 신인가?

이런 문제 앞에서 이사야 40-48장은 '창조주' 야웨라는 오래된 전승을 '구원자' 야웨 전승과 결합하여 '우주적' 신 야웨라는 개념을 제시한다. 그리고 제2이사야는 절대적 권력을 지닌 신으로 숭상되는 바벨론의 신을 한갓 인간의 손으로 만든 공예품으로 치부하고, 새로운 절대 권력자 고레스를 '내 목자'로 격하한다.

이어지는 이사야 49-55장은 다가올 미래에 대한 희망을 '시온'을 중심으로 펼치고, 그 회복의 중심에서 일을 이룰 자로 '고난의 종'을 제시한다. 이 단락은 시온 중심으로 보인다는 점에서 선행단락인 이사야 40-48장의 우주적, 보편적 하나님 표상과 배치되는 듯 보이지만, 이방에 정의를 베풀고 이방에 빛이 되는 것이 고난의 종의 사명이라고 분명하게 선언하고 있다는 점에서 신학적 맥이 이어지고 있다.

이처럼 제2이사야는 현실과 미래라는 시공간에서 겪는 문제를 두 단락에서 다루고 있다. 본 논문에서는 이 관점에서 이 두 단락의 문학적 구성과 신학적 메시지를 살펴보고자 한다.

4. 이사야 40-48장: 창조자, 구원자 하나님

먼저 이사야 40-48장은 크게 두 부분으로 나뉜다.[26]

첫 번째 단락인 이사야 40:1-44:23은 보편적, 우주적 하나님에 대한 표

---

[26] John Goldingay and David Payne, *Isaiah 40-55: A Critical and Exegetical Commentary*.

상을 제시한다.

두 번째 단락인 이사야 44:24-48:22에서는 세계의 창조주로서 고레스를 통한 새로운 하나님의 구원 사역을 제시한다. 각 단락의 구성은 아래와 같다.

<보편적, 우주적 하나님 표상(사 40:1-44:23)>	
40:1-11	위로와 회복 선포
40:12-31	수사적 질문: 이스라엘의 진정한 구속자 야웨
41:1-29	법정용어: 이스라엘의 하나님과 이방 신들 비교
42:1-4	제1종의 노래
42:5-44:23	야웨는 이스라엘의 구원자

<세계의 창조주는 역사의 주(사 44:24-48:22)>	
44:24-45:8	고레스의 임무
45:9-13	주권자이신 야웨
45:14-25	이방 구원과 이스라엘의 영광
46:1-13	무력한 이방 신들과 구원의 하나님
47:1-48:22	고레스의 승리

1) 하나님 표상(사 40:1-44:23)

이 단락의 첫 번째 부분인 이사야 40:1-11은 자기 백성을 위로하는 야웨의 말씀으로 시작한다.

> 그 노역의 때가 끝났고 그 죄악이 사함을 받았느니라(사 40:2).

이 선언을 통하여, 예루살렘의 복역의 때, 즉 바벨론 포로기가 끝났고 회복의 때가 가까웠다는 위로의 메시지를 선포한다. 특히, "하나님의 말씀은 영원히 서리라"(사 40:8)는 말씀은 예언자의 회복 예언이 실현될 것이라는 희망을 피력하는 것으로 볼 수 있다.

> 아름다운 소식을 시온에 전하는 자여…아름다운 소식을 예루살렘에 전하는 자여(사 40:9).

이를 통하여 예언자의 사명은 이제 심판이 아닌 시온과 예루살렘의 회복 메시지를 전달하는 것임을 드러낸다. 여기에서 예루살렘으로 인도하시는 하나님을 출애굽 모티브를 통해 설명한다.[27] 제2이사야를 시작하는 이 구절은 출애굽을 연상하는 새로운 창조를 암시하고 있다.[28]

와츠는 이 서론에서 정치 권력의 회복에 대해서 아무 언급이 없는 것에 주목하고, 바벨론 시대가 끝나리라는 하나님의 계획의 전환점을 알리고 야웨와 자기 백성과의 긍정적인 관계에 대한 진술만을 강조한다고 본다.[29]

다음으로 이사야 40:12-31은 앞 단락에 이어 연속적인 수사적 질문들을 통하여, 야웨의 구원능력에 대한 회의에 맞서서 야웨가 온 세계의 주인이며, 창조주임을 선포한다. 이 구절은 세 부분으로 다시 나눌 수 있는데, 이 세 부분은 모두 '창조'라는 주제로 이어지고, 점차 일반적인 것으로부터 이스라엘로 초점을 맞추고 있다.

첫 번째 부분인 이사야 40:12-20의 수사적 질문은 창조주 하나님 표상을 확고히 한다. 이스라엘의 포로와 구원의 역사적 행로는 세상의 모든 것

---

27 고든 맥콘빌,『선지서』, 박대영 역 (서울: 한국성서유니온선교회, 2009), 89.
28 존 콜린스,『히브리성서 개론』, 302.
29 존 D. 와츠,『이사야 34-66』, 강철성 역 (서울 : 솔로몬, 2002), 164-165.

을 창조하고, 어떤 다른 신과 회의할 필요가 없는 절대적 창조주의 행위임을 천명하는 수사적 질문이다. 이 질문의 배경에는 야웨의 능력에 대한 회의가 이방인들뿐만 아니라 포로민들 사이에서도 팽배해 있었음을 짐작할 수 있다. 이런 배경에 맞서서, 이방 신이 아니라, 오직 야웨만이 천지 만물을 창조하고 역사의 흐름을 결정할 수 있다는 점을 반어적으로 드러낸다.

두 번째 부분인 이사야 40:21-26의 수사적 질문은 첫 번째 수사적 질문의 연속이면서 확장이다. 두 번째 부분의 수사적 질문은 이스라엘 백성에게 야웨는 비길 데 없는 창조주임을 알아야 한다고 선언한다. 마지막 부분인 이사야 40:27-31의 수사적 질문은 "내 길은 여호와께 숨겨졌으며 내 송사는 내 하나님에게서 벗어난다"(사 40:27)고 불평하며 한탄하는 포로민 후예들의 목소리에 대한 응답이다.

제2이사야의 시대는 적어도 바벨론에 끌려온 자들의 다음 세대 목소리를 반영한다. 이들은 포로 생활이 길어지자 자신들이 야웨로부터 버림받은 신세라고 느꼈다. 이들을 향해 창조주 하나님은 "피곤하지 않으시며 곤비하지 않으시며…피곤한 자에게는 능력을 주시며 무능한 자에게는 힘을 더하시나니"(사 40:29)라고 말함으로써 위로하고 격려한다. 제2이사야는 이 단락에서 노아와 아브라함 계약, 불임이었던 사라와 라헬의 출산, 야곱의 유배와 복귀, 출애굽, 광야 전승 등을 변용하고 있다.[30]

다음으로 이사야 41:1-29은 '법정 드라마'[31] 형식을 통하여, 이방 신들과 이스라엘의 구속자이신 야웨 하나님을 비교한다. 이사야 41:1-20은 "우리 서로 재판 자리에 가까이 나아가자"(사 41:1)는 말로 시작함으로써, 법정

---

30 마빈 스위니, 『예언서』, 96.
31 폴 D. 핸슨, 『이사야 40-66』, 68.

을 배경으로 하는 논쟁형식을 빌어 이스라엘의 구속자는 야웨이심을 선포한다. 이사야 41:21-29은 다시 '증거를 보이라'(사 41:20)와 '진술하라'(사 41:22)와 같은 법정 진술 양식을 통하여 이방의 우상이 아니라 야웨가 역사의 주임을 구체적으로 진술한다. 특히, "내가 한 사람을 일으켜 북방에서 오게"(사 41:25)한다는 것은 이스라엘의 역사뿐만 아니라 세계사의 주인이 야웨임을 알리는 선언이다.

뒤이어 나오는 이사야 42:1-4은 제1종의 노래로 시작한다. 제1종의 노래이다.

> 내가 붙드는 나의 종, 내 마음에 기뻐하는 자 곧 내가 택한 사람을 보라 내가 나의 영을 그에게 주었은즉 그가 이방에 정의(משפט)를 베풀리라 그는 외치지 아니하며 목소리를 높이지 아니하며 그 소리를 거리에 들리게 하지 아니하며 상한 갈대를 꺾지 아니하며 꺼져가는 등불을 끄지 아니하고 진실로 정의(משפט)를 시행할 것이며 그는 쇠하지 아니하며 낙담하지 아니하고 세상에 정의(משפט)를 세우기에 이르리니 섬들이 그 교훈을 앙망하리라 (사 42:1-4).

제1종의 노래에서 야웨는 자신의 종을 '내가 붙드는 나의 종, 내 마음에 기뻐하는 자 곧 내가 택한 사람'이라고 소개하고 있다.

폰 라트(Gerhard von Rad)는 이 소개 양식을 궁중 생활권에서 차용한 언어 양식으로 소개한다.[32] 즉, "궁중의식으로 제왕은 임명식에서 그의 분봉왕들 중의 하나를, 혹은 지방관원 한 사람을 그의 고관들에게 소개하고, 새

---

32 폰 라트, 『구약성서신학 2』, 허혁 역 (서울: 분도출판사, 1977), 247.

관원의 임무들과 권한들을 합법적으로 선포"했다.[33]

제1종의 노래에서 야웨는 종을 소개하고, 그의 자질과 사명을 소개하는 데 집중한다. 먼저 종은 옛적 사사처럼 야웨의 영을 받은 자이다. 다음으로 종의 활동을 '정의를 베푸는 것'이라고 매우 간결하지만 분명하게 소개한다. 종의 임무가 '정의'와 매우 밀접하게, 가장 중요하게 관련이 있다는 것은 이후 종의 노래에서도 재등장하는 것으로 보아 분명하다.

제1종의 노래에서 정의를 뜻하는 히브리어 '미쉬파트'(משפט)가 세 번 나타난다. 일반적으로 이 단어의 동사 어근(שפט)이 뜻하는 바는 '판단하다'이다. 그런데 파생명사 משפט는 "법정에서 공동체의 공평과 조화를 촉진한 상황이나 환경"을 언급한다.[34] 그런데 제2이사야에서 이 파생명사는 법정용어를 넘어서서 '사회정의'로, 또 '야웨의 정의'로 확대된다.[35] 제1종의 노래에서 종은 소리 높여 드러내며 정의를 구호처럼 외치는 것이 아니라, "상한 갈대를 꺾지 아니하며, 꺼져가는 등불을 끄지 아니"하는 모습으로 약자와 가난한 자를 대상으로 정의를 실현한다. 종의 사명은 이스라엘과 이방 민족 모두를 포함하고 있다.

제1종의 노래에서 야웨가 3인칭으로 종을 부른다면, 이어지는 이사야 42:5-9에서는 야웨가 2인칭으로 소명을 부여한다. 이런 점에서 이사야 42:5-9은 '독립된 문학 단위'로 취급된다.[36] 여기에서 세움을 받는 '너'는 "백성의 계약과 이방의 빛"(사 42:6)이 되는 사명을 부여받는다. 이사야

---

33 폰 라트, 『구약성서신학 2』, 247.
34 T. L. J. Mafico, "Just, Justice," in *The Anchor Yale Bible Dictionary*, ed. D. N. Freedman. (Vol. 3, New York: Doubleday, 1992), 1128.
35 우리말 논문을 참조하라. 오현택, "제2이사야 '야웨의 종의 노래'에 나타난 미쉬파트," 「구약논단」 1/7 (1999), 47-67.
36 C. 베스터만, 『이사야 III』, 번역실 역 (서울: 한국신학연구소, 1990), 116.

42:10-13의 '용사 하나님' 찬양시는 대적을 친히 무찌르는 하나님을 찬양한다. 이어지는 이사야 42:14-43:7은 구체적으로 용사 하나님이 이루시는 구원 행위를 묘사한다. 무엇보다도 용사 하나님은 대적을 치는 자일뿐만 아니라, "야곱이 탈취를 당하게 하신 자"이며, "이스라엘을 약탈자들에게 넘기신 자"(사 42:24)라는 이중적 모습으로 묘사된다.

제2이사야는 이러한 이중적 모습에서 모순을 느끼는 것이 아니라, 야웨야말로 이스라엘과 열방 모두의 주인이라는 점을 분명히 제시하고자 한다. 이 소단락의 마지막 부분인 이사야 43:8-44:23은 법정 언어를 사용하여 야웨가 이스라엘의 구원자 되심을 주장한다. 이 마지막 부분은 이사야 41:1-5, 21-29과 마찬가지로 야웨, 열방과 이방 신들이 등장하는 변론 형식이지만, 앞부분과 다른 점은 '증인'으로 이스라엘이 소환된다는 점이다.[37] 이 변론은 세상의 창조주가 이스라엘의 구원자라는 결론에 이른다(사 43:13). 이어지는 이사야 43:6-12의 변론에서 출애굽과 광야 전승은 "광야에 길을, 사막에 강을" 내는 전승으로 나아간다.

그래서 제2이사야는 이 새로운 전승으로의 변혁을 "새 일"(사 43:19; 42:9; 48:6)이라고 부른다. 옛 출애굽 전승이 새로운 역사에서 새롭게 해석되고 발전해가는 모습을 제2이사야에서 찾아볼 수 있다. 즉, 제2이사야는 애굽에서 종살이하던 이스라엘과 바벨론에 끌려온 포로민을 병행시켜 바벨론으로부터 예루살렘으로의 귀환을 새로운 출애굽이라고 제시한다.

이 점에서 앤더슨(Bernard W. Anderson)은 제2이사야의 예언을 완전히 다른 차원의 '역사적 해석'이라고 보았다.[38] 즉, 하늘과 땅이나 영원과 시간이라

---

37 C. 베스터만, 『이사야 III』, 141.
38 제2이사야에 나타나는 출애굽 전승을 유형론적으로 연구한 논문은 다음을 참조하라.
Bernard W. Anderson, "Exodus Typology in Second Isaiah," in *Israel's Prophetic Heritage:*

는 이분법적 개념이 아니라 이들 사이의 '관계'에 관심을 두었다고 본다.

제2이사야는 '옛일'과 '새 일' 그리고 '시작'과 '끝'을 분리하는 것이 아니라, 유형론적으로 병치한다. 제2이사야의 종말론적 희망은 이스라엘의 구원사에서 도출한 이미지를 통하여 형성되었고, 특히 출애굽 사건이라는 핵심적 이미지를 통하여 귀환을 새로운 출애굽으로 표상하는 구원사건을 구축하였다.

다음으로 이사야 43:22-28에서 이스라엘의 과거의 죄를 다시 한번 회상함으로써, '포로됨'의 정당함을 변론한다. 그런데 이런 이스라엘 백성에게 일어날 반전이 이사야 44:1-23에서 묘사되고 있다. 창조주 야웨가 이스라엘 백성을 구원하시고, 이스라엘은 우상의 허망함을 만천하에 폭로할 야웨의 증인이 될 것이다. a

2) 위대한 구속(사 44:24-48:22)

이사야 44:24 이하 단락은 '고레스 단락'으로 불린다. 이 단락에서 가장 중요한 인물은 페르시아제국의 창건자 고레스 왕(기원전 559-530년)이다. 이사야 44:24-45:8은 고레스의 정체성과 임무를 밝힌다. 이 단락에서 고레스 왕의 이름이 두 번 직접적으로 언급된다. 즉, "고레스에 대하여…내 목자라"(사 44:28)와 "기름부음을 받은 고레스"(사 45:1)라 부른다. 스위니는 이 묘사를 기원전 539년 바벨론 신년축제에서 바벨론의 왕으로 고레스가 선포되는 장면을 염두에 둔 것으로 여긴다.[39]

Essays in Honor of James Muilenburg, B. Anderson and W. Harrelson, eds. (New York: Harper & Brothers, 1962), 177-195.
39 마빈 스위니, 『예언서』, 97.

핸슨 역시 이사야 45:1-7이 고레스에 초점을 맞추고 있다고 본다.[40] 그런데 베스터만(Claus Westermann)은 이사야 44:1-4의 유형을 '제왕신탁'으로 본다.[41] 제왕신탁으로 보는 것은 이 구절의 중심을 고레스에 두는 것이 아니라, 야웨의 위임을 받는 왕이라는 점을 확실히 부각한다는 점에서 옳다고 본다.

이어지는 이사야 45:8-46:13의 단락은 고레스를 선택한 야웨가 창조자요 구원자임을 천명한다. 폰 라트는 제2이사야에서 출애굽과 다윗과 시온 전승, 그리고 창조 전승이 수용되고, 재구성되고 있음을 지적하였다.[42] 그는 제2이사야가 전통적인 신학 전승을 수용하면서도 새로운 각도에서 개작한다. 구체적인 예를 찾아본다면, 이사야 45:8-46:13의 단락은 창조 전승을 구원사적 신학에서 재해석한다.

이 단락에서 제2이사야는 창조 행위를 하나님의 역사적 기적 행위로 간주하고, "창조하다와 해방하다를 동의어로 사용한다."[43] 폰 라트는 새로운 구원사건을 고레스를 통하여 부분적으로 이루지만, 궁극적인 구원을 실현하는 자는 창조주인 야웨 자신임을 보여준다고 본다.[44] 고레스는 야웨의 목자로 시온을 재건하고, 벨과 느보(사 46:1)로 상징되는 바벨론을 심판하는 구원자로서 "나의 뜻을 이룰 사람"(사 46:11)으로 등장한다.

이 단락의 마지막 부분인 이사야 47장과 48장은 각각 바벨론의 멸망 예고와 바벨론으로부터의 귀환을 예고하는 면에서 이어진다. 이사야 47장을

---

[40] 폴 D. 핸슨, 『이사야 40-66』, 161.
[41] C. 베스터만, 『이사야 III』, 182.
[42] 폰 라트, 『구약성서신학 2』, 236.
[43] 폰 라트, 『구약성서신학 2』, 238.
[44] 폰 라트, 『구약성서신학 2』, 240-46.

둠은 '승전가'로, 뮐렌부르크는 '조롱가'로 분류한다.[45] 하지만, 베스터만은 이사야 47장을 제2이사야에서 유일한 '열방신탁'으로 본다.[46] 예언서의 열방신탁은 하나의 정형적인 형식이다.[47]

이사야 13-14장과 예레미야 50-51장의 바벨론에 대한 열방신탁의 선례를 찾아볼 수 있다는 점에서, 이사야 47장은 기본적으로 열방신탁이라 할 수 있다. 이사야 47장은 열방신탁의 두 가지 구성 요소인 심판 고지와 심판의 이유를 포함한다.[48]

> 처녀 딸 바베론이여 내려와서 티끌에 앉으라… 다시는 곱고 아리땁다 일컬음을 받지 못할 것임이라(사 47:1).

이는 심판 고지로 시작하여, 교만과 악행으로 인해 심판받는다는 것을 선언한다(사 47:6-7, 10, 13). 이사야 48장은 지금까지 포로 생활을 '연단'으로 설명하며,[49] 바벨론에서 귀환할 것을 예언한다.

---

45 C. 베스터만, 『이사야 III』, 217에서 재인용.
46 C. 베스터만, 『이사야 III』, 217.
47 열방신탁에 대한 연구는 다음을 참조하라. 이윤경, "전쟁이라는 삶의 자리에서 살펴본 열방신탁의 담론적 기능," 「한국기독교신학논총」 62 (2009), 35-56.
48 C. 베스터만, 『이사야 III』, 218.
49 "내가 너를 연단하였으나 은처럼 하지 아니하고 너를 고난의 풀무 불에서 택하였노라"(사 48:10)

5. 이사야 49-55장: 이스라엘의 구원과 회복

제2이사야의 두 번째 단락은 선행단락에서 나온 주장의 절정이다.

이 두 번째 단락은 이사야 49장에서 시작한다. 윌리암슨(H. G. M. Williamson)은 메시지의 청중이 변화된다는 점에서, 이사야 49:1-13이 이스라엘에 대한 개념의 전환을 보여주는 본문이라고 본다.[50] 즉, 이사야 40-48장은 이스라엘 전체(또는 야곱)를 대상으로 삼지만, 이사야 49-55장은 49:1-6의 경우를 제외하고는 주로 시온(또는 예루살렘)을 대상으로 삼는다. 또한, 내용면에서 볼 때, 이사야 49-55장은 전반부와 마찬가지로 사로잡힘과 구원의 메시지를 계속 전달하지만, 고레스나 바벨론을 다시는 언급하지 않는다.[51] 무엇보다도 이사야 49-55장은 전반부와 전체적인 어조가 다르다.

이사야 40-48장이 창조주 야웨가 열방과 그들의 신들 앞에서 이스라엘의 포로와 귀환을 계획하고 수행하였음을 낙관적 어조로 선언한다. 그러나 이사야 49-55장은 낙관과 비관이 혼재된 양상을 보인다. 시온과 예루살렘이 회복되는 새 시대에 대한 희망도 피력하지만, 구체적으로 후반부에 나타난 제3, 4종의 노래는 고난 받는 종의 표상을 비관적인 어조로 제시한다.

<이스라엘의 구원(사 49장)>

49:1-6	제2종의 노래
49:7-13	은혜의 때, 구원의 날 약속
49:14-26	이스라엘의 재건

---

50 H. G. M. Williamson, *The World of Ancient Israel: Sociological, Anthropological and Political Perspectives Essays by Members of the Society for Old Testament Study* (Cambridge: Cambridge University, 1993), 141-61.
51 존 오스왈트, 『이사야 II』, 344.

<고난 받는 종, 이스라엘(사 50-53장)>

50:1-3	수사적 질문: 포로의 원인은 이스라엘 백성
50:4-9	제3종의 노래
50:10-52:12	하나님의 이스라엘 구원
52:13-53:12	제4종의 노래

<이스라엘에 대한 위로와 계약의 재확인(사 54-55장)>

54장	시온 찬송시
55장	시온에 대한 영원한 사랑과 계약 재확인

1) 이스라엘의 구원(사 49장)

제2이사야의 두 번째 단락은 제2종의 노래로 시작한다(사 49:1-6). 제1종의 노래에 이어, 제2종의 노래에서는 "종이 지닌 본질과 특성과 기능이 반복되고 강화"된다.[52]

섬들아 내게 들으라 먼 곳 백성들아 귀를 기울이라 야웨께서 태에서부터 나를 부르셨고 내 어머니의 복중에서부터 내 이름을 기억하셨으며 내 입을 날카로운 칼 같이 만드시고 나를 그의 손 그늘에 숨기시며 나를 갈고 닦은 화살로 만드사 그의 화살통에 감추시고 내게 이르시되 너는 나의 종이요 내 영광을 네 속에 나타낼 이스라엘이라 하셨느니라 그러나 나는 말하기를 내가 헛되이 수고하였으며 무익하게 공연히 내 힘을 다하였다 하였도다 참으로 나에 대한 판단이 야웨께 있고 나의 보응이 나의 하나님께 있느니라 이제 야웨께서 말씀하시나니 그는 태에서부터 나를 그의 종으로 지으신 이

---

52 존 오스왈트, 『이사야 II』, 346.

시요 야곱을 그에게로 돌아오게 하시는 이시니 이스라엘이 그에게로 모이는도다 그러므로 내가 야웨 보시기에 영화롭게 되었으며 나의 하나님은 나의 힘이 되셨도다. 그가 이르시되 네가 나의 종이 되어 야곱의 지파들을 일으키며 이스라엘 중에 보전된 자를 돌아오게 할 것은 매우 쉬운 일이라 내가 또 너를 이방의 빛으로 삼아 나의 구원을 베풀어서 땅 끝까지 이르게 하리라(사 49:1-6).

제1종의 노래가 종을 3인칭으로 언급한다면, 제2종의 노래는 종이 일인칭으로 말한다. 종은 태에서부터 야웨의 부름을 받은 자라고 스스로 말하고 있다는 점에서, 제1종의 노래에서 야웨가 종을 "내가 택한 사람"(사 42:1)이라고 부르는 것과 일맥상통한다. 그런데 제2종의 노래에서 종은 자신의 사명을 "헛되이 수고하였으며 무익하게 공연히 내 힘을 다하였다"(사 49:4)고 탄식한다.

이처럼 탄식하는 종에게, 야웨는 두 가지 사명을 말한다. 종의 첫 사명은 "야곱의 지파들"을 일으키고 "이스라엘 중에 보전된 자"를 돌아오게 하는 것이다. 이 첫 번째 사명에 대해서 폰 라트는 "지파를 바로 세운다는 말은, 옛 지파 동맹의 재건을 지시하고, 새 이스라엘의 국가 양식을 지시하지 않는다."[53]고 해석한다.

발쩌 역시 제2이사야가 반왕정 논조를 견지하고 있다고 본다.[54] 나아가, 그는 출애굽기 24:4에서 모세가 12지파를 위해 12개의 기둥을 세운 것에 비추어 이 구절을 해석한다. 즉, 출애굽기 24:4의 '기둥'(מצבה)은 70인 역

---

53 폰 라트, 『구약성서신학 2』, 249.
54 Klaus Baltzer, *Deutero-Isaiah*, 310.

에서 '돌'(λίθους)로 수정번역 되었다는 사실을 기억해야 한다고 제시한다. '기둥'이라는 말은 후대에 제의적 측면에서 문제가 되었고, 의도적으로 '돌'로 수정번역을 하였다는 것이다.

이와 유사하게, 발쩌는 이사야 49:6의 "야곱의 지파들을 일으키며" 구절 역시 모세의 기둥 숭배라고 오독할 수 있는 가능성을 차단하고자 하는 수정이었는지를 질문한다.[55]

그러나 발쩌는 대답을 제시하지는 않는다. 이러한 발쩌의 해석은 제2이사야의 저작의도에 대한 과도한 해석으로 보인다. 제2이사야는 "야곱의 지파들"과 "이방의 빛"을 순차적으로 제시한다.

첫째 종의 임무는 이스라엘과 열방 모두를 포함한다는 것을 은유적으로 제시한 것으로 보는 것이 더욱 타당하다고 본다.

둘째 종의 사명은 "이방의 빛"이 되어 "나의 구원을 베풀어서 땅 끝에 이르게" 하는 것이다. 이 또한, 제1종의 노래에서 "이방에 정의를 베풀리라"(사 42:1)고 한 사명과 동일함을 알 수 있다.

와츠는 '이방의 빛이 되어 구원을 베푸는' 사명을 단순히 종교적 차원이 아니라, '구원'이 갖는 정치적, 경제적 차원을 환기하면서, "경제와 사회질서를 회복"시키는 차원으로 해석한다.[56] 제2종의 노래는 이스라엘의 옛 질서를 새로운 질서로 회복할 뿐만 아니라, 이스라엘을 넘어 이방에 구원을 미칠 종을 예고한다.

---

55 Klaus Baltzer, *Deutero-Isaiah*, 310.
56 존 D. 와츠, 『이사야 34-66』, 320-21.

2) 고난 받는 종, 이스라엘(사 50-53장)

이사야 50-53장 단락은 제3, 4종의 노래를 포함한다. 지금까지 제1, 2종의 노래가 종의 사명을 이야기하는 데 집중한다면, 제3종의 노래(사 50:4-9)는 종이 실제 사명을 다할 때 감당해야 할 바를 예고한다.

> 주 야웨께서 학자들의 혀를 내게 주사 나로 곤고한 자를 말로 어떻게 도와 줄 줄을 알게 하시고 아침마다 깨우치시되 나의 귀를 깨우치사 학자들 같이 알아듣게 하시도다 주 야웨께서 나의 귀를 여셨으므로 내가 거역하지도 아니하며 뒤로 물러가지도 아니하며 나를 때리는 자들에게 내 등을 맡기며 나의 수염을 뽑는 자들에게 나의 뺨을 맡기며 모욕과 침 뱉음을 당하여도 내 얼굴을 가리지 아니하였느니라 주 야웨께서 나를 도우시므로 내가 부끄러워하지 아니하고 내 얼굴을 부싯돌 같이 굳게 하였으므로 내가 수치를 당하지 아니할 줄 아노라 나를 의롭다 하시는 이가 가까이 계시니 나와 다툴 자가 누구냐 나와 함께 설지어다 나의 대적이 누구냐 내게 가까이 나아올지어다 보라 주 야웨께서 나를 도우시리니 나를 정죄할 자 누구냐 보라 그들은 다 옷과 같이 해어지며 좀이 그들을 먹으리라(사 50:4-9).

제3종의 노래는 종이 1인칭으로 자신이 사명 달성을 위해 겪어야 할 인내를 1인칭으로 말한다. 제3종의 노래에서는 '종'이라는 단어가 직접적으로 등장하지 않는다. 그러나 종으로 부르심을 받고 택함을 받은 자가 겪어야 할 바를 구체적으로 보여주고, 이어지는 제4종의 노래에서 보여줄 종의 수난을 예고한다. 이사야 50:6에서 종은 "나를 때리는 자들에게 내 등을 맡기며 나의 수염을 뽑는 자들에게 나의 뺨을 맡기며 수욕과 침 뱉음을 피하려고 내 얼굴을 가리우지 아니하였느니라"라고 말한다.

종은 자신의 고난과 대적을 묘사한다. 이처럼 종이 사명을 수행할 때 많은 고난과 반대를 겪게 된다. 이 점에서 베그리히는 이 노래를 '개인 탄식'으로 분류한다.[57]

하지만, 베스터만은 제2종의 노래에서 탄식을 직접적 탄식이 아니라, 간접적 탄식으로 보고, 이 간접적 탄식을 "중보자의 탄식"이라고 칭한다.[58]

즉, 종은 자신의 개인적인 문제가 아니라, 중재자로 겪는 고난을 탄식하는 것이다. 종이 직접적인 탄식을 하지 않는 이유를 이사야 50:8-9에서 찾아볼 수 있다. 여기에서 종은 법정용어를 사용한다.

'나와 다툴 자가 누구냐?'
'나의 대적이 누구냐?'
'나를 정죄할 자가 누구냐?'

이런 질문을 연속적으로 제기하면서 야웨가 그를 도와주시리라는 것을 확신한다. 그래서 폰 라트는 제3종의 노래를 신뢰시로 분류한다.[59] 종은 온갖 모욕에도 하나님이 자기의 도움이기에 부끄러워하지 않고, 수치를 당하지 않을 것이라고 확신한다.

제4종의 노래(사 52:13-53:12)는 다른 종의 노래와 달리 긴 단락을 포함한다. 핸슨은 종의 고난을 묘사하고, 하나님의 구원에 감사를 드린다는 면에

---

57 C. 베스터만, 『이사야 III』, 261에서 재인용.
58 C. 베스터만, 『이사야 III』, 261.
59 폰 라트, 『구약성서신학 2』, 249.

서 시편 감사시(예: 시 30, 54편)와 유사하다고 본다.[60] 그러나 제4종의 노래는 감사시의 모습보다는 제3종의 노래에서 언급된 종의 고난이 더욱 극심해지고, 그러나 결국에는 야웨가 종을 높이는 모습을 보여준다.

> 보라 내 종이 형통하리니 받들어 높이 들려서 지극히 존귀하게 되리라 전에는 그의 모양이 타인보다 상하였고 그의 모습이 사람들보다 상하였음으로 많은 사람이 그에 대하여 놀랐거니와...우리가 전한 것을 누가 믿었느냐 여호와의 팔이 누구에게 나타났느냐 그는 주 앞에서 자라나기를 연한 순 같고 마른 땅에서 나온 뿌리 같아서 고운 모양도 없고 풍채도 없은즉 우리가 보기에 흠모할 만한 아름다운 것이 없도다 그는 멸시를 받아 사람들에게 버림받았으며 간고를 많이 겪었으며 질고를 아는 자라... 그는 실로 우리의 질고를 지고 우리의 슬픔을 당하였거늘 우리는 생각하기를 그는 징벌을 받아 하나님께 맞으며 고난을 당한다 하였노라 그가 찔림은 우리의 허물 때문이요 그가 상함은 우리의 죄악 때문이라 그가 징계를 받으므로 우리는 평화를 누리고 그가 채찍에 맞으므로 우리는 나음을 받았도다... 그가 곤욕을 당하여 괴로울 때에도 그의 입을 열지 아니하였음이여 마치 도수장으로 끌려 가는 어린 양과 털 깎는 자 앞에서 잠잠한 양 같이 그의 입을 열지 아니하였도다 그는 곤욕과 심문을 당하고 끌려갔으나 그 세대 중에 누가 생각하기를 그가 살아 있는 자들의 땅에서 끊어짐은 마땅히 형벌 받을 내 백성의 허물 때문이라 하였으리요... 여호와께서 그에게 상함을 받게 하시기를 원하사 질고를 당하게 하셨은즉 그의 영혼을 속건제물로 드리기에 이르면 그가 씨를 보게 되며 그의 날은 길 것이요 또 그의 손으로 여호와께

---

60 폴 D. 핸슨, 『이사야 40-66』, 232.

서 기뻐하시는 뜻을 성취하리로다(사52:13-53:12).

폰 라트와 베스터만은 제4종의 노래를 세 부분으로 구분한다.[61] 이 구성은 시작과 끝부분의 높아짐과 그 사이에 종의 고난을 묘사하는 단락으로 되어있다.

<제4종의 노래>

52:13-15	높아짐에 대한 고지와 이 고지에 대한 부연설명
53:1-11a	종의 수난과 높아짐에 대한 보도
53:11b-12	하나님의 말씀

제4종의 노래는 다시 종을 3인칭으로 언급하면서, 종은 고난을 받지만, 결국 하나님의 높임을 받는다는 것을 수미쌍관 구성으로 전달한다. 오스왈트가 지적했듯이, 종의 '사역, 성품, 본성'에 관한 것은 이미 다른 종의 노래에서도 묘사된 것이다. 제4종의 노래에 나타난 바는 이렇다.

실패처럼 보이는 일 이후에 있을 그의 사역의 전 세계적인 결과, 이해의 결여, 부당한 고난을 기꺼이 당하려는 마음, 확실한 성공, 이 모든 것이 그 앞 본문들의 묘사 속에 새싹의 형태로 나타나 있다.[62]

제4종의 노래는 다른 노래들과 달리 시작과 끝 단락 가운데에 야웨와 종 외에 '우리'가 등장한다.

---

61 폰 라트, 『구약성서신학 2』, 251; C. 베스터만, 『이사야 III』, 294.
62 존 오스왈트, 『이사야 II』, 453.

이 가운데 단락에 등장하는 '우리'는 누구인가?

첫 번째 가능성은 이사야 52:15에 언급된 열방과 열방의 왕일 수 있다.
두 번째 가능성은 이스라엘 백성일 수 있다.
세 번째 가능성은 "예언자들의 집단적 음성"일 수 있다.[63]

그런데 '우리'의 정체성에 대한 분석은 이 종의 노래에서 분명하게 언급되지 않기 때문에, '우리'의 역할을 살펴보는 데서 출발해야 한다. '우리'는 종의 고난을 목도하고 증언한다. '우리'는 종의 고난의 의미를 깨닫지 못하였음을 고백적으로 증언하고 있다는 점에서, 예언자의 메시지를 수용하지 않았던 옛 이스라엘 선조들을 연상시킨다. 나아가, '우리'의 고백적 증언이 종의 대속적 고난을 증언한다는 점에서 '우리'는 이스라엘 백성으로 보는 것이 타당하다고 본다.

제4종의 노래의 신학적 의의는 종의 죽음을 집단의 죄를 위한 대속, 곧 '속건제물'로 규정한 것이다. 속건제물(אשם)은 고대 이스라엘의 5대 제사 중에서 유일하게 금전으로 환산으로 지불 할 수 있는 제사이다.

레위기에 따르면, "성물에 대하여 부지중에 범죄"한 경우나 "계명 중 하나를 부지중에 범하여도" 혹은 "거짓 맹세"한 경우에 드리는 제물이다(레 5:14-16, 17-19; 6:1-7). 속건제물이 드려지는 구체적인 경우를 살펴보면, 나병환자의 정결예식에서 속건제를 드린다(레 14:12-14). 또 다른 남자와 약혼한 여성 노예와 성관계를 가진 경우에 속건제를 드린다(레 19:20-21).

민수기에 따르면, 나실인이 시체와 접촉한 경우에도 속건제를 드린다

---

63 존 오스왈트, 『이사야 II』, 459. 오스왈트는 이 세 번째 가능성은 낮다고 본다.

(민 6:10-12). 오경에 나타난 이와 같은 속건제 관련 규율과 사례를 보면, 불법과 부정한 경우에 '배상'으로 드리는 것이 속건제이다. 그런데 제4종의 노래에서, 종의 죽음은 동물이 아니라, 사람의 생명으로 이스라엘 백성의 불법과 부정을 배상하는 대속 죽음임을 알 수 있다. 바로 이 점에서 이 노래는 기독교 사상의 핵심 사상으로 예수 그리스도의 십자가의 고난을 예표하는 것으로 받아들여졌다.

3) 이스라엘에 대한 위로와 계약의 재확인(사 54-55장)

제2이사야의 마지막 종결 단락인 이사야 54장과 55장은 구원의 선포와 하나님의 계약으로 초대하는 것으로 끝을 맺는다. 이사야 54장은 시온찬송시로 불린다. 이 찬송시는 호세아서처럼 이스라엘을 야웨의 신부로 비유한다. 즉, 이스라엘이 버림을 받았다가 다시 긍휼히 여김을 받는 신부로 묘사된다.

특히, 야웨가 이스라엘에게 잠시 얼굴을 가릴 것이나, 다시 시온을 향한 영원한 사랑을 선언한다. 둠은 '숨으시는 하나님'(Deus absconditus)을 열방이 한 말이라고 간주한다.[64] 그러나 이사야서에서 이 개념이 사용된 용례를 보면(사 8:17; 45:15; 54:8), 하나님이 이스라엘의 불법과 부정으로 인해 떠날 수밖에 없는 상황과 시기를 지칭하는 것임을 알 수 있다.

이사야 54장에 이어 55장은 제2이사야의 결론을 제시한다. 이사야 55장은 명령형 문장(예: 나아오라, 찾으라, 부르라 등)과 수사적 질문(예: 너희가 어찌하여.. 수고하느냐 등)을 통해 "모든 목마른 자들"과 "돈 없는 자들"에게 야

---

64 존 오스왈트, 『이사야 II』, 257.

웨에게 나아와 영원한 언약을 맺으라고 촉구한다(사 55:1). 야웨의 영원한 언약 백성이 된 이스라엘 백성은 앞 단락에서 언급된 내용에 이어 만민의 증인이자 인도자와 명령자(사 55:4)가 될 것이라고 선포한다.

6. 결론

제2이사야는 바벨론 포로기가 끝나고 새로운 시대가 열릴 것에 대한 기대를 표현한다. 이 점에서 종의 노래에 나타난 고난의 모습에도 불구하고, 제2이사야의 기본적 기조는 이스라엘의 회복과 희망을 피력한다. 고웬(Donald E. Gowan)은 제2이사야의 신학적 메시지를 여섯 가지로 제시한다.

첫째, 야웨께서 바벨론제국을 멸망시키기 위하여 고레스를 일으켰다.
둘째, 야웨께서 이를 행하시는 것은 이스라엘이 마땅히 받아야 할 징계(포로)의 기간이 끝났기 때문이다. 그들은 여전히 하나님의 선택된 백성이며, 하나님은 그들의 죄를 사하셨다.
셋째, 야웨께서 이를 행하실 수 있는 것은 그분만이 오직 하나님이시며 존재하는 모든 것을 그분이 지으셨기 때문이다.
넷째, 야웨께서는 이스라엘을 고국으로 돌려보내실 것이고, 예루살렘은 영광중에 재건될 것이다.
다섯째, 이방 국가들은 이스라엘이 유일하신 하나님의 은총을 입었다는 사실을 알고 이스라엘에게 굴복할 것이다.

여섯째, 이 모든 것은 야웨께서 온 땅 위에서 영광 받으시기 위함이다.[65]

고웬의 제시는 결국 하나님과 이스라엘 백성이라는 두 가지 주제로 축약이 가능하다. 본 논문에서는 고웬의 제시를 바탕으로 삼아서, 이사야 40-48장과 49-55장으로 나누어 각 단락에서 하나님의 표상과 시온의 회복이라는 주제로 살펴보았다.

제2이사야는 하나님이 창조자이자 구원자라는 전승을 병합하여 제시한다. 창조주 하나님 표상은 우주 만물의 창조자라는 측면에서뿐만 아니라, 이스라엘의 신앙에 심각한 도전을 제기한 열방의 군주들 역시 야웨의 피조물이자 도구에 불과하다는 점을 대담하게 선포한다.

이제 창조주이자 역사의 주이신 하나님이 조상들이 경험하였던 출애굽을 새롭게 이루실 분이라고 제시한다. 야웨 하나님이 이제 이스라엘의 귀환을 약속하고 실행할 바로 그 하나님이라고 선언한다. 이스라엘의 귀환이라는 주제는 하나님과 이스라엘 백성의 계약 갱신이라는 틀에서 회복과 구원의 메시지로 선포된다. 예컨대, 제2이사야는 이스라엘의 귀환을 "두려워하지 말라 내가 너와 함께 하여 네 자손을 동쪽에서부터 오게 하며 서쪽에서부터 너를 모을 것이며"(사 43:5)와 같은 말로 선포한다. 그리고 이 귀환을 출애굽 전승에 비추어 묘사한다.

> 보라 내가 새 일을 행하리니 이제 나타낼 것이라 너희가 그것을 알지 못하겠느냐 반드시 내가 광야에 길을 사막에 강을 내리니(사 43:19).

제2이사야는 심판 신탁이 아니라, 약속과 구원이라는 주제 아래에 구원

---

65 도널드 E. 고웬, 『구약예언서신학』, 차준희 역, (서울: 대한기독교서회, 2005), 349.

신탁을 통해 역사의 주된 야웨 하나님을 선포한다.

제2이사야의 또 다른 주제인 이스라엘 백성은 '고난의 종'에 대한 논의로 좁혀서 말할 수 있다. 노트(C. R. North)는 종의 정체성에 대한 네 가지의 서로 다른 관점을 분류한 후 메시아적 해석이 종에게 적용되어야 한다고 주장하였다.[66] 즉, 노트는 종의 정체성에 대해 역사적인 개인, 신화적 인물, 메시아적 인물, 집합적인 공동체로 구분하여 설명한다. 예컨대, 종은 고통받는 의인 또는 집단이나 모세, 예레미야, 이사야와 같은 인물로 동일시되기도 한다.[67] 로빈슨(H. W. Robinson)은 개인에서 단체로 옮겨가는 유동적 해석을 제안하기도 한다.[68]

기독교인들은 고난의 종의 모습을 예수 그리스도를 통해 구현되었다고 본다. 이것은 예수 그리스도의 삶과 죽음과 부활을 고난의 종 전승을 기독교적 신앙으로 재해석한 것이다. 제2이사야는 이스라엘의 귀환이라는 회복 메시지의 선포와 고난의 종이라는 이스라엘 백성의 대속적 구세주를 제시함으로써 기독교에 미친 영향이 매우 크다.

특히, 도드(C. H. Dodd)는 예수의 하나님 나라 개념을 설명하는 '실현된 종말론' 사상의 신학적 토대가 제2이사야에서 마련된다고 주장한다. 그는 예수의 하나님 나라를 미래에 도래할 어떤 것이 아니라, 현재의 경험으로 본다. 그는 '실현된 종말론' 개념을 설명할 때,[69] 제2이사야의 '고난의 종'

---

66 Christopher R. North, *The Suffering Servant in Deutero-Isaiah: An Historical and Critical Study* (2d ed.; London: Oxford University Press, 1956).
67 고든 휴겐버거는 종을 모세로, 노먼 와이브레이는 제2이사야 자신으로, 마이클 이튼은 왕으로, 베스터만은 왕과 모세의 이미지의 결합으로 본다. 고든 맥콘빌, 『선지서』, 92에서 재인용.
68 H. W. Robinson, *Corporate Personality in Ancient Israel* (Edinburgh: T. & T. Clark, 1981).
69 Charles Harold Dodd, *The Apostolic Preaching and its Developments* (London: Hodder & Stoughton, 1944)에서 이 개념을 소개하고, 다음 책에서 더욱 상세하게 개념을 발전시켰

칭호가 예수에게 사용되는 것에 주목한다.[70]

바울서신에서 예수는 '하나님의 아들'이 아니라, 제2이사야에서 유래한 하나님의 '종'으로 불리는데, 이는 구체적으로 예수의 죽음을 이사야 53장의 고난의 종의 맥락에서 해석한 것이라 볼 수 있다. 예수의 대속적 죽음을 통해 종말론적 희망을 갖게 되는 것이다. 이 점에서 제2이사야의 고난과 희망의 메시지가 제3이사야에서 묵시적 종말론적 희망을 이야기하는 것으로 나아가는 맹아를 찾아볼 수 있다.

다. Charles Harold Dodd, The Parables of the Kingdom (New York: Scribner, 1961).

[70] Dodd 온라인 아카이브. https://web.archive.org/web/20071229034907/http://www.religion-online.org/showchapter.asp?title=539&C=606

참고문헌

B. S. 차일즈. 『구약정경개론』. 김갑동 역. 서울: 대한기독교출판사, 1987.
C. 베스터만. 『이사야 III』. 번역실 역. 서울: 한국신학연구소, 1990.
이윤경. "전쟁이라는 삶의 자리에서 살펴본 열방신탁의 담론적 기능," 「한국기독교신학논총」 62 (2009); 35-36.
존 오스왈트. 『이사야 II』. 이용중 역. 서울: 부흥과개혁사, 2016.
폰 라트. 『구약성서신학 2』. 허혁 역. 서울: 분도출판사, 1977.
폴 D. 핸슨. 『이사야 40-66』. 이인세 역. 서울: 한국장로교출판사, 2012.
피터 아크로이드. 『이스라엘의 포로와 회복』. 이윤경 역. 서울: CLC, 2019.
Baltzer, Klaus. *Deutero-Isaiah: A Commentary*. Minneapolis: Augsburg Fortress Publishers, 2001.
Blenkinsopp, Joseph. *Isaiah 40-55*. AB 19A; New York: Doubleday, 2002.
Brueggemann, Walter. "Unity and Dynamic in the Isaiah Tradition," *Journal for the Study of the Old Testament*. 9/29 (1984), 89-107.
Clifford, R. J. *Fair Spoken and Persuading: An Interpretation of Second Isaiah*. New York, Toronto: Paulist, 1984.
Goldingay, John. *Isaiah 40-55 Vol 1: A Critical and Exegetical Commentary*. International Critical Commentary; London; New York: T&T Clark, 2006, 2006.
Laato, Antti. "The Composition of Isaiah 40-55," *Journal of Biblical Literature*. 109/2 (1990), 207-28.
Stromberg, Jacob. *Isaiah after Exile: The Author of Third Isaiah as Reader and Redactor of the Book*. Oxford: Oxford University Press, 2011.

제3장

제3이사야의 묵시문학적 메시지

1. 들어가는 말

앞에서 언급하였듯이, 이사야서 전체의 통일성에 대한 논의가 오래전부터 있었다. 이사야서 전체의 통일성에 의문을 제기하는 입장 사이에서도, 제2이사야와 제3이사야로 구분이 가능한지에 대해서 논의가 있었다. 핸슨(Paul D. Hanson)은 이 문제에 대한 입장을 세 가지로 정리한다.[1]

첫째, 이사야 40-66장의 통일성을 주장하는 입장[2]
둘째, 이사야 56-66장의 분리와 단일 저자에 의한 통일성을 주장하는 입장[3]
셋째, 이사야 56-66장을 제2이사야와 구별하지만, 기원전 7-3세기에 걸

---

1   폴 D. 핸슨, 『묵시문학의 기원』, 이무용, 김지은 역 (서울: 크리스챤다이제스트, 1996), 43.
2   이 주장을 하는 대표적인 학자는 다음과 같다. C. C. Torrey, D. Smart, J. G. Eichhorn.
3   이 주장을 하는 대표적인 학자는 다음과 같다. B. Duhm, K. Elliger.

쳐서 다양한 저자들이 저술하였다고 주장하는 입장[4]

40-66장의 통일성을 주장하는 좀머(Benjamin D. Sommer)는 이 단락이 전체적으로 통일된 형식과 문체를 지니고 있음을 논증함으로써, 제3이사야의 존재를 인정하지 않는다.[5] 예컨대, WBC 주석 시리즈[6]나 NICOT 주석 시리즈[7]는 40-66장 전체의 통일성을 주장한다. 그러나 제3이사야의 분리를 주장하는 헤르메네이아(Hermeneia),[8] OTL(The Old Testament Library),[9] 인터프리테이션(Interpretation)[10] 등과 같은 주석 시리즈는 40-55장과 56-66장을 나누어 출판한다.

제3이사야를 독립적 단락으로 보는 논리는 둠(Bernhard Duhm)의 제3이사야 연구 이론에서 출발한다. 그의 이론은 세 가지 함의를 지닌다.[11]

첫째, 이사야 56-66장은 제2이사야가 쓴 것이 아니다.

둘째, 제3이사야는 포로지가 아니라, 예루살렘에서 저술되었다.

---

4 이 주장을 하는 대표적인 학자는 다음과 같다. P. Volz, C. Westermann. 특히, 베스터만은 제3이사야에 세 개의 전승층이 있다고 본다. 제3이사야의 핵심층은 이사야 57:14-20; 60-62; 65:16b-25; 66:6-16이다.
5 Benjamin D. Sommer, *A prophet reads scripture: Allusion in Isaiah 40-66* (Stanford: Stanford University Press, 1998).
6 John D. W. Watts, *Word Biblical Commentary: Isaiah 34-66* (Waco: Word Books, 1987).
7 John N. Oswalt, *The Book of Isaiah. Chapters 40-66. The New International Commentary on the Old Testament* (Grand Rapids, MI: Eerdmans, 1998).
8 Klaus Baltzer, *Deutero-Isaiah: A Commentary* (Minneapolis: Augsburg Fortress Publishers, 2001).
9 Claus Westermann, *Isaiah 40-66: A Commentary* (Philadelphia: Westminster Press, 1969).
10 Paul D. Hanson, *Isaiah 40-66: Interpretation: A Bible Commentary for Teaching and Preaching* (Louisville: John Knox Press, 2012).
11 Brooks Schramm, *The Opponents of Third Isaiah: Reconstructing the Cultic History of the Restoration* (Sheffield: Sheffield Academic Press, 1995), 12.

셋째, 제3이사야는 제2이사야보다 거의 백 년쯤 이후 회복 공동체의 문제와 관심사를 반영한다.

보다 구체적인 제2이사야와 제3이사야의 구분은 핸슨의 정리에서 찾아볼 수 있다.[12]

> (1) 이사야 40-55장의 무대는 바벨론이고, 56-66장의 배경은 팔레스타인이다.
> (2) 이사야 40-55장의 분위기는 임박한 귀환에 대한 흥분된 기대를 갖고 있는데 반해서, 56-66장은 귀환이 이루어진 후의 실망과 격한 논쟁의 상태이다.
> (3) 이사야 40-55장에서는 이스라엘 전체가 구원의 약속 대상인 반면, 56-66장에서 구원은 이스라엘의 일부 남은 자들에게만 이루어진다.
> (4) 이사야 40-55장에서 우상에 관한 논쟁은 다소 익살스럽고 반어적으로 이루어지는데 반해서, 56-66장에서 그 논쟁은 냉소적이면서 신랄하게 이루어지고 있다.
> (5) 본문을 자세하게 다루어 보면, 이사야 56-66장은 예언자 종말론으로부터 묵시문학 종말론으로의 연속성을 보여줄 뿐만 아니라 예언자적 장르 유형이 한층 진보된 모습을 볼 수 있다.
> (6) 문체와 운율의 차이가 확실하다.

---

12 폴 D. 핸슨, 『묵시문학의 기원』, 44-5.

본 논문에서는 둠과 핸슨의 입장을 쫓아, 제3이사야를 독립적 단위로 취급하고 본문의 구성과 신학적 메시지를 살펴보고자 한다. 특히, 제2이사야에서 고난의 종을 통하여 이루어질 이스라엘의 구원과 회복이 제3이사야에서 묵시적 희망으로 변화하는 신학적 추이를 살펴보고자 한다.

2. 저작연대와 구조

이사야서 전체 안에서 56-66장을 독립 단락으로 보아야 할지에 대한 문제는 저작연대 문제와 직결된다.[13] 예컨대, 위에서 언급한 첫 번째 입장인 이사야 40-66장의 통일성을 주장하는 토레이(C. C. Torrey)는 이사야 40-66장의 저자가 기원전 5세기 말 팔레스타인에서 활동하였다고 보고, 스마트 (J. D. Smart)는 이사야 40-66장을 기원전 6세기의 저작물로 본다.

이사야 56-66장의 분리를 주장하는 두 번째 입장의 대표적 학자인 둠은 1892년 주석서에서 느헤미야 시대 직전인 기원전 5세기 중반에 살았던 한 저자가 제3이사야를 저술하였다고 본다.[14]

한편, 1928년 제3이사야의 통일성을 주장하는 주석서에서 엘리거(Karl Elliger)는 기원전 6세기 말에 살았던 한 저자가 저술하였다고 주장한다.[15] 이사야 56-66장의 분리를 주장하지만, 복수 저자설을 주장하는 세 번째 입

---

13 폴 D. 핸슨, 『묵시문학의 기원』, 43-5.
14 B. Duhm, *Das Buch Jesaia* (Göttingen: Vandenhoeck & Ruprecht, 1892). P. A. Smith, *Rhetoric and Redaction in Trito-Isaiah: the Structure, Growth, and Authorship of Isaiah 56-66* (Leiden: Brill, 1995), 1에서 재인용.
15 Karl Elliger, *Die Einheit Tritojesaia* (BWANT 45; Stuttgart: Kohlhammer, 1928). P. A. Smith, *Rhetoric and Redaction in Trito-Isaiah*, 1에서 재인용.

장의 학자인 볼쯔(P. Volz)는 이사야 65:11-12의 갓과 므니 지명을 헬라 시대로 보고, 이사야 63:7-64:11은 예루살렘 멸망 후의 상황을 반영하고 있다고 본다.[16]

베스터만(Claus Westermann)은 제3이사야의 활동 시기를 이사야 60:13에 근거하여, 제2성전이 재건되기 전인 기원전 537년에서 530년을 전후한 시기에 활동했다고 본다.[17]

제3이사야의 구조는 편집층으로 구분하는 학자(베스터만, 핸슨, 스미스)와 교차대구 구조로 분석하는 학자(골딩게이, 오스왈트)로 나누어 살펴볼 수 있다. 먼저, 베스터만은 제3이사야를 네 단계의 편집 단계로 제시한다.[18]

> **첫 번째** 편집층은 포로 후기에 활동한 예언자의 저작으로, 제3이사야의 핵심이다(사 57:14-19; 60:1-62:12; 65:16b-25; 66:6-16).
>
> **두 번째** 편집층은 경건한 자와 불경한 자들을 구분하기 시작한다(사 56:9-57:13; 57:21; 59:2-8; 65:1-16a; 66:3-4, 5, 17). 이 층은 포로기 이전의 예언의 수집물이다.
>
> **세 번째** 편집층은 민족들에 대한 심판선언(사 60:12; 63:1-6; 66:6, 15-16, 20, 22-24)이다. 이 자료층에 묵시문학적 첨가구들이 덧붙여졌다 (사 60:19-20; 65:17, 25).
>
> **네 번째** 책의 처음과 끝은 첨가구로 이루어져 있다(사 56:1-2, 3-8; 66:18, 19, 21).

---

16 폴 D. 핸슨, 『묵시문학의 기원』, 46에서 재인용. 볼쯔 외에 학자들의 제3이사야 편집층과 저작연대를 일목요연한 정리는 다음을 참조하라. Brooks Schramm, *The Opponents of Third Isaiah*, 16-20.

17 C. 베스터만, 『이사야 III』, 번역실 옮김 (서울: 한국신학연구소, 1990), 340.

18 C. 베스터만, 『이사야 III』, 340-53.

이 편집층은 공동체의 개방성과 인식일 준수가 중요한 역할을 한다.

유사하게, 제3이사야를 편집층으로 구분하는 또 다른 학자인 핸슨은 아래와 같은 순서로 편집층을 재배열하고 복수의 저자를 주장한다.[19]

> **첫 번째** 편집층은 "제2이사야의 제자들이 꿈꾼 이상적인 공동체"를 그리고 있다(사 57:14-21; 60-62장).
>
> **두 번째** 편집층은 "반대집단에 의해 훼손된 이상"을 탄원한다(사 63:7-64:11).
>
> **세 번째** 편집층은 "공동체 내의 긴장이 고조"되는 상황을 묘사한다(사 58-59장).
>
> **네 번째** 편집층은 두 계층의 분열이 심화되고, "묵시문학적 종말론"이 등장하는 단계이다(사 65:1-25).
>
> **다섯 번째** 편집층은 "성전재건에 대한 논쟁과 예배로부터 축출"을 서술한다(사 66:1-16).
>
> **여섯 번째** 편집층은 "격렬해진 투쟁"을 보여준다(사 56:9-57:13).
>
> **일곱 번째** 편집층은 "검의 다른 한쪽: 국가들에 대한 심판"을 예고한다(사 63:1-6).

무엇보다도, 핸슨은 제3이사야의 주요 부분이 "세스바살이 초기에 성전을 재건하려고 했던 노력이 성공하지 못한 때와 기원전 515년에 스룹바벨의 지도 아래 성전을 완성했던 시기 사이에"[20] 기록되었다고 본다. 특히,

---

19 폴 D. 핸슨, 『묵시문학의 기원』, 제2장.
20 폴 D. 핸슨, 『이사야 40-66』, 이인세 역 (서울: 한국장로교출판사, 2012), 276.

이 시기의 유다 공동체는 "유다 내부에 있는 경쟁적 그룹 간의 가혹한 적개심"[21]으로 가득 차 있었다고 본다. 핸슨의 입장에 대해서는 아래에서 좀 더 살펴보고자 한다.

스미스(P. A. Smith) 역시 제3이사야의 편집층을 제시한다.[22] 그에 따르면, 초기 편집층은 이사야 60:1-63:6로 제2이사야와 매우 유사하게 희망을 새롭게 피력한다. 후기 편집층은 이사야 56:1-8; 56:9-57:21; 58:1-59:20; 65:1-66:17에서 찾아볼 수 있다. 초기와 후기 편집층 모두 기원전 538년에서 515년 사이의 예언을 담고 있다고 본다. 이 두 편집층에 이사야 63:7—64:11과 66:18-24이 대략 기원전 5세기 중반에 덧붙여졌다고 추정한다. 스미스는 제3이사야가 이사야 전체의 최종 편집자로서, 이사야 1장을 서문으로 편집한 자라고 주장한다.[23]

한편 제3이사야의 구조가 이사야 60-62장을 메시지의 핵심으로 하는 교차대구(Chiasm) 구조로 이루어져 있다고 보는 입장이 있다. 먼저 골딩게이(John Goldingay)가 분석한 구조를 참조해보자.[24]

    A. 56:1-8 서론: 야웨 예배에서 열방의 자리
        B. 56:9-59:8 예루살렘 공동체의 삶에 대한 야웨의 도전
            C. 59:9-15a 야웨의 용서와 회복을 비는 기도
                D. 59:15b-21 야웨의 심판 환상

---

21 폴 D. 핸슨, 『이사야 40-66』, 276.
22 P. A. Smith, *Rhetoric and Redaction in Trito-Isaiah*.
23 P. A. Smith, *Rhetoric and Redaction in Trito-Isaiah* ch. 2 참조.
24 대표적으로 John Goldingay, "Isaiah 56-66: An Isaianic and a Postcolonial Reading," in *Isaiah and Imperial Context: The Book of Isaiah in the Times of Empire*, Andrew T. Abernethy, et al., eds. (Eugene: Wipf and Stock Publishers, 2013), 152.

    E. 60:1-22 회복된 예루살렘 환상
     F. 61:1-9 예언자의 사명
    E′. 61:10-62:12 회복된 예루살렘 환상
   D′. 63:1-6 야웨의 심판 환상
  C′. 63:7-64:11 야웨의 용서와 회복을 비는 기도
 B′. 65:1-66:17 예루살렘 공동체의 삶에 대한 야웨의 도전
A′. 66:18-24 후기: 야웨 예배에서 열방의 자리

  오스왈트(John Oswalt) 역시 이사야 56-66장의 교차대구적 배열을 제시한다. 첫 시(사 56:1-8)와 마지막 시(사 66:18-24)는 모두 예루살렘에 있는 이방인의 예배에 초점을 맞추고 있고, 앞뒤의 다음 단락인 이사야 59:15b-20과 63:1-6은 모두 신적 용사이신 야웨에 대해 언급하고, 가운데 위치한 이사야 60-62장은 새예루살렘을 묘사한다.[25]

 A. 56:1-8 하나님이 하나님의 백성을 모으심
  B. 56:9-58:14 악인들에 대한 책망, 신실한 자들에 대한 약속
   C. 59:1-14 하나님의 부재를 애통해하며 죄악을 고백하는 시편들
    D. 59:15-20 신적인 용사이신 하나님
     E. 60장 하나님의 약혼녀, 새예루살렘
      F. 61장 메시아 시대의 선포, 야웨의 영의 사명 부여
     E′. 62:1-12 하나님의 약혼녀, 새예루살렘
    D′. 63:1-6 신적인 용사이신 하나님

---

25 존 오스왈트, 『이사야 II』, 이용준 역 (서울: 부흥과개혁사, 2016), 557.

C′. 63:7-64:11 하나님의 부재를 애통해하며 죄악을 고백하는 시편들
B′. 65:1-66:17 악인들에 대한 책망, 신실한 자들에 대한 약속
A′. 66:18-24 하나님이 하나님의 백성을 모으심

첫 번째 단락인 이사야 56-59장은 두 가지 질문을 한다. 이사야 56:1-57:21은 "선택받은 하나님의 백성의 일원이 되는데 필요한 것은 무엇인가"를 질문하고, 이사야 58:1-59:21은 "하나님의 백성으로 산다는 것은 무엇을 의미하는가"를 질문한다.[26] 이 두 질문은 각각 그 질문에 대답을 가능하게 하시는 하나님의 능력에 대한 진술로 끝맺는다.

두 번째 단락인 이사야 60-62장은 "자기 백성을 구속하시고 그들 가운데 메시아 왕국을 세우시겠다는 하나님의 약속을 재확인"한다.[27]

세 번째 단락인 이사야 63-66장은 "마치 이사야 56-59장을 거울에 비친 것처럼 이사야 56-59장이 끝나는 곳에서 시작하고 이사야 56-59장이 시작하는 곳에서 끝난다."[28] 제3이사야의 결론 부분인 이사야 60-66장은 서론 부분인 이사야 1-5장에 상응한다.[29] 서론의 약속이 실현되고, 정죄 받은 자들은 정결해진다.

---

26 존 오스왈트, 『이사야 II』, 37.
27 존 오스왈트, 『이사야 II』, 37.
28 존 오스왈트, 『이사야 II』, 37.
29 존 오스왈트, 『이사야 II』, 37.

본 논문은 제3이사야를 편집층으로 보는 입장이 역사적인 추론에 지나치게 의존해야 하는 위험에 노출되었다고 본다. 오히려 최종편집을 교차대구 구조를 통하여 보는 것이 본문의 메시지를 추출하는 데는 더 안정적이라고 본다. 따라서, 교차대구의 첫 부분에 해당하는 이사야 56-59장, 중심 부분 이사야 60-62장, 그리고 마지막 부분을 이사야 63-64장과 65-66장으로 나누어 살펴보고자 한다.

3. 이사야 56-59장

이사야 56-59장은 포로기 이후 상황을 배경으로 한다. 선행단락인 이사야 40-55장이 고레스의 칙령으로 귀환에 대한 희망으로 가득 차 있다면, 이사야 56-66장은 귀환 후 상황을 다루고 있다. 포로귀환 후 유다 공동체는 "오래 황폐된 곳"과 "역대의 파괴된 기초"(사 58:12)와 같은 예루살렘 도시재건이라는 물리적 문제에 직면하였을 뿐 아니라, 내부의 많은 문제도 해결해야 했다.

이 단락을 살펴보면, 안식일 논쟁, 이방인 문제, 우상숭배 문제, 금식 논쟁, 불의와 부정의 문제 등이 이 당시 유다 공동체 내부의 주요 논쟁거리였음을 알 수 있다.

따라서, 이사야 40-55장에서 볼 수 있었던 귀환과 그에 이어질 새로운 공동체에 대한 희망이 이사야 56-66장에 와서는 포로귀환 공동체가 구체적으로 현실에서 겪는 문제들을 다루는 국면으로 전환되고 있음을 알 수 있다.

오스왈트는 제3이사야서 전체 교차대구의 첫 단락을 형성하는 이사야 56-59장의 구조에 대해서, 이사야 56-57장과 58-59장이 다음 도표에서 보듯이, 주제면에서 평행을 이루고 있다고 파악한다.[30]

<이사야 56-57장과 58-59장의 평행 구조>

	56-57장	58-59장
참된 종교	56:1-8	58:1-14
백성들의 무능력	56:9-57:13	59:1-15a
하나님의 능력	57:14-21	59:15b-21

오스왈트의 이런 평행 구조를 나란히 두고 살펴보면 흥미로운 대조를 찾아볼 수 있다. 즉, 먼저 이사야 56:1-8은 귀환 후 유다 공동체가 겪었던 문제가 이스라엘의 정체성 문제였음을 알 수 있다. 이들은 안식일 논쟁과 더불어 누가 하나님의 백성인지에 대한 논쟁이 있었고, 이 논쟁의 중심에 이방인과 고자가 있었다. 이 구절에 대하여, 이방인과 고자를 이스라엘의 주변 집단 또는 대표집단을 나타내는 상징어 혹은 암호로 간주하는 해석이 있다.[31]

그러나 신명기법은 구체적으로 이방인과 장애인을 야웨의 총회에 들지 못하는 금령을 명문화하였다. 따라서, 이사야 56장의 배경에는 이들을 유다 공동체에 들이지 않는 것은 신명기 법이 있다. 신명기 23:1-3에 따르면, 이런 규정이 나온다.

고환이 상한 자나 음경이 잘린 자는 여호와의 총회에 들어오지 못하리라

---

30 존 오스왈트, 『이사야 II』, 595.
31 이 논의에 대해서는 다음 논문을 참조하라. 배희숙, "이사야 56장 1-8절의 재건공동체," 「장신논단」 39 (2010), 11-34.

> 사생자는 여호와의 총회에 들어오지 못하리니 십 대에 이르기까지도 여호와의 총회에 들어오지 못하리라 암몬 사람과 모압 사람은 여호와의 총회에 들어오지 못하리니 그들에게 속한 자는 십 대뿐 아니라 영원히 여호와의 총회에 들어오지 못하리라(신 23:1-3).

즉, 장애자와 사생자와 더불어, 암몬족과 모압족은 영원히 야웨의 총회에 들 수 없다는 금지조항이다. 그런데 이사야 56:1-8은 신명기 율법으로 철저하게 소외된 자를 모으는 하나님의 모습을 선포한다(cf. 사 66:18-24). 이들은 야웨의 총회에 들어올 수 있을 뿐만 아니라, "기념물과 이름을 그들에게 주며 영원한 이름을 주어 끊어지지 아니하게 할 것"(사 56:5)이라는 축복의 말씀을 듣게 된다.

그래서 베스터만은 제3이사야가 신명기 "규정의 효력을 무효화"하고, "새로운 법을 명문화하고 의식화"하였다고 본다.[32] 핸슨은 이들이 "신앙의 비전을 더 크게 확대시킨 주역들"이라고까지 주장한다.[33]

이 단락에서 '이방인'의 존재는 단지 이방인이라는 이유로 악한 자로 취급하는 것이 부당함을 고발하며, 고자들에게 '기념물과 이름'(יד ושם/야드바셈)을 부여할 것이라고 약속한다. 오늘날 예루살렘에 소재한 나치 홀로코스트 피해자 박물관의 이름이 바로 '야드바셈'인 것을 기억한다면, 생물학적 후손이 없더라도 영원히 기억되는 이름이 된다는 것은 또 다른 차원의 종말론적 희망의 제시임을 알 수 있다.

이사야 56:1-8과 평행을 이루는 이사야 58:1-14은 또 다른 종교적 행위

---

32 C. 베스터만, 『이사야 III』, 358.
33 폴 D. 핸슨, 『이사야 40-66』, 289.

를 문제로 삼는다. 여기에서는 '금식'이 논쟁의 또 다른 주제였다. 또한, 56장의 서두에서 제기된 안식일 논쟁이 계속된다. 이사야 56:1-8 단락에서 이방인과 고자라도 안식일을 준수한다면 '야웨와 연합한 자'로 인정하는 획기적 선언을 한 것처럼, 이사야 58:1-14 단락의 금식 문제에서도 금식의 본질적 기능과 목적에 대한 선언이 이루어진다.

그래서 이 단락은 사람의 기쁨이 되는 금식과 하나님의 기쁨이 되는 금식을 대조한다. 당시 유다 공동체에서 제기된 문제는 "우리가 금식하되 어찌하여 주께서 보지 아니하오시며 우리가 마음을 괴롭게 하되 어찌하여 주께서 알아주지 아니하시나이까"(사 58:3)라는 탄원시의 불평을 통해 추론할 수 있다. 이들은 불평한다.

자신들이 수고와 정성을 다하는데 하나님께서 응답을 왜 해주지 않는가?
자신들의 신앙의 대상인 하나님 자체가 문제인가?
자신들이 잘못된 신에게 기도했단 말인가?

포로 후기 유다 공동체는 레위기 17장에 규정된 대속죄일 외에, 예루살렘 멸망과 관련된 네 번의 시기를 금식일로 준수하였다.

> 예루살렘의 함락을 기억하는 4월 9일(왕하 25:3-21), 성전의 파괴를 기억하는 5월 10일(렘 52:12-13), 그달리야의 살해를 기억하는 7월 2일(왕하 25:23-25), 그리고 예루살렘에 대한 첫 번째 공격을 기억하는 10월 10일이다.[34]

포로 후기 유다 공동체는 이외에도 에스더서에 기록된 부림절 전날 새벽부터 해질녘까지 금식일로 지켰다. 포로 후기에 이스라엘 백성은 전통적인

---

34 존 와츠, 『이사야 34-66』, 강철성 역 (서울: 솔로몬, 2002), 441.

금식일 외에 예루살렘의 성벽 시작일로부터 성전 파괴와 도성 함락과 이어지는 마지막 총독 그달리야의 살해로 인한 자치권 상실이라는 일련의 과정을 금식으로 기념하였다. 포로 후기에 금식이 중요한 신학적 논제였다는 것은 스가랴와 느헤미야에서도 찾아볼 수 있다.

> 너희가 칠십 년 동안 다섯째 달과 일곱째 달에 금식하고 애통하였거니와 그 금식이 나를 위하여, 나를 위하여 한 것이냐 너희가 먹고 마실 때에 그것은 너희를 위하여 먹고 너희를 위하여 마시는 것이 아니냐(슥 7:5-6)

수사적 질문을 통해, 스가랴 예언자 역시 당시의 금식일 준수가 본질적 의미에서 벗어나서 오히려 잘못된 관행이 되고 있음을 지적한다. 느헤미야 8:9-12에서 이렇게 말함으로써, 느헤미야는 금식일을 폐지하라고 과감하게 선언한다.

> 오늘은 너희 하나님 여호와의 성일이니 슬퍼하지 말며 울지 말라 하고 느헤미야가 또 그들에게 이르기를 너희는 가서 살진 것을 먹고 단 것을 마시되 준비하지 못한 자에게는 나누어 주라 이날은 우리 주의 성일이니 근심하지 말라 여호와로 인하여 기뻐하는 것이 너희의 힘이니라 하고 레위 사람들도 모든 백성을 정숙하게 하여 이르기를 오늘은 성일이니 마땅히 조용하고 근심하지 말라 하니 모든 백성이 곧 가서 먹고 마시며 나누어 주고 크게 즐거워하니 이는 그들이 그 읽어 들려 준 말을 밝히 앎이라(느 8:9-12).

제3이사야가 당시 금식일의 문제를 지적하는 것은 스가랴의 금식일 비판과 상통한다. 제3이사야는 금식일에 벌어지고 있었던 만행을 신랄하게 지적한다.

> 오락을 구하며 온갖 일을 시키는도다 보라 너희가 금식하면서 논쟁하며 다투며 악한 주먹으로 치는도다 너희가 오늘 금식하는 것은 너희의 목소리를 상달하게 하려는 것이 아니니라(사 58:3b-4).

여기서 당시의 금식일에 한편으로는 오락에 몰두하며, 다른 한편으로 논쟁하고 폭력을 일삼고, 거기에 금식일에 다른 이에게 노동을 시키는 이율배반적 행위를 하였음을 알 수 있다. 이런 현상을 바라보면서, 제3이사야는 느헤미야와 유사하게 금식일을 다른 차원에서 준수할 것을 제시한다.

> 내가 기뻐하는 금식은 흉악의 결박을 풀어 주며 멍에의 줄을 끌러 주며 압제당하는 자를 자유하게 하며 모든 멍에를 꺾는 것이 아니겠느냐 또 주린 자에게 네 양식을 나누어 주며 유리하는 빈민을 집에 들이며 헐벗은 자를 보면 입히며 또 네 골육을 피하여 스스로 숨지 아니하는 것이 아니겠느냐 (사 58:6-7).

금식일은 개인의 사사로운 오락이나 다툼에 몰두하고, 금식일의 노동 금지령에 반하여 경제적 약자에게 노동을 강요하는 날이 아니라, 경제적 약자의 구체적 필요를 돌보고, 정치적 약자의 자유를 돌보는 날이 되어야 한다고 선언한다.

이사야 58:1-14 단락의 끝부분은 안식일 준수를 다시 언급한다는 점에서 이사야 56:1-8과 평행을 이룬다.

> 이를 존귀하게 여기고 네 길로 행하지 아니하며 네 오락을 구하지 아니하며 사사로운 말을 하지 아니하면 네가 여호와 안에서 즐거움을 얻을 것이라(사 58:13-14).

즉, 안식일 준수를 촉구하며, 안식일을 야웨의 즐거운 날, 야웨의 성일로 준수하라고 선언한다.

오스왈트의 두 번째 평행 소단락인 이사야 56:9-57:13에 대해서, 베스터만, 에발트, 볼쯔는 포로기 이전의 것으로 보지만, 핸슨은 이 단락을 기원전 515-510년경의 저작으로 특정한다.[35] 이 단락에는 이사야 56:1-8의 야웨와 연합한 이방인이나 고자와 대조적으로 지도자(사 56:9-57:2)와 백성(사 57:3-13)을 향한 심판의 말씀이 선언된다. 특히, 백성을 향한 심판의 말씀은 예언적 기도문 혹은 애가의 양식을 취하고 있다.

제3이사야는 이스라엘의 파수꾼을 맹인, 벙어리 개, 꿈꾸는 자, 누워 있는 자, 잠자기 좋아하는 자(사 56:9)라고 부르면서 맹비난한다. 포로기 이전 예언자에서 파수꾼은 이스라엘의 종교지도자를 지칭한다(렘 6:17; 겔 3:17; 33:3; cf. 사 52:8).[36] 하지만, 제3이사야는 종래의 예언자에서 찾아볼 수 없을 정도의 훨씬 더 신랄한 비유로 종교지도자를 비판한다. 또한, 제3이사야는 이스라엘 백성을 "무당의 자식, 간음자와 음녀의 자식들"(사 57:3), "패역의 자식, 거짓의 후손"(사 57:4)이라고 불린다.

---

35 폴 D. 핸슨, 『묵시문학의 기원』, 163.
36 폴 D. 핸슨, 『묵시문학의 기원』, 170.

당시 이스라엘 백성들이 왜 이토록 과격할 정도의 언사로 비난받을 수밖에 없는지를 이사야 57:5-10에 묘사된 종교적 관행을 보면 알 수 있다. 이들은 각종 나무 아래에서 다산을 기원하는 음욕행위를 하였고, 골짜기에서 자녀를 불살라 바치는 만행을 저질렀다. 핸슨은 이 단락에서 사용된 언어를 통하여 "예언자 집단이 자신의 선조를 과거 야웨에게 신실한 자들과 동일시한 반면에, 지도자들의 선조들은 이스라엘의 과거 역사에 있어서 외국의 신들에게로 돌아서서 야웨를 버린 자들과 그들의 적들을 동일시한 것"이라고 주장한다.[37]

핸슨은 전통적인 예언자의 언어를 더욱 극렬하게 사용하는 이면에는 성전을 중심으로한 제사장 집단과 제3이사야의 저자인 환상가(visionary) 집단의 대립이 있었다고 본다. 하지만, 이 주장은 제3이사야 전반에 걸쳐 역사적 기준이 될 수 있는 어떠한 인물이나 사건이 직접적으로 언급되지 않고 있다는 점에서 전적으로 수용되기는 힘들다고 본다.

이사야 56:9-57:13과 평행을 이루는 이사야 59:1-15a의 단락은 이사야 59:1-8의 악한 백성에 대한 비난과 이사야 59:9-15a의 공동체의 죄의 고백과 탄식으로 이루어져 있다. 이사야 56:9-57:13에서 묘사된 지도자와 백성의 악행을 더욱 문학적 수사로 풀어내면서, 포로귀환 후 유다의 불안한 시기를 악행이 가득 찬 시기로 묘사한다.

이사야 59:1-8에서 야웨의 구원의 손길이 없는 이유는 야웨의 무능이 아니라, 이스라엘 백성과 지도자들의 악한 행위 때문이라고 고발한다. 악한 백성에게 구원은 없다. 악한 백성은 평화가 없는 황폐와 파멸로 향하는 길로 나아갈 뿐이다. 이사야 59:9-15a에서 일인칭 복수형 '우리'는 정의가 없고,

---

[37] 폴 D. 핸슨, 『묵시문학의 기원』, 172.

구원이 없는 시대를 탄식한다.

오스왈트의 마지막 평행 소단락인 이사야 57:14-21에서 "처음으로 명시적인 구원의 말이 나온다."[38] 이 단락에서 "통회하고 마음이 겸손한 자"(사 57:15)에 대하여, 야웨가 노하기를 그치고 "먼 데 있는 자에게든지 가까운 데 있는 자에게든지 평강이 있을지어다 평강이 있을지어다 내가 그를 고치리라"(사 57:19)고 선포한다.

대조적으로 "악인에게는 평강이 없다"(사 57:21)고 선포한다. 이 부분은 제2이사야에게 주신 포로민의 귀환이라는 약속을 재확인하고 있다. 그런데 모든 포로민이 아니라 "통회하고 마음이 겸손한 자"에게 국한되는 위로와 회복의 약속임을 보여준다.

그런데 핸슨은 "통회하고 마음이 겸손한 자"와 "악인"의 대조를 포로귀환 후 유다 공동체 내부의 첨예한 갈등을 표출하는 것으로 해석한다.[39] 특히, 이 갈등은 "종교적 갈등의 분열"로 인해 비롯된 것으로 특정한다.[40] 그러나 이사야 56:1-8에서 "야웨와 연합한" 이방인과 고자를 야웨의 예배에 들이는 문제를 논의한 것을 볼 때, "통회하고 마음이 겸손한 자" 역시 같은 맥락에서 보는 것이 더 타당하다고 본다.

성전 제사장을 악인으로 특정 짓고, "통회하고 마음이 겸손한 자"를 환상가 집단과 동일시하는 것은, 이 단락 전체가 주장하는 야웨를 찾는 자가 의인이라는 일반론을 지나치게 협소하게 만드는 경향이 있다고 본다.

이사야 57:14-21과 평행을 이루는 이사야 59:15b-21은 이사야 56-59

---

38 C. 베스터만, 『이사야 III』, 373.
39 폴 D. 핸슨, 『이사야 40-66』, 299.
40 폴 D. 핸슨, 『이사야 40-66』, 299.

장의 결론 부분으로, 여기에서도 야웨는 정의가 없는 것을 보고, 원수에게 보복하지만(사 59:15-18), 죄과를 떠나는 자에게는 '구속자'로 나타난다(사 59:20-21). 여기에서 야웨는 공의를 베푸시는 행위는 전쟁을 준비하는 신적 전사(divine warrior)의 모습으로 묘사된다.

> 자기 팔로 스스로 구원을 베푸시며 자기의 공의를 스스로 의지하사 공의를 갑옷으로 삼으시며 구원을 자기의 머리에 써서 투구로 삼으시며 보복을 속옷으로 삼으시며 열심을 입어 겉옷으로 삼으시고 그들의 행위대로 갚으시되 그 원수에게 분노하시며 그 원수에게 보응하시며 섬들에게 보복하실 것이라(사 59:16b-18).

하나님은 원수에게 보복하지만, 구속되고 죄에서 떠난 자들과 영원한 계약을 다시 체결할 것이라고 선언한다.

4. 이사야 60-62장: 세상의 빛, 예루살렘

이사야 60-62장은 제3이사야의 핵심 단락이다. 이 단락은 선행단락에서 간헐적으로 제시된 이스라엘의 회복과 구원 약속을 전체 장에서 다루고 있다. 따라서, 이 단락에는 심판에 대한 어떤 언급도 없다. 하지만, 베스터만은 이사야 60-62장의 근저에는 탄식의 세 요소가 놓여있다고 본다. 즉, "60장은 적에 대한 탄식, 61장은 우리를 주어로 하는 탄식, 그리고

62장은 하나님에 대한 고발"[41]이 전제되어 있다고 본다.

이제 이런 탄식을 넘어, 이사야 60-62장은 시온의 회복과 이방 나라가 예루살렘으로 재물을 가져오고, 시온 회복에 참여하는 모습을 그리고 있다. 그런데 베스터만이 지적하듯이, 이 단락에서 구원 고지는 제2이사야의 구원 약속과는 다른 차원으로 전환되고 있다.

즉, 제2이사야가 '고레스'라는 역사적 인물과 페르시아제국의 등장이라는 역사적 사건을 통해 이루어질 구원을 그리고 있다면, 이사야 60-62장은 "억압과 빈곤에 처한 그 민족의 현재 상황이 하나님에 의해 그 반대 상황으로 기적적으로 바뀐다는 의미의 전환이다."[42] 이사야 60-62장 단락에서 회복의 주체는 인간이 아니라, 하나님 자신이다.

이스라엘 백성을 구원하실 이는 어느 다른 누구도 아닌 하나님 자신밖에 없음을 천명한다. 오스왈트는 이 단락의 핵심주제를 여덟 가지로 제시하는데,[43] 이 주제들은 사실 모두 하나님의 주도하에 이루어진 구원 사역임을 분명하게 밝히고 있다.

(1) 하나님은 자기 백성을 구원하실 것이다.
(2) 하나님은 그들에게 빛을 주실 것이다.
(3) 하나님은 자신의 영광을 그들과 함께 나누실 것이다.
(4) 열방은 그들이 이스라엘 안에서 하나님에 대해 보는 것에 이끌릴 것이다.

---

41 C. 베스터만, 『이사야 III』, 424.
42 C. 베스터만, 『이사야 III』, 402.
43 존 오스왈트, 『이사야 II』, 645.

(5) 열방은 시온의 자녀들을 시온으로 돌려보낼 것이다.

(6) 열방은 이스라엘의 하나님께 바칠 재물을 가져올 것이다.

(7) 이스라엘을 압제한 나라들은 낮아질 것이고 이스라엘은 그 나라들 위에 높아질 것이다.

(8) 이스라엘은 하나님의 의를 경험하는 동시에 그 의의 좋은 예가 될 것이다.

한편, 핸슨은 이사야 60-62장이 제2이사야의 주제를 이어받지만, 차이가 있음을 다음과 같이 지적한다.[44]

(1) 제2이사야와 이사야 60-62장은 야웨의 구원에 대해 많이 선포한 반면, 제3이사야의 다른 부분은 구원이 지체된 이유를 설명하고 있다.

(2) 제2이사야와 이사야 60-62장에서 이스라엘의 심판은 과거의 역사이며, 그 말씀은 야웨의 용서에 근거한 구원의 말씀이다. 반면에 제3이사야의 말씀들은 회복에 앞서 주어지는 미래 심판이다. 그리고 그 회복에 관한 말씀은 열국이 아니라 이스라엘의 한 집단에만 주어진 것이고, 이스라엘 내의 또 다른 집단은 멸망을 예고한다.

(3) 이사야 60-62장의 장르는 제2이사야에서 발견되는 장르와 연관성이 있다. 반면에 제3이사야에 주어진 새로운 말씀은 예언자적 장르를 변형시켜 사용하고 있다.

핸슨은 특히 제3이사야의 회복 메시지의 대상을 이스라엘 포로 후기 공

---

44 폴 D. 핸슨, 『묵시문학의 기원』, 64.

동체 내부의 한 집단으로 특정한다. 그는 이사야 60-62장의 회복 프로그램을 "환상가들의 이상"으로 보고, 이와 대조적인 것으로 에스겔 40-48장의 제사장 집단의 회복 프로그램을 제시한다.[45]

핸슨에 따르면, 환상가 집단은 "시온의 영광과 야웨가 인간 혼자서는 할 수 없는 일을 수행하기 위해서 곧 행동할 것이라는 확신을 진심으로 갈망하는 이상적 또는 열광적 집단"이고, "역사적 현실 내에서 실제적 문제들에 초연하려는 매우 이상화된 모습을 전개"한다고 주장한다.[46]

이사야 60장은 새예루살렘의 영광을 묘사하는데, 이곳에 하나님의 영광이 출현하고, 열방의 재물이 모이고, 새로운 이름으로 불리며 중요한 성읍으로 부상한다.[47] 이 장은 "일어나라 빛을 발하라 이는 네 빛이 이르렀고 여호와의 영광이 네 위에 임하였음이니라"는 구절로 시작한다.

이사야 60장은 시온의 장래 영광을 노래한다는 점에서 주현절(Epiphany)에 불리는 구절이다. 이사야 60장은 시온에서 빛이 나와 시온이 열방을 인도하고, 예루살렘이 열방 가운데 높임을 받게 될 것을 약속한다. 이사야 60:1-9은 예루살렘으로 재물을 갖고 오는 이방 나라들(미디안, 에바, 스바, 게달, 느바욧, 다시스 등)을 열거한다.

> 내가 노하여 너를 쳤으나 이제는 나의 은혜로 너를 불쌍히 여겼은즉 이방인들이 네 성벽을 쌓을 것이요 그들의 왕들이 너를 섬길 것이며 네 성문이 항상 열려 주야로 닫히지 아니하리니 이는 사람들이 네게로 이방 나라들의

---

45 폴 D. 핸슨, 『묵시문학의 기원』, 71.
46 폴 D. 핸슨, 『묵시문학의 기원』, 71.
47 피터 R. 아크로이드, 『이스라엘의 포로와 회복: 기원전 6세기 히브리 사상연구』, 이윤경 역 (서울: CLC, 2019), 296.

재물을 가져오며 그들의 왕들을 포로로 이끌어 옴이라(사 60:10-11).

이방 나라의 재물과 왕들이 예루살렘에 모인다는 '열방의 쇄도' (Völkersturm)라는 모티프는 1923년에 로렌츠 뒤어(Lorenz Dörr)가 언급한 개념이다. 그는 이 모티프를 에스겔이 처음으로 사용했고, 이를 종말 시나리오에 포함하였다고 주장한다.[48] 제3이사야는 열방이 예루살렘으로 모여드는 모티프를 제시함으로써, 현재의 질서가 끝나고, 새로운 시대가 열릴 것이라는 종말론적 희망을 제시한다.

이사야 61장은 계속해서 다가오는 기쁜 소식을 선포한다. 그런데 이사야 61:1-3은 마치 제2이사야의 고난의 종의 노래처럼, 야웨의 영이 임한 자가 일인칭으로 야웨의 은혜와 보복의 해를 선포한다. 시온의 변화는 "재건과 명예회복"을 통해 이루어진다.[49] 시온은 야웨의 "의의 나무"(사 61:3)가 되고, 예루살렘의 황폐한 곳은 중수되고, 이스라엘 백성은 "야웨의 제사장"(사 61:6)이라 불리게 된다.

여기에서도 이사야 60장에 이어 이들이 이방 나라의 재물을 먹고, 그들의 영광을 얻어 자랑하는 자가 될 것이라고 예언한다. 그러나 베스터만이 지적하듯이, 이사야 60장에서 이방 나라와 그 왕들이 시온 복구 작업에 이바지한다면, 이사야 61장에서 이방인은 양치기, 농부, 포도원지기와 같은 일을 하는 차이점이 있다. 이사야 61장의 마지막에서 이스라엘 백성은 평화와 정의를 회복하는 공의의 하나님을 찬양하는 것으로 끝맺는다.

이사야 62장은 이사야 60장과 61장의 주제를 계속 이어간다. "빛, 시온

---

[48] 스티븐 L. 쿡, 『예언과 묵시: 포로기 이후 묵시 사상에 대한 사회학적 연구』, 이윤경 역 (서울: 새물결플러스, 2016), 156.
[49] C. 베스터만, 『이사야 III』, 420.

의 공의와 구원이 열방에 나타남, 결혼의 기쁨, 압제에서 해방됨, 땅의 회복 등의 주제"[50]가 이어진다. 이사야 62장에서 야웨는 두 군데에서 3인칭으로 언급되지만(사 62:8, 11), 나머지 부분에서는 일인칭으로 시온과 예루살렘을 향한 구원의 약속을 계속 선언한다.[51]

또한, 이방 나라들이 그들의 영광을 보게 될 것이다. 야웨는 시온과 예루살렘에게 "버림받은 자"나 "황무지"라 불리지 않고, 헵시바(חפצי-בה/My Delight is in Her)와 뿔라(בעולה/to be married)라는 새 이름으로 불릴 것이라고 선언한다. 호세아, 예레미야, 에스겔에서 찾아볼 수 있는 결혼 은유를 통하여, 하나님은 이스라엘은 다시 계약관계에 들어간다.

> 사람들이 너를 일컬어 거룩한 백성이라 여호와께서 구속하신 자라 하겠고 또 너를 일컬어 찾은 바 된 자요 버림받지 아니한 성읍이라 하리라
> (사 62:12).

이사야 62장은 귀환 공동체의 회복에 대한 주변 세력의 방해와 이로 인한 긴장에도 불구하고, 시온의 장래 영광을 위하여 쉬지 않는 하나님을 찬양한다. 야웨는 예루살렘과 시온을 위해 파수꾼을 세운다. 사람들은 예루살렘과 시온을 거룩한 백성, 야웨가 구속한 자라 부른다.

---

50 존 오스왈트, 『이사야 II』, 696.
51 W. Brueggemann, *Isaiah 40-66* (Louisville: Westminster John Knox Press, 1998), 219.

5. 이사야 63-64장

이사야 63과 64장은 각각 찬송시와 탄원시로 이루어져 있다. 먼저 이사야 63:1-6은 "전사이신 하나님을 찬송"하는 찬양시(The Divine Warrior Hymn)이다.

핸슨은 이 찬송시를 말한다.

> 인간이 갈등을 겪고 있는 혼란에서 벗어나 초월적인 존재로 높은 곳에 올라가셔서 모습을 드러내고, 뒷전으로 물러나 계시지 않는 하나님을 극적으로 묘사하고… 이것은 불의에 직면하여 행동하시는 하나님, 즉 고통 받는 자들의 간청을 들으시고 대답하시는 하나님을 찬양하는 시이다.[52]

이 찬양시는 신적 전사의 정체성에 대한 질문과 답으로 이루어져 있다. 먼저 신적 전사의 정체성을 질문한다.

> 에돔에서 오는 이 누구며 붉은 옷을 입고 보스라에서 오는 이 누구냐 그의 화려한 의복 큰 능력으로 걷는 이가 누구냐 그는 나이니 공의를 말하는 이요 구원하는 능력을 가진 이니라 어찌하여 네 의복이 붉으며 네 옷이 포도즙틀을 밟는 자 같으냐 만민 가운데 나와 함께 한 자가 없이 내가 홀로 포도즙틀을 밟았는데 내가 노함으로 말미암아 무리를 밟았고 분함으로 말미암아 짓밟았으므로 그들의 선혈이 내 옷에 튀어 내 의복을 다 더럽혔음이니(사 63:1-3).

---

52 폴 D. 핸슨, 『이사야 40-66』, 337.

야웨의 기원을 에돔과 연결하는 언급은 성서의 여러 곳에서 찾아볼 수 있다. 예컨대 이렇다.

> 여호와여 주께서 세일에서부터 나오시고 에돔 들에서부터 진행하실 때에 땅이 진동하고 하늘이 물을 내리고 구름도 물을 내렸나이다(삿 5:4).

> 하나님이 데만에서부터 오시며 거룩한 자가 바란 산에서부터 오시는도다 (합 3:3).

> 여호와께서 시내 산에서 오시고 세일 산에서 일어나시고 바란 산에서 비추시고 일만 성도 가운데에 강림하셨고 그의 오른손에는 그들을 위해 번쩍이는 불이 있도다(신 33:2).

이어서 신적 전사가 행하는 심판에 대한 부연 설명이 따라온다.

> 이는 내 원수 갚는 날이 내 마음에 있고 내가 구속할 해가 왔으나 내가 본즉 도와주는 자도 없고 붙들어 주는 자도 없으므로 이상하게 여겨 내 팔이 나를 구원하며 내 분이 나를 붙들었음이라 내가 노함으로 말미암아 만민을 밟았으며 내가 분함으로 말미암아 그들을 취하게 하고 그들의 선혈이 땅에 쏟아지게 하였느니라(사 63:4-6).

다음으로 이사야 63:7-64:12을 와츠는 "설교-기도" 양식으로 분류한다.[53] 그래서 그는 이 단락을 낭독(사 63:7-14), 도중에 끼어든 불평들(사 63:15-64:11[12]), 계속되는 낭독(사 64:3-8[4-9])으로 구성되었다고 본다. 그러나 많은 학자는 이 단락을 공동체탄원 시로 본다(핸슨, 베스터만, 오스왈트 등). 시편 탄원시처럼, 이 단락은 "하나님으로 하여금 침묵을 깨고 고통에 신음하고 있는 공동체를 구원하기 위해 행동을 취하도록 간청하고 있는 공동체탄원 시이다."[54] 이 단락은 시편 44, 77, 79편과 밀접한 관계가 있고,[55] 특히 형식면에서 불평과 간구, 그리고 재간구로 이루어져 있다는 점에서, 공동체탄원 시로 볼 수 있다.[56]

(1) 문제(63:7-10) 대적이 되신 하나님

(2) 역사적 회고(63:11-14) 모세의 때를 기억하소서!

(3) 불평/탄식(63:15-19) 성소의 유린과 주의 버림받은 백성

(4) 간구(64:1-4) 주여 강림하소서!

(5) 죄의 고백(64:5-7) 백성의 죄의 고백

(6) 재간구(64:8-12) 보시옵소서! 보시옵소서!

그러나 이 단락은 전형적인 탄원시에는 미약하게 나타나는 역사적 회고(예: 시 80:8-11; 83:9-12)가 확대되어 있고, 전형적인 개인 탄원시의 분위기를 급반전하는 찬양 부분이 빠져있다. 즉, 공동체탄원 시의 일부인 하나님

---

53 존 와츠, 『이사야 34-66』, 520.
54 폴 D. 핸슨, 『이사야 40-66』, 337.
55 폴 D. 핸슨, 『묵시문학의 기원』, 83.
56 이사야 63:7-64:12의 장르를 공동체탄원 시로 볼 것인지에 대한 논의는 본서 제6장, "제2성전 시대 묵시문학 장르에 나타난 참회기도 연구: 이사야 63:7-64:11과 다니엘 9:3-19를 중심으로" 참조.

의 이전의 구원행위에 대한 회상을 이사야 63:7-14에서 역사시로 확대하고 있다.[57]

> 내가 여호와께서 우리에게 베푸신 모든 자비와 그의 찬송을 말하며 그의 사랑을 따라, 그의 많은 자비를 따라 이스라엘 집에 베푸신 큰 은총을 말하리라 그가 말씀하시되 그들은 실로 나의 백성이요 거짓을 행하지 아니하는 자녀라 하시고 그들의 구원자가 되사 그들의 모든 환난에 동참하사 자기 앞의 사자로 하여금 그들을 구원하시며 그의 사랑과 그의 자비로 그들을 구원하시고 옛적 모든 날에 그들을 드시며 안으셨으나 그들이 반역하여 주의 성령을 근심하게 하였으므로 그가 돌이켜 그들의 대적이 되사 친히 그들을 치셨더니 백성이 옛적 모세의 때를 기억하여 이르되 백성과 양 떼의 목자를 바다에서 올라오게 하신 이가 이제 어디 계시냐 그들 가운데에 성령을 두신 이가 이제 어디 계시냐 그의 영광의 팔이 모세의 오른손을 이끄시며 그의 이름을 영원하게 하려 하사 그들 앞에서 물을 갈라지게 하시고 그들을 깊음으로 인도하시되 광야에 있는 말 같이 넘어지지 않게 하신 이가 이제 어디 계시냐 여호와의 영이 그들을 골짜기로 내려가는 가축 같이 편히 쉬게 하셨도다 주께서 이와 같이 주의 백성을 인도하사 이름을 영화롭게 하셨나이다 하였느니라(사 63 7-14).

공동체탄원 시에서 탄원의 대상이 되는 하나님이 초점이 되는데, 이 단락에서도 하나님은 불평과 간구의 대상으로 분명하게 나타난다. 그래서 공동체탄원 시를 통하여, 현재의 곤경은 자신들의 죄 때문임을 고백하며, 절망

---

[57] C. 베스터만, 『이사야 III』, 438.

적인 상황 속에서도 출애굽의 하나님을 다시 한 번 회고함으로써, 예로부터 "구속자"(사 63:16) 되시는 하나님이 구원하실 것을 믿음으로 간구한다.

핸슨은 이 단락의 이사야 63:16의 '아브라함'과 '이스라엘'과 이사야 63:18의 성소를 짓밟는 "우리의 원수"를 사독계 제사장 집단으로 특정하고, 이 단락 전체가 이들을 대적으로 삼는 환상가 예언자 집단의 탄원시로 해석한다.[58]

하지만, 오스왈트가 지적하듯이,[59] 이 단락은 이스라엘 내부의 특정 집단이 아니라, 이스라엘 전체가 "다 부정한 자"(사 64:6)처럼 반역하여, "우리의 죄악으로 말미암아"(사 64:7), "주의 성령을 근심하게"(사 63:10) 하는 자가 되었음을 고백하고 있다는 점에 주목해야 한다.

6. 이사야 65-66장: 새 땅, 새 하늘, 새예루살렘

제3이사야의 마지막 단락인 이사야 65장과 66장의 편집에 대해서, 이 단락이 여러 편집층으로 이루어졌다고 보는 견해와 통일성을 주장하는 견해가 있다. 예컨대, 베스터만은 이사야 65-66장을 네 개의 편집층으로 나누고, 베르마일른(J. Vermeylen)은 일곱 층 이상으로 나눈다.[60] 하지만, 슈텍은 이사야 65-66장의 온전한 하나의 통일된 저작으로, 이사야 63:7-64:11의 탄식에 대한 대답이라고 본다.[61]

---

58 폴 D. 핸슨, 『묵시문학의 기원』, 88-93.
59 존 오스왈트, 『이사야 II』, 744.
60 P. A. Smith, *Rhetoric and Redaction in Trito-Isaiah*, 128에서 재인용.
61 P. A. Smith, *Rhetoric and Redaction in Trito-Isaiah*, 128에서 재인용.

내용을 볼 때, 이 마지막 두 장에서 심판과 구원의 선포와 그 대상은 극명하게 교차하며 대조를 이룬다. 먼저 이사야 65장은 심판 고지(사 65:1-7)와 구원 고지(사 65:8-10), 그리고 다시 심판 고지(사 65:11-12)로 심판과 구원이 대조적으로 제시된다. 이어서, 이 심판과 구원의 대상이 되는 '나의 종'과 '너희'를 대조한다(사 65:13-16). 구원의 대상이 되는 '나의 종'이요 '내가 택한 자'가 어떤 자인지 구체적으로 언급되지 않는다. 하지만, 심판의 대상이 되는 자는 구체적으로 언급한다.

즉, 다산 종교의식이나 죽은 자와 접촉하거나 돼지고기를 먹는 행위를 하는 자, 그리고 갓과 므니를 섬기는 자들이 바로 심판의 대상이다. 이사야 65장의 나머지 구절은 새 하늘과 새 땅의 창조와 그곳에서 누리게 될 새로운 삶에 대한 희망을 노래한다(사 65:17-25).

사람들은 백수를 누리고, 자신이 지은 집이나 재배하는 포도원을 뺏기거나 두고 떠나 살지 않게 된다. 무엇보다 새로운 세상은 늑대와 어린 양이 어울려 풀을 뜯고, 사자도 풀을 먹고, 서로 해치거나 죽이지 않는 평화의 세상이 되리라는 청사진을 제시한다.

다음으로 제3이사야의 마지막 장인 이사야 66장은 또 다른 문제를 다루고 있다. 여기에서 "너희가 나를 위하여 무슨 집을 지으랴"(사 66:1)는 수사적 질문은 성전 건축을 반대하는 입장으로 보인다. 이어서 제3이사야는 제사의식을 '살인'과 진배없다고 과격하게 비난한다. 성전 건축과 성전 제사를 반대하면서, 이와 대조적으로 제3이사야는 "마음이 가난하고 심령에 통회하며 내 말을 듣고 떠는 자"(사 66:2)를 언급하고, 이들이 형제에게 미움을 받고, 쫓겨난 자라고 말한다(사 66:5).

핸슨은 이사야 66:1-2를 "학개의 성전 건축 운동에 대한 정면 거부"라고 본다.[62] 핸슨의 재구성에 따르면, 학개와 스가랴의 성전 건축 운동은 에스겔 40-48장의 회복 프로그램을 발전시킨 것이고, 이 운동의 주도자는 다윗계 스룹바벨과 더불어 사독계 제사장 여호수아였다. 그는 이사야 60-62장의 회복 프로그램은 사독계 제사장의 주도하에 이루어지는 회복 프로그램과 '경쟁 관계'에 있었다고 추론한다. 제3이사야는 페르시아가 임명한 스룹바벨의 주도하에 이루어지는 성전재건은 "회복에 대한 야웨의 주권적 인도와 대치"되는 것이라고 핸슨은 보았다.[63]

그러나 베스터만은 이사야 66:1-2을 어떤 특정 세력의 성전 건축에 대하여 반대하는 입장으로 볼 수 없다고 본다. 그는 시편 113:5-6의 "여호와 우리 하나님과 같은 이가 누구리요 높은 곳에 앉으셨으나 스스로 낮추사 천지를 살피시고"라는 구절에서 보듯이, 일반적인 시편의 언어(시 132:7, 14; 99:1, 5)로 하늘을 하나님의 보좌로 묘사하는 것으로 보아야 한다고 제안한다.[64]

이사야 66:1-2를 어떤 특정한 역사적 성전 건축 사건에 대한 반대의 입장으로 볼 것인지, 아니면 야웨의 임재를 성전이라는 건축물에 국한해버리는 위험성에 대한 경고의 말로 볼 것인지 중에서 선택하는 문제는 아니라고 본다. 제3이사야는 성전의 건축 여부보다 성전의 본질적 목적에 집중한다.

> 내가 곧 그들을 나의 성산으로 인도하여 기도하는 내 집에서 그들을 기쁘게 할 것이며 그들의 번제와 희생을 나의 제단에서 기꺼이 받게 되리니 이는 내 집은 만민이 기도하는 집이라 일컬음이 될 것임이라(사 56:7).

---

62 폴 D. 핸슨, 『묵시문학의 기원』, 153.
63 폴 D. 핸슨, 『묵시문학의 기원』, 155.
64 C. 베스터만, 『이사야 III』, 468-69.

성전의 본질적 목적에 초점을 맞추고 있는 점은, 제3이사야가 성전 제사의 불법성과 무의미함을 신랄하게 말하는 것에서 확인할 수 있다. 성전이 본질적 목적에 부합한 기능을 수행하지 못한다면, 성전 건축은 부차적 문제에 지나지 않는다.

7. 결론

제3이사야는 제2이사야의 회복과 구원에 대한 약속을 팔레스타인과 귀환 공동체라는 배경 가운데서 현실의 문제로 다루고 있다. 팔레스타인으로 귀환한 공동체는 여러 가지 문제에 직면하였다. 무엇보다도 이들이 가장 첨예하게 다루어야만 했던 문제는 새로운 공동체의 일원의 범위를 결정하는 문제였다.

귀환자와 토착민 사이에 있었을 긴장감과 충돌을 예상할 수 있다. 거기에다 야웨 종교를 신봉하는 이방인과 장애인을 공동체의 일원으로 수용 여부도 문제가 되었을 것이다. 귀환자와 토착민, 그리고 이방인 문제는 느헤미야에서 보다 극명하게 찾아볼 수 있다.

제3이사야는 인종적, 지역적 경계를 넘어서서 이스라엘의 정체성을 '야웨와 연합한'이라는 말로 기준을 삼았다. 이로써 그는 정체성의 경계를 종교적 영역으로 전환하였고, 인종과 지역의 한계를 건너뛰게 하였다.[65]

---

65 제3이사야의 정체성 문제는 다음 논문을 참조하라. Jill Middlemas, "Trito-Isaiah's Intra- and Internationalization: Identity Markers in the Second Temple Period," in Judah and the Judeans in the Achaemenid Period: Negotiating Identity in an International Context, O. Lipschits, G. N. Knoppers, and M. Oeming. eds. (Winona Lake, IN: Eisenbrauns, 2011), 105-25.

이런 논의의 맥락에서, 제3이사야는 새로운 이스라엘의 정체성을 "통회하고 마음이 겸손한 자"(사 57:15), "마음이 가난하고 심령에 통회하며 내 말을 듣고 떠는 자"(사 66:2, 5)로 제시한다.[66]

제3이사야는 새로운 시대, 새로운 유다 공동체가 새로운 정체성을 갖고 살아갈 길을 제시한 것이다.

이 새로운 공동체에서 성전은 단순히 건축에 의의가 있는 것이 아니라, "만민이 기도하는 집"이 될 때만이 의미가 있다. 나아가 새로운 시대는 궁극적으로 제국의 논리가 아니라, 평화의 논리가 지배하는 하나님의 나라가 될 것이라는 희망을 제시한다.

---

[66] 블렌킨소프는 에스라 9-10장의 "이스라엘의 하나님의 말씀으로 말미암아 떠는 자"(스 9:4; cf. 스10:3)와 이사야 66:3, 5의 "내 말을 듣고 떠는 자"를 구분한다. 에스라의 "떠는 자"를 율법 엄격주의자로, 이사야의 "떠는 자"를 예언자적, 종말론적 집단일 가능성을 제시한다. J. 블렌킨소프, 『유대교의 기원: 에스라와 느헤미야를 중심으로』, 소형근 역 (서울: 대한기독교서회, 2014), 128. 소형근, "역사적 에스라와 그의 지지 그룹 '하레딤'(חרדים)," 「성경원문연구」 35 (서울: 대한성서공회 성경원문연구소, 2014), 70-86.

참고문헌

C. 베스터만. 『이사야 III』. 번역실 역. 서울: 한국신학연구소, 1990.

J. 블렌킨소프. 『유대교의 기원: 에스라와 느헤미야를 중심으로』. 소형근 역. 서울: 대한기독교서회, 2014.

존 오스왈트. 『이사야 II』. 이용준 역. 서울: 부흥과개혁사, 2016.

존 D. W. 와츠. 『이사야 34-66』. 강철성 역. 서울: 솔로몬, 2002.

폴 D. 핸슨. 『묵시문학의 기원』. 이무용, 김지은 역. 서울: 크리스챤다이제스트, 1996.

Brueggemann, W. *Isaiah 40-66*. Louisville: Westminster John Knox Press, 1998.

Goldingay, John. "Isaiah 56-66: An Isaianic and a Postcolonial Reading," in *Isaiah and Imperial Context: The Book of Isaiah in the Times of Empire*. Andrew T. Abernethy, et al., eds. Eugene: Wipf and Stock Publishers, 2013.

Middlemas, Jill. "Trito-Isaiah's Intra- and Internationalization: Identity Markers in the Second Temple Period," in *Judah and the Judeans in the Achaemenid Period: Negotiating Identity in an International Context*. O. Lipschits, G. N. Knoppers, and M. Oeming. eds. Winona Lake, IN: Eisenbrauns, 2011), 105-25.

Schramm, Brooks. *The Opponents of Third Isaiah: Reconstructing the Cultic History of the Restoration*. Sheffield: Sheffield Academic Press, 1995.

Smith, Paul Allan. *Rhetoric and Redaction in Trito-Isaiah: the Structure, Growth, and Authorship of Isaiah 56-66*. Leiden: Brill, 1995.

제4장

스가랴서의 묵시문학적 메시지

1. '잇도'의 손자 스가랴

스가랴 1:1은 "다리오 왕 제이년 여덟째 달에 여호와의 말씀이 잇도의 손자 베레갸의 아들 선지자 스가랴에게 임하니라"로 시작한다. 이 말씀을 토대로 스가랴는 다리오 왕 제2년, 즉 520년에 예언자로 소명을 받았음을 알 수 있다. 스가랴 예언자에 대해, '잇도의 손자, 베레갸의 아들'이라는 족보의 정보가 제공된다.

포로 후기 페르시아 시대의 저작에서 '잇도'라는 이름은 에스라와 느헤미야에서 등장한다. 먼저 에스라 8장은 아닥사스다 왕 시절 바벨론에서 귀환한 족장들의 계보를 나열하고, 레위자손이 한 사람도 없는 것을 알고 에스라는 가시뱌 지방의 족장 잇도에게 사람을 보냈다고 한다.

가시뱌 지방으로 보내어 그곳 족장 잇도에게 나아가게 하고 잇도와 그의 형제 곧 가시뱌 지방에 사는 느디님 사람들에게 할 말을 일러 주고 우리 하나님의 성전을 위하여 섬길 자를 데리고 오라 하였더니(에 8:17).

'잇도'와 관련한 언급 중 무엇보다 주목할 구절이 에스라 10장에 나타난다.

이 장에서 제사장 중 이방 여인과 결혼한 자들의 목록을 제시하는데 에스라 10:43에서 "느보 자손 중에서는 여이엘과 맛디디야와 사밧과 스비내와 잇도와 요엘과 브나야더라"고 보도한다. 그러나 에스라에 언급된 '잇도'는 스가랴의 '잇도'보다 시기적으로 후대인 아닥사스다 시절 에스라와 함께 귀환한 자이기 때문에, 동일인으로 볼 수 없다.

한편 느헤미야 12장은 스룹바벨과 예수아와 함께 귀환한 제사장과 레위인의 명단을 보도한다. 여기에서 '잇도'는 제사장 귀환자 중 한 명(느 12:4)이고, 요야김 때의 제사장, 족장의 명단에 '잇도 족속에는 스가랴'(느 12:16)라는 이름이 나타난다. 느헤미야 12장의 '잇도'는 스룹바벨과 예수아와 함께 귀환한 자로 언급되는 것을 볼 때, 시기적으로 스가랴의 조부로 볼 가능성이 있고, 스가랴는 잇도 족속의 족장이었으리라 추측할 수 있다.

2. 스가랴서 구성 논쟁

스가랴서 1-8장과 9-14장은 구성과 스타일 면에서 다르다. 그래서 스가랴서 구성의 통일성 문제는 논쟁의 대상이 되어왔다.[1] 스가랴서의 통일성

---

1 스가랴의 통일성 문제에 대한 논의는 다음을 참조하라. Byron G. Curtis, *Up the Steep and Stony Road: The Book of Zechariah in Social Location Trajectory Analysis* (Atlanta: Society of Biblical Literature, 2006). 그는 스가랴의 통일성을 저자의 통일성, 편집적 통일성, 주제

과 저자의 문제를 처음 제기한 학자는 조셉 메드(Joseph Mede)였다. 그는 마태복음 27:9-10이 스가랴 11:13[2]를 인용하면서 "선지자 예레미야를 통하여 하신 말씀"이라고 인용한 것으로 보아, 스가랴 9-11장은 원래 예레미야의 저작이라고 주장하였다.[3]

비록 그의 주장은 받아들여지지 않았지만, 벨하우젠(Julius Wellhausen) 이래,[4] 많은 학자는 문학적 스타일, 내용, 역사적 배경의 차이 등을 들어, 스가랴서를 제1스가랴(슥 1-8장)와 제2스가랴(슥 9-14장)로 구분한다.[5] 앤더슨(Bernard W. Anderson)은 스가랴 1-8장을 원스가랴, 스가랴 9-14장을 신명기적 스가랴라고 부른다.[6] 제1스가랴는 구체적인 연대를 세 번 언급하며, 구성면에서 여덟 개의 환상과 두 개의 설교로 되어있고, 내용 면에서 유다의 회복이라는 신학적 주제를 성전 재건이라는 구체적 프로젝트로 실현한다.

그에 비해 제2스가랴는 구체적인 연대에 대한 언급이 없고, 내용 면에서도 '성전'이 아니라 미래에 도래할 '메시아와 그의 왕국'에 대해서 그리고 있다. 이런 점에서 벨하우젠 이후 많은 학자는 스가랴를 두 개의 독립된 문서의 결합으로 보고, 두 스가랴의 저자 혹은 편집자에 대해 논의한다. 대체로 학자들은 제2스가랴에는 스가랴의 이름이 전혀 언급되지 않고 있다는

적 통일성 등 다양한 측면에서 논의할 수 있음을 보여준다.
2 "여호와께서 내게 이르시되 그들이 나를 헤아린 바 그 삯을 토기장이에게 던지라 하시기로 내가 곧 그 은 삼십 개를 여호와의 전에서 토기장이에게 던지고"
3 랄프 스미드, 『미가-말라기』, 유창걸 역 (WBC 성경주석; 서울: 솔로몬, 2001), 347에서 재인용.
4 J. Wellhausen, "Zechariah, Book of," *Encyclopaedia Biblica* IV (1902), 5393-5395.
5 J. A. Soggin, *Introduction to the Old Testament* (London: SCM, 1976), 329, 347; O. Eissfeldt, *The Old Testament: An Introduction* (Oxford: Basil Blackwell, 1974), 437-440; W. O. E. Oesterley, T. H. Robinson, *An Introduction to the Books of the Old Testament* (London: SPCK, 1961), 420-425.
6 버나드 W. 앤더슨, 『구약신학』, 최종진 역 (서울: 한들출판사, 2001), 479.

점에 주목하여, 후대 편집자의 작품이라고 본다.

다른 한편 두 스가랴가 완전히 상반된 저자(편집자)에 의해 저술되었다고 보는 학자들도 있다. 가장 대표적으로 핸슨(Paul D. Hanson)은 제1스가랴를 사독계 성직자들의 저작으로 보고, 제2스가랴를 성전 제의에 반대하던 환상가들의 저작으로 본다.[7]

그러나 스가랴서의 편집적 통일성을 주장하는 학자들도 있다.[8] 이들은 제1스가랴와 제2스가랴는 공통된 주제를 다루고 있음에 주목한다. 예컨대, 제1스가랴의 환상과 제2스가랴의 종말론적이며 묵시적 경향성을 보여주는 최후전쟁의 이미지에 주목한다. 보다 구체적으로 말하자.

    (1) 예루살렘 구원(슥 1:12-16; 9:9-10; 12장; 14장)

    (2) 포로민들의 귀환(슥 8:8; 10:9-12)

    (3) 열방의 구원(슥 2:18, 20-23; 9:10; 14:16-19)

    (4) 계약 갱신(슥 8:8; 13:9)

    (5) 성령의 부으심(슥 4:6; 12:10)

    (6) 겸손한 승리하는 메시아(슥 3:8; 4:6; 9:9-10)

이와 같은 주제는 두 단락 모두에 공통적으로 나타나고 있다고 지적한다.[9]

---

7 폴 D. 핸슨, 『묵시문학의 기원』, 이무용, 김지은 역 (서울: 크리스찬다이제스트, 1996), 제4장.

8 D. Baron, *Visions and Prophecies of Zechariah* (Grand Rapids: Kregel, 1972), 272-282; G. L. Archer, Jr., *A Survey of Old Testament Introduction* (Chicago: Moody, 1974), 433-438; E. J. Young, *An Introduction to the Old Testament* (Grand Rapids: Eerdmans, 1964), 278-281; C. L. Feinberg, *God Remembers* (Portland: Multnomah, 1979), 9.

9 고든 맥콘빌, 『선지서』, 박대영 역, (서울: 성서유니온, 2009), 441.

한편, 스가랴서의 편집적 통일성을 사회학적 관점에서 주장하는 학자들이 있다. 커티스(Byron G. Curtis)는 사회학적 관점에서 스가랴의 두 단락의 차이를 스가랴 예언자의 경력의 여정에서 찾는다. 그는 스가랴가 사회의 주변부에서 시작하여 점차 사회 중심부로 진입해갔다고 본다.

따라서, 두 단락의 문학적 스타일의 차이는 예언자의 경력이 변천한 것에서 기인한 것이라고 설명한다.[10]

스티븐 쿡(Stephen L. Cook)은 또 다른 사회학적 관점에서 스가랴 전체의 통일성을 논한다. 19세기 학자 에발트(H. Ewald)와 스멘트(R. Smend)의 연구에 기초하여, 쿡은 스가랴서 전체가 단일 전승사에 속하며, 천년왕국설을 신봉하던 중앙제사장 집단의 산물로서, 스가랴 전체는 묵시문학 장르에 속한다고 본다.[11]

한편 차일즈(B. S. Childs)는 스가랴 1-8장과 9-14장이 서로 다른 편집적 배경을 가지고 있다고 보지만, 이 두 단락의 유기적 통일성을 지니고 있다고 주장한다.[12] 즉, 스가랴 1-8장의 편집층에서 바벨론으로부터 구원은 미래의 구속의 의미를 갖게 되고, 스룹바벨이 재건한 지상의 성전은 새 시대의 천상 성전을 예시하고, 여호수아의 대관식은 상징적으로 '순'이라는 미래의 메시아적 인물의 도래를 예시하는 구실을 한다.

스가랴 1-8장에 스가랴 9-14장이 첨가되고, 종말론적 의미가 더욱 확장되고 발전된다. 이로써, 양자의 결합으로 종말 이전의 위기의 시대를 살아가는 사람들에게 윤리적 책임의 명령을 강조하게 된다.

---

10 Curtis, *Up the Steep and Stony Road* (Atlanta: Society of Biblical Literature, 2006), 특히 제8장 참조.
11 스티븐 L. 쿡, 『예언과 묵시: 포로기 이후 묵시 사상에 대한 사회학적 연구』, 이윤경 역 (서울: 새물결플러스, 2016), 제5장.
12 B. S. 차일즈, 『구약정경개론』, 김갑동 역 (서울: 대한기독교출판사, 1987), 449-463.

3. 제1스가랴(슥 1-8장)의 구조와 저작연대

제1스가랴는 세 구절에서 저작의 시대적 배경을 구체적인 연대로 분명히 알려준다. 스가랴 1:1에서 '다리오 왕 제이년 여덟째 달'(기원전 520년 10-11월), 스가랴 1:7에서 '다리오 왕 제이년 열한째 달 곧 스밧월 이십사일' (기원전 519년 2월 중순), 마지막으로 스가랴 7:1에서 '다리오 왕 제사년 아홉째 달 곧 기슬래월 사일'(기원전 518년 12월 초)이다. 이 구절들을 통해 알 수 있는 바는 제1스가랴의 저작배경이 기원전 520년 말에서 518년 말까지 대략 2년간의 사건에 관한 것이라는 점이다.

기원전 520-518년은 페르시아제국의 아케메니드 왕조의 다리오 1세(기원전 522-486년) 재위 기간이다. 따라서, 이 연대는 에스라에서 성전 재건 때에 활동했던 예언자로 학개와 스가랴를 언급하는 것과 일치한다(스 5:1; 6:14). 에스라 6:15은 성전 재건이 "다리오 왕 제육년 아달월 삼일" 즉, 기원전 515년 2월 중순/3월 중순 어느 날에 완성되었다고 보도한다. 그렇다면 제1스가랴는 성전의 재건이 시작되는 때를 배경으로 하지만, 아직 성전이 완공되기 전 시기를 배경으로 하고 있음을 알 수 있다. 이런 시대적 정황을 배경으로 고려할 때, 제1스가랴의 여덟 가지 환상과 두 개의 설교는 더욱 잘 이해될 수 있다. 제1스가랴는 크게 세 단락으로 구성되어 있다.[13]

- 서론(슥 1:1-6): 언약의 유효성
- 여덟 가지 환상과 예언(슥 1:7-6:15)[14]

---

13 다음의 스가랴의 장절 구분은 독자들의 편리를 위해, 마소라 텍스트를 따르지 않고 개역개정을 따른다.
14 볼드윈은 여덟 가지 환상 단락이 제4환상과 제5환상을 중심에 두고 교차대구 형식으로

(1) 제1환상(1:7-17) 붉은 말을 탄 천사

(2) 제2환상(1:18-21) 네 개의 뿔, 네 명의 대장장이

(3) 제3환상(2:1-5) 측량줄을 잡은 사람

(4) 예언단락(2:6-13) 바벨론 포로민에게 귀환 촉구

(5) 제4환상(3:1-10) 대제사장 여호수아 임명

(6) 제5환상(4:1-14) 순금 등잔대와 감람나무 두 그루

(7) 제6환상(5:1-4) 날아가는 두루마리

(8) 제7환상(5:5-11) 에바 속 여인

(9) 제8환상(6:1-8) 네 병거

(10) 예언단락(6:9-15) 대제사장 여호수아 대관식

- 금식에 관한 두 개의 설교(슥 7-8장)

4. 제1스가랴의 내용과 메시지

1) 서론(슥 1:1-6)

서론(슥 1:1-6)에서 스가랴의 족보를 언급하는 것으로 스가랴 예언자를 소개한 후, 스가랴는 구약 예언자의 전형적인 하나님의 메신저로서 역할을 한다. 스가랴는 하나님이 조상들에게 진노하셨듯이 당시의 사람들에게

구성되었다고 본다. J. Baldwin, *Haggai, Zechariah, Malachi* (Downers Grove, IL: InterVarsity Press, 1972), 80-81.

진노하셨고, 조상들에게 돌아오라고 말씀하셨듯이 그들에게도 돌아오라고 말씀하시지만, 그들이 돌아오지 않고 있는 상황을 묘사하고 있다.

하나님의 진노 선포와 회개 촉구는 구약성서 예언자의 메신저로서의 특징을 분명하게 드러내는 것이다. 따라서, 스가랴의 서론은 전형적인 예언자 메신저 공식구인 "여호와의 말씀이… 스가랴에게 임하니라 이르시되"(슥 1:1)로 시작한다. 이 메신저 공식구는 스가랴서에서 29회 나타난다. 이 메신저 공식구를 통하여 포로 후기 예언자는 포로기 이전 예언자 전통에 연속선상에 서 있음을 분명히 한다. 동시에 스가랴는 단지 문학적 형식뿐만 아니라, 메시지 면에서도 포로기 이전 예언자들의 말씀은 다 이루어졌던 것처럼, 자신들의 길과 행위대로 보응을 받게 되었다는 연속성을 보여준다(슥 1:6).

2) 여덟 가지 환상(슥 1:7-6:15)

이 메시지가 전달된 지 약 3개월 후, 스가랴는 연속되는 여덟 가지 환상을 보게 된다. 제1환상(슥 1:7-17)은 스가랴가 밤에 본 환상이다. 이 환상 속에 골짜기 속 화석류 나무 사이에 붉은 말을 탄 자가 있다. 뒤에는 붉은 말과 자줏빛 말과 백마를 탄 자들이 있다.

이 장면을 본 스가랴에게 "말하는 천사"(슥 1:9)[15] 뒤 편에 말을 탄 자들이 자신들은 땅을 정찰하고 돌아왔다고 보고한다. 그런데 이들의 보고에 대한 대답은 없고, 장면은 급작스럽게 하나님과 천사 간의 대화로 전환된다. 천

---

15 이 "말하는 천사"가 화석류나무 사이에서 붉은 말을 탄 자는 1:11에서 "화석류나무 사이에 선 여호와의 천사"라고 지칭하는 것을 볼 때, 동일인으로 파악된다.

사는 하나님을 향해 말한다.

> 만군의 여호와여 여호와께서 언제까지 예루살렘과 유다 성읍들을 불쌍히 여기지 아니하시려 하나이까 이를 노하신 지 칠십 년이 되었나이다 (슥 1:12).

이에 대하여 하나님이 어떤 말씀을 구체적으로 천사에게 하셨는지는 바로 나오지 않고, 다만 "선한 말씀, 위로하는 말씀"(슥 1:13)이라고만 언급한 후 메신저 공식구를 사용하여, 하나님으로부터 천사에게 전달된 말을 알려준다(슥 1:14-17). 그 내용은 예루살렘과 시온의 회복이다.

제1환상은 페르시아제국의 전형적인 말 탄 전령의 모습을 사용하여 열방에 대한 야웨의 분노와 예루살렘과 성전 재건에 대한 야웨의 계획을 선포한다.

제2환상(슥 1:18-21)에서 스가랴는 네 개의 뿔과 네 명의 대장장이를 본다. 스가랴에게 설명해주는 천사는 이 네 개의 뿔들이 이스라엘을 흩어버린 뿔, 즉 열방이라고 말하고, 네 명의 대장장이는 이 뿔들을 위협하고 쫓아내는 세력이라고 알려준다. 제2환상은 열방에 의해 사방으로 흩어짐을 당한 이스라엘이 이제 또 다른 세력을 통하여 이들을 멸망시킬 것이라고 선포한다.

제3환상(슥 2:1-5)에서 스가랴는 측량줄을 쥐고 있는 사람을 본다. 이 사람은 예루살렘을 측량하고자 한다. 지금까지 환상 속에서 설명하던 천사가 나가고 다른 천사가 등장한다(슥 2:3). 이 다른 천사는 젊은이[16]에게 예루살

---

16 개역개정은 히브리어 הנער를 '소년'이라고 번역한다. 이 젊은이의 정체성에 대해서는 대

렘이 "성곽 없는 성읍"(슥 2:4)이 될 것이라고 말한다. 하나님 자신이 "불로 둘러싼 성곽"이 되어 줄 것이기 때문이다.

제3환상은 성전과 예루살렘 도성 재건 계획을 세우는 일꾼의 이미지를 활용해 예루살렘의 회복을 상징적으로 묘사한다. 무엇보다도 이 재건된 예루살렘 가운데 "영광"(슥 2:5) 되어 줄 것이라고 말함으로써, 임재를 약속하신다.

제3환상에서 제4환상으로 넘어가는 부분인 스가랴 2:6-13에서 "바벨론 성에 거주하는 시온아"(슥 2:7)는 바벨론 포로지에 아직 남아있는 유다 사람들을 부르는 것이다. 스가랴는 이들에게 새로운 시대의 도래를 선포하면서, 속히 귀환할 것을 촉구한다.

제1환상부터 제3환상에서 눈에 띄는 것은 공간적 구성이다. 제1환상부터 제3환상의 초점은 점차 예루살렘을 향해 간다. 즉, 이스라엘의 회복을 둘러싼 환경이라는 측면에서 "온 땅"(슥 1:10-11)으로부터 예루살렘이라는 구심점을 향하여 간다.

제4환상(슥 3:1-10)의 공간적 배경은 야웨, 천사, 사탄이 등장하는 것을 보면 천상법정으로 보인다. 이 환상에서 첫 장면은 야웨의 천사 앞에 나란히 선 여호수아와 사탄이다. 여기에서 야웨의 천상보좌의 일원인 사탄은 여호수아를 '대적'(슥 3:1)하고 있다. 이런 사탄[17]의 모습은 욥기의 첫 장면을 연상시킨다.

체로 '스가랴' 예언자로 혹은 '측량줄을 잡은 사람'으로 보는 견해로 나뉜다.

17 히브리어 שטן을 '사탄'이라는 고유명사로 번역하는 구절들(예: 욥 1-2장; 슥 3:1, 2; 대상 21:1; 시 109:6)도 있고, '대적'(accuser)이라는 보통명사로 번역한 구절들(예: 민 22:22, 32; 삼상 29:4; 왕상 5:4; 11:14, 25)도 있다. 구약성서의 '사탄' 개념 변천사는 이윤경, "벨리알과 사탄에 대한 역사적 개념 변천 연구,"「한국기독교신학논총」76 (2011), 35-54 참조.

사탄이 구체적으로 어떻게 대적했는지 내용이 나오지 않지만, "이는 불에서 꺼낸 그슬린 나무가 아니냐?"(슥 3:2)라는 수사학적 질문을 볼 때, 사탄은 예루살렘에 대적하였을 것이라고 짐작할 수 있다. 이는 사탄을 향한 하나님의 책망을 통하여, "예루살렘의 회복에 반대하는 세력을 비난"하는 스가랴의 의도를 알 수 있다.[18]

이제 천사는 여호수아의 더러운 옷을 벗기고 그에게 깨끗한 관을 씌운다. 이 장면은 여호수아의 대제사장직 임명을 뜻한다(cf. 출 28-29장; 레 8-9장). 또한 하나님은 "내 종 싹"(슥 3:8)을 보낼 것이라고 말씀하신다. 이 '싹'은 통상 예언서에서 다윗계 정치적 지도자를 지칭한다(cf. 사 4:2; 렘 23:5; 33:15). 보다 구체적으로 스가랴 6:12를 볼 때, 다윗계 후손인 스룹바벨을 지칭한다.

그런데 이 호칭의 특이성은 '종'과 '싹'을 한 구(句)로 표현했다는 점이다. '종'이라는 표현은 제2이사야의 '고난의 종' 노래를 통해 익숙한 표현(사 42:1; 52:13; 53:11)인데, 스가랴는 '싹'이라는 표현과 나란히 놓아서 후대에 메시아적 이미지로 사용될 수 있는 가능성을 열어둔다. 대제사장 여호수아의 임명과 정치적 지도자에 대한 예고 후에, 야웨는 여호수아 앞에 돌을 세우신다. 한 돌에 일곱 눈이 있다.[19] 이 돌에 "새길 것을 새기며," 하나님은 "땅의 죄악을 하루에 제거"할 것이다.

제4환상은 회복된 예루살렘에서 최우선으로 되어야 할 일이 대제사장

---

18 C. L. Meyers and E. M. Meyers, *Haggai, Zechariah 1-8* (Anchor Bible 25A; New York: Doubleday, 1987), 186.
19 일곱 눈을 가진 돌의 정체성에 대한 많은 추측이 제기되었다. 학자들은 "새 성전이나 새 예루살렘의 머릿돌과 모퉁이 돌" 혹은 "여호수아나 그 순을 칭하는 소중한 돌" 혹은 "다림줄에 쓰이는 돌"이라고 본다. 엘리자베스 악트마이어, 『나훔-말라기』, 민경진 역 (서울: 한국장로교출판사, 2002), 189.

임명이라는 점을 분명히 하고, 이후 정치적 지도자의 임명과 죄악을 일시에 제거할 것을 알려준다.

제5환상(슥 4:1-14)에서 잠들어 있는 스가랴를 천사가 깨운다. 천사는 스가랴에게 무엇을 보았느냐고 묻는다. 스가랴가 본 것은 순금 등잔대와 감람나무 두 그루이다. 순금 등잔대 위에는 기름 그릇이 있고, 그 기름 그릇 위에는 일곱 등잔이 있고, 일곱 등잔에는 일곱 관이 있다. 이 등잔대 양옆으로 관을 통해 기름을 공급하는 감람나무가 각각 서 있다.

이런 등잔대의 모습은 출애굽기 25:31-40에 묘사된 순금 등잔대를 연상시키지만, 동일한 것은 아니다.

스가랴는 "두 감람나무가 무슨 뜻이니이까?"(슥 4:11)

이렇게 묻는다. 천사는 "기름 부음 받은 자 둘"이라고 한다.

이로써 제5환상은 기름 부음 받은 두 사람, 즉 정치적 지도자인 스룹바벨과 대제사장 여호수아가 포로 후기 회복 시대에 유다의 새로운 지도자임을 선포한다.

제1환상부터 제3환상에서 회복된 예루살렘을 그리고 있다면, 제4환상과 제5환상은 회복된 예루살렘이 대제사장 여호수아의 임명으로 시작되고, 스룹바벨의 임명으로 확립되는 것을 제시한다.

제6환상(슥 5:1-4)에서 스가랴는 날아가는 두루마리를 본다. 이 두루마리의 크기는 길이가 20규빗, 너비가 10규빗이다. 이 규모는 "솔로몬 성전의 현관"과 "성소"와 동일한 크기이다.[20] 이 엄청난 크기의 두루마리에는 "온 땅 위에 내리는 저주"가 적혀있다. 저주의 대상은 "도둑의 집"과 "망령되이 맹세하는 자의 집"으로 특정된다.

---

[20] 랄프 스미드, 『미가-말라기』, 채천석, 채훈 역 (서울 : 솔로몬, 2001), 300.

제6환상은 계약법전과 신명기법전에서 계약 위반자들에게 선포된 저주의 말씀을 "날아가는 두루마리"를 통해 전달한다. 이것은 포로 후기 유다 사회는 여전히 계약 백성의 의무를 다해야 한다는 것을 상기시키는 것이다.

제7환상(슥 5:5-11)에서 스가랴가 본 것은 에바 속의 여인이다. 에바는 여러 가지로 추론 되지만, 대부분의 학자들은 에바를 마른 곡식을 재는 표준단위로 "대략 9갤론 용량의 도량형 바구니"[21]로 본다. 이 여인이 탄 에바는 납덩이로 뚜껑이 완전히 덮여 있고, 날개 달린 다른 두 여인이 나와서 이 에바를 시날 땅으로 들고 간다.

시날은 바벨론의 옛 명칭이다(창 10:10; 11:1). 에바에 갇힌 여인은 바벨론에서 기원하여 귀환한 자들이 예루살렘까지 갖고 들어온 악을 상징한다. 이제 바벨론에서 기원한 악은 다시 원래의 자리였던 바벨론으로 되돌아가고, 그 처소에서 벗어날 수 없다.

제6환상이 포로 후기 유다 사회가 내부의 문제를 "도둑"과 "망령되이 맹세하는 자"로 나타낸다면, 제7환상은 포로 후기 유다 사회에서 지속 되고 있는 이방의 영향력을 "바벨론"으로 상징적으로 나타낸다.

제8환상(슥 6:1-8)에는 붉은 말, 검은 말, 흰말, 얼룩진 말이 끄는 네 대의 병거가 두 개의 구리 산으로부터 나온다. 천사는 네 대의 병거를 '하늘의 네 바람'으로 하나님 앞에 서 있다가 온 땅을 향해 나간다고 설명한다. 이 네 바람은 하나님의 심판을 이루는 도구로 사용된다. 제8환상의 네 개의 병거는 제1환상의 네 말을 연상시키고, 무엇보다도 "북쪽으로 나간 자들이 북쪽에서 내 영을 쉬게 하였느니라"(슥 6:8)는 설명은 제1환상에서 말을 탄 자들이 땅을 두루 다녀본 뒤 "온 땅이 평안하고 조용하더이다"(슥

---

21 랄프 스미드, 『미가-말라기』, 302.

1:11)라고 한 보고를 연상시킨다.

여덟 가지 환상은 스가랴와 천상적 존재 사이의 질문과 대답을 통하여 메시지를 전달한다. 보다(Mark J. Boda)는 이 질문과 대답이 천상과 지상의 경계를 허물고 있다고 본다.[22]

제1환상과 제8환상이 온 땅에 미친 평안을 보여주고, 그 가운데 배치된 환상들은 예루살렘의 회복을 구체적으로 묘사한다. 회복된 예루살렘에서 대제사장 여호수아와 총독 스룹바벨이 임명되고, 도적과 망령되이 맹세하는 자에게는 저주가 선포되고, 악은 바벨론으로 되돌아가서 갇혀 있게 된다.

제3환상에서 제4환상으로 넘어가는 부분인 스가랴 2:6-13에서 이스라엘과 민족들에게 닥칠 새 시대를 선포하였다면, 제8환상에서 설교 단락으로 넘어가는 부분인 스가랴 6:9-15에는 대제사장 여호수아의 대관식과 '싹'에 대한 언급이 나온다. 바벨론에서 귀환한 몇 명의 사람들이 금과 은을 모아 여호수아의 면류관을 만들 것이다. 또한 '싹'은 야웨의 성전을 재건할 것이다. 대제사장과 싹은 "평화의 의논"(슥 6:13)을 할 것이다.

3) 금식에 관한 두 개의 설교(슥 7-8장)

여덟 개의 환상이 끝난 후, 마지막 날짜 공식인 "다리오 왕 제사년 아홉째 달 곧 기슬래월 사일"(기원전 518년 12월 7일)이 나온다.

이날을 배경으로 하여, 스가랴 7:1-6은 벧엘에서 온 사절단[23]이 예루살

---

22 Mark J. Boda, *Exploring Zechariah*, Vol. 1 (Atlanta: SBL Press, 2017), 3.
23 개역개정 스가랴 7:2을 "그때에 벧엘 사람이 사레셀과 레겜멜렉과 그의 부하들을 보내어 여호와께 은혜를 구하고"라고 번역한다. 그런데 "벧엘-사레셀과 레겜-멜렉과 그의 부하들"로 번역해야 된다는 주장이 있다. 이 논지에 대해서는 개리 N. 크노퍼스, 레스터 L. 그래브, 데이드레 N. 풀턴, 『다시보기: 이스라엘의 포로와 회복』, 이윤경 역 (서울:

렘성전의 제사장들과 예언자들에게 "오월 중에 울며 근신하리이까?" 이렇게 질문하고, 이에 대하여 스가랴를 통하여 부정적으로 대답하는 장면을 전한다. 이어서 스가랴 7:7-14은 스가랴의 금식에 대한 대답의 계속으로 보인다. 이 단락에서 스가랴는 구체적으로 '윤리적' 삶에 대한 명령을 언급한다. 예언자들은 공정한 재판과 인애와 긍휼로 약자와 궁핍한 자를 대하고, 속이지 말 것을 명령했지만, 이스라엘 백성은 듣지 않았고, 야웨는 진노하셨고, 그 결과 이스라엘 백성은 포로가 되었음을 언급한다.

스가랴 8장은 "금식에 대한 주제와 야웨와의 언약적인 관계에 대한 윤리적 요구"[24]를 통하여 이전 장과 연결된다. 문학적 스타일이라는 면에서, 스가랴 8장은 메신저 공식인 "만군의 여호와가 이같이 말하노라"를 반복해서 사용하여, 하나님의 약속의 말씀을 열 가지로 전달한다. 이 약속의 말씀은 시간적으로 "가까운 미래에서 먼 미래로 진전하는"[25] 식으로 구성되어있다.

(1) 시온을 향한 야웨의 질투(8:2)

(2) 진리의 성읍 예루살렘과 성산 시온(8:3)

(3) 노인과 아이로 가득 찬 예루살렘(8:4-5)

(4) 만군의 야웨의 기이한 행위(8:6)

(5) 포로민의 귀환과 계약 갱신(8:7-8)

(6) 귀환자에게 용기를 북돋우어 줌(8:9-13)

(7) 새예루살렘의 삶(진리, 진실, 화평의 삶)(8:14-17)

CLC, 2019), 제12장 참조, 특히 284-87 참조.
24 앤드류 E. 힐, 존 H. 월튼, 『학개, 스가랴, 말라기』, 유선명, 정종성 역 (서울: CLC, 2014), 261.
25 앤드류 E. 힐, 존 H. 월튼, 『학개, 스가랴, 말라기』, 261.

(8) 금식절은 명절로 바뀜(8:18-19)

(9) 예루살렘으로 모여드는 열방(8:20-22)

(10) 이방사람 열 명의 인도자가 되는 유다 사람 한 명(8:23)

주제면에서 스가랴 금식에 관한 질문과 대답을 하는 7장과 회복된 예루살렘을 향한 약속의 말씀으로 이루어진 스가랴 8장이 '심판과 회복'으로 상호작용하면서, 통일성을 이룬다. 또한, 구조적 측면에서 스가랴 7-8장의 구성은 교차대구의 형식을 갖추고 있다.[26]

 a 7:1-3a 벧엘의 사절단이 야웨의 은혜를 구함
  b 7:3b-6 잘못된 금식 책망
   c 7:7-14 의와 공의 촉구(과거)
    d 8:1-13 성전을 재건하라!
   c′ 8:14-17 의와 공의를 촉구함(현재)
  b′ 8:18-19 금식이 변하여 기쁨과 즐거움이 될 것
 a′ 8:20-23 많은 성읍의 거민들이 장차 야웨의 은혜를 간청

스가랴 7-8장의 내용을 전체적으로 살펴볼 때, 스가랴 7장은 벧엘 사람들이 사절단을 보내어 예루살렘 파괴를 기념하는 애곡의식을 계속할 것인가에 대해 제사장들과 선지자들에게 질문으로부터 시작한다. 유대인들은

---

26 R. B. Chisholm, *Interpreting the Minor Prophets* (Grand Rapids: Eerdmans, 1989), 255; B. C. Ollenberger, "Zechariah," in *The New Interpreters Bible*, ed. L. Keck (Nashville: Abingdom, 1996), 7:790; M. Butterworth, *Structure and the Book of Zechariah* (Sheffield Academic Press, 2009), 163.

포로기 동안 여러 금식일을 준수하였다. 예를 들어, 4월 금식은 예루살렘 침공(기원전 586년 4월 9일), 5월 금식은 예루살렘 함락 기념(기원전 586년 5월 10일), 7월 금식은 그다랴의 죽음 기념(기원전 586년 7월), 그리고 10월 금식은 예루살렘 포위 공격 시작(기원전 588년 10월 10일)을 기념하였다.

그런데 스가랴 7장은 금식이 아니라 청종을 촉구한다. 즉, 포로 후기 공동체에게 금식이 아니라, 정의와 사회적 약자를 위한 긍휼을 베풀 것을 촉구한다. 이런 명령은 스가랴 8장에서 야웨와 이스라엘 백성의 계약관계를 재확증하고, 약속이 실현되는 새로운 예루살렘과 시온의 모습으로 구체적으로 묘사된다.

결론적으로, 제1스가랴는 하나님의 임재를 이스라엘 백성에게 고한다. 대제사장 여호수아는 '싹,' '감람나무,' '면류관을 쓰는 자'로 묘사되고, 회복 공동체의 주체가 된다(슥 3:8-10; 4:11-14; 6:9-15). 제1스가랴는 예루살렘과 시온, 그리고 유다 사람에게 집중하지만, 하나님의 심판은 유대인과 열방 모두에게 임하고, 또한 하나님의 약속은 예루살렘에 모든 민족을 초대하는 미래에 대한 모습으로 끝을 맺고 있다.

스가랴 1-6장의 환상 단락과 스가랴 7-8장의 설교 단락은 문학적 스타일의 차이로 인해 연결이 매끄럽지는 않다. 그러나 내용 면에서 환상과 설교 단락은 새로운 예루살렘에서 살아갈 때 금식이 아닌, 기쁨과 정의와 공의의 삶을 살아갈 것에 대해 언급한다는 점에서 한 단락으로 묶일 수 있다. 구체적으로, 보다는 제1환상과 스가랴 7-8장이 구조와 어휘 면에서 유사할 뿐만 아니라, 참회기도 전승을 공유하고 있다고 본다.[27]

---

[27] Marvin Alan Sweeney, *The Twelve Prophets, Berit Olam Studies in Hebrew & Narrative Poetry*, Vol. 2 (Collegeville, MN: Liturgical Press, 2000), 7.

5. 제2스가랴 (슥 9-14장)

1) 제2스가랴의 저작연대

제2스가랴에는 제1스가랴와 달리 직접적인 배경을 알려주는 연대가 나오지 않는다. 아이히호른(J. C. Eichhorn)과 슈타데(B. Stade) 이래,[28] 학자들은 제2스가랴의 최종 저작연대를 헬라 시대로 보는 경향이 있다.[29] 예컨대, 스가랴 9:1-8은 기원전 332년의 알렉산더 대왕의 여정을 반영하거나 예견하는 것으로 본다.

스가랴 9:11-17은 헬라인과의 갈등을 반영하는 것으로 본다. 특히, 스가랴 9:13의 '야반의 아들'과 스가랴 10:10-11의 이집트와 앗수르는 실제 헬라왕국을 언급하는 것으로 본다.

그러나 다수의 학자들은 제2스가랴의 역사적 배경을 페르시아 시대로 보아야 한다고 주장한다. 예를 들어, 스위니(Marvin A. Sweeney)는 9장의 왕의 행로는 알렉산더의 실제 행로와 다르다고 본다.[30] 그는 스가랴 9장의 세 목자를 페르시아 왕(고레스, 감비세스, 다리우스)을 지칭하는 것으로 본다.[31]

---

[28] D. L. Petersen, "Zechariah, Book of: Zechariah 9-14," *The Anchor Yale Bible Dictionary*, Vol. 6 (New Haven: Yale University Press, 2008), 1065에서 재인용. 제2스가랴의 저작연대에 대한 연구사에 대한 정리는 다음을 참조하라. 폴 D. 핸슨, 『묵시문학의 기원』, 269-72.

[29] 구체적으로 마카비 시대로 보는 입장은 다음을 참조. Marco Treves, "Conjectures Concerning the Date and Authorship of Zechariah IX-XIV," *Vetus Testamentum*, 13/2 (1963), 196-207. 그는 "양 떼를 버린 못된 목자"(슥 11:17)은 대제사장 알키무스, "세 목자를 제거"(슥 11:8)하는 자는 유다스 마카비우스라고 주장한다.

[30] 마빈 스위니, 『예언서』, 홍국평 역 (서울: 대한기독교서회, 2015), 255.

[31] Marvin Alan Sweeney, *Form and Intertextuality in Prophetic and Apocalyptic Literature* (Eugene: Wipf & Stock Pub, 2010), 232.

그래서 열방에 대한 마지막 전쟁은 종말론적 전쟁이라기보다 페르시아의 속박으로부터 독립하고픈 유다의 소망을 반영한 것이라고 본다.[32]

또한, 피터슨(D. L. Petersen) 역시 기원전 6세기의 성서 텍스트를 암시하는 표현들과 언어적 특징과 아케메니드 제국 구조에 대한 암시 등을 이유로 페르시아 시대로 볼 것을 주장한다.[33]

핸슨 역시 제2스가랴를 기원전 520년경부터 425년 사이에 연속적으로 저작된 여섯 개의 구성물의 모음집으로 본다.[34] 마이어스(C. L. Meyers)와 마이어스(E. M. Meyers) 역시 기원전 5세기 중반으로 본다.[35] 폴 레딧(Paul Redditt)은 보다 구체적으로 제2스가랴를 편집사적으로 재구성하고, 최종 편집 연대를 느헤미야 시대로 본다.[36]

제2스가랴의 저작연대를 페르시아로 보는 학자들은 열방 정복(슥 9:1-8), 헬라인들과의 갈등(슥 9:11-17), 성전붕괴(슥 11:1-3), 그리고 이어지는 스가랴 11:4-17 단락에 나타나는 첫 계약, 종교지도자, 백성 제거 등은 페르시아와 헬라 사이의 전쟁(기원전 460년부터 시작)의 시대 상황을 반영한다고 본다. 그래서 고웬(Donald E. Gowan)은 스가랴 9-14장이 불안한 시대 상황을 반영하고, 페르시아와 헬라 사이의 전쟁의 파급효과로 산악지대의 요단 쪽

---

32 마빈 스위니, 『예언서』, 256.
33 D. L. Petersen, *Zechariah 9-14 and Malachi* (Louisville, KY: Westminster John Knox Press, 1995), 5.
34 폴 D. 핸슨, 『묵시문학의 기원』, 제4장.
35 C. L. Meyers and E. M. Meyers, *Zechariah 9-14: A New Translation with Introduction and Commentary* (The Anchor Bible; New York: Doubleday, 1993), 27.
36 Paul Redditt, *Zechariah 9-14* (International Exegetical Commentary on the Old Testament; Stuttgart: W. Kohlhammer, 2012). 스가랴 1-8장은 기원전 6세기 후반, 스가랴 10:3b-12은 기원전 5세기 초, 스가랴 12-14장은 느헤미야 이전 시대에 저작되었다고 보고, 다윗계 왕권 회복에 대한 모든 역사적 희망이 점차 종말론적 희망으로 변화해갔다고 본다. 스가랴 11장의 경우는 역사적 회복이 지연되는 것의 이유를 설명한다고 본다.

과 해안 쪽에 페르시아의 요새들이 건축되었다고 본다.[37]

제2스가랴의 저작연대 문제는 스가랴 전체의 통일성 여부와 연결되는 듯하지만, 사실은 무관하게 접근할 수 있다. 즉, 스가랴의 두 단락이 다른 시대, 다른 저자의 작품으로 보더라도 전체적으로 신학적 통일성을 갖추고 있다고 볼 수 있다.

예컨대, 제2스가랴는 '스가랴 전통'에 속한다고 느끼는 저자에 의해 저술되었을 수 있다. 그렇다면 제1스가랴가 기원전 520-518년 무렵에 저작되었고, 제2스가랴가 그 이후 시대에 저작되었더라도 두 단락은 '묵시적 세계관'이라는 신학적 경향성으로 인해 하나의 문건으로 묶일 수 있었다.[38]

2) 제2스가랴의 저자

제2스가랴의 저자에 대해서 학자들은 많은 유추를 해 왔다. 가장 대표적으로 핸슨은 제2스가랴가 예루살렘 귀족정치에 대해 비판적인 주변부의, 소외된 사람들, 즉 평민 혹은 권력을 상실한 환상가 집단의 견해를 반영하고 있다고 본다.[39] 그 땅(슥 9:1-8)과 열방(슥 9:11-17)의 해방을 약속하는 9장은 가난한 자와 연대하고 평화를 전하는 '겸손한' 왕을 선포한다(슥 9:10-11). 다윗 왕조 회복에 대한 희망은 페르시아 왕에 대한 충성심으로 인해, 어떤 것이라도 신중하게 표현되어야만 했다.

---

37 도널드 E. 고웬, 『구약 예언서 신학』, 차준희 역 (서울: 대한기독교서회, 2004), 395.
38 예컨대, 차일즈는 제1, 2스가랴에서 서로 일치하는 일곱 가지 요소를 열거한다. (1) 야웨의 새예루살렘, (2) 낙원의 풍요가 되돌아옴, (3) 계약의 갱신, (4) 열방들에 대한 하나님의 심판, 그리고 그들의 궁극적인 개종, (5) 포로들을 모음, (6) 영을 부어 주심과 정화시킴, (7) 메시아의 모습. 랄프 스미드, 『미가-말라기』, 355에서 재인용.
39 폴 D. 핸슨, 『묵시문학의 기원』, 265-67.

그러나 쿡은 제2스가랴는 분명히 스가랴서의 첫 여덟 장을 기록했던 환상가를 계승하는 학파로부터 비롯되었다고 본다.[40]

스가랴 9:7이나 13:1-2과 같은 본문들은 의례와 도덕적 순결에 관한 해당 그룹의 본래적인 중앙 제사장적 관심을 물려받고 있다.

스가랴 12:3이나 14:10, 16과 같은 본문들은 마지막 때에 예루살렘이 하나님의 우주적 산으로 등장하는 것에 관한 좀 더 오래된 본문들의 주제를 강력하게 되풀이한다.

하지만, 커티스는 스가랴 두 부분의 언어, 문체, 수사의 차이는 개별성이나 독립성을 증언하는 것이 아니라, 스가랴 예언자 자신의 사회적 위치(social location)가 중심부에서 주변부로 변화되었다고 본다.[41] 커티스는 예언자의 사회적 위치 변화는 예언자의 메시지를 대중과 지도층이 처음에는 수용하였다가 점차 거부한 데 따른 것이라고 보았다.

3) 제2스가랴의 구성

제1스가랴가 환상과 설교 단락으로 구분되는 것처럼, 제2스가랴 역시 대개 학자들은 스가랴 9-11장과 12-14장 단락으로 구분한다. 그러나 레딧은 제2스가랴를 4개의 편집층으로 된 모음집으로 본다.[42] 그에 따르면, 제2스가랴는 이렇게 구분할 수 있다.

    (1) 9:1-17

---

40 스티븐 L. 쿡, 『예언과 묵시』, 205.
41 Curtis, *Up the Steep and Stony Road*, chs. 5, 6, 7.
42 Paul Redditt, *Zechariah 9-14*.

(2) 10:3b-12

(3) 12:1-4a, 5, 8-9

(4) 14:1-13, 14b-21

(1)-(3) 모음집은 페르시아 시대 중반까지 지속된 희망을 보여주고, (4) 모음집은 더욱 비관적이다. 이 모음집들은 친유다/예루살렘적 자료들(슥 12:6-7; 12:10-13:6)과 소위 '목자' 자료들(슥 10:2-3a; 11:1-17; 13:7-9)로 보충된다.

하지만, 역사적 정보에 대해 침묵하는 제2스가랴에서 구체적 사건이나 인물과 연결 짓는 것은 위험이 따른다. 따라서, 현재 텍스트가 보여주는 바대로, 스가랴 9장과 11장이 히브리어 '맛사'(משא)[43]로 시작하는 점에 따라, 스가랴 9-11장과 12-14장으로 구분하는 것이 구성을 고려할 때 가장 보편적으로 수용할 수 있는 문학 구조로 볼 수 있다.[44] 즉, 제2스가랴는 두 개의 신탁으로 볼 수 있다.

제1신탁(슥 9-11장)은 야웨의 주권에 관한 신탁으로 목자의 도래와 거부, 그리고 거짓 목자의 오도에 대해 언급한다. 제2신탁(슥 12-14장)은 열방에 대한 야웨의 심판 메시지이다. 여기에는 찔린 자를 위한 유다의 애곡, 돌아온 목자-왕의 귀환과 거룩한 왕국 수립이 그려지고 있다.

---

43 '맛사'는 우리말 개역개정에서 '경고'(합 1:1; 나 1:1; 말 1:1), 개역에서 '경고'(슥 9:1)으로 번역된다. 그런데 현대 해석가들은 '신탁'(oracle)으로 번역한다. '맛사'를 고대 이스라엘 예언자의 발화의 특징적인 한 가지 형식인 '신탁'으로 이해하는 주제에 대해서는 다음을 참조하라. Richard D. Weis, "Oracles (Old Testament)," *The Anchor Yale Bible Dictionary* Vol 5, David Noel Freedman, et. al., Eds. (New Haven: Yale University Press, 2008), 28-29.

44 제2스가랴를 두 단락으로 구분하는 것은 1785년 뉴콤비(William Newcombe)였다. D. L. Petersen, "Zechariah, Book of: Zechariah 9-14," 1065에서 재인용.

4) 제1신탁(슥 9-11장)

제1신탁(슥 9-11장)에서 거룩한 전쟁의 용사이신 야웨 모티프를 통해 열방을 심판하시고, 이스라엘의 흩어진 포로민을 다시 불러 모으시는 구원자 야웨 모티프가 가장 눈에 띈다. 이스라엘의 전통적인 대적인 다메섹, 두로, 시돈, 블레셋의 도시국가들과 이집트와 앗수르를 언급함으로써 예언자의 열방신탁 전승과 용사이신 야웨 모티프를 하나로 연결한다는 점에서 제2신탁(슥 12-14장)의 묵시적 최후전쟁 모티프로 확대될 수 있는 가능성을 열어둔다. 제1스가랴의 구성은 다음과 같다.

(1) 9:1-8 열방신탁
(2) 9:9-17 용사 야웨와 포로민의 귀환
(3) 10:1-5 심판신탁
(4) 10:6-12 포로민의 귀환
(5) 11:1-3 열방 심판
(6) 11:4-17 목자들에 대한 심판(cf. 13:7-9)

스가랴 9:1-8의 열방신탁은 학자들에 따라 기원전 333년 알렉산더의 이수스 전쟁 이후 상황을 묘사하는 것으로 이해하지만,[45] 이 단락에 등장하는 열방은 아모스를 비롯한 예언자들의 열방신탁에 전통적으로 거론되는 나라들이다. 스가랴 9:8에서 거론된 열방들을 처리하는 것은 바로 야웨 자신임

---

45 Matthias Delcor, "Les allusions à Alexandre le Grand dans Zach IX 1-8," *Vetus Testamentum* 1 (1951): 110-24.

을 분명히 한다. 그 결과 스가랴 9:9-10에서 미래에 도래할 평화와 의의 왕의 예루살렘 도래를 제왕시의 언어를 사용하여 묘사한다(cf. 시 72; 89; 144 등).

그런데 여기에서 다른 점은 이 미래의 왕이 군마가 아니라 '나귀 새끼'를 타고 오신다는 표상이다. 이 표상은 왕이나 지도자에 대한 이례적인 모습을 제시하는 제2이사야의 '고난의 종' 표상과 연결된다. 열방을 물리치고, 평화의 왕으로 오시는 이는 이제 '계약의 피'(슥 9:11)를 기억하고, 친히 '용사'가 되어(슥 9:14-15), 흩어진 포로민을 모은다(슥 9:16-17).

스가랴 10장은 목자(지도자)의 부재의 시대에 유다 공동체의 종교적 타락과 내부적 갈등이 드러난다. 드라빔, 복술자, 목자들, 거짓 예언자 등과 같은 자들이 포로기 이후 유다 사회에서 지도계층의 역할을 한 것을 알 수 있다. 이제 야웨가 직접 흩어진 유다의 포로민을 불러 모으고, 이들을 '모퉁잇돌,' '말뚝,' '싸우는 활'로 삼으신다. 이 호칭들은 구약의 다른 곳에서 통치자를 상징하는 용어로 사용된다(cf. 삿 20:2; 삼상 14:38; 사 19:13; 시 118:22). 회복된 유다의 새로운 지도자를 세우심을 알 수 있다.

스가랴 11장은 스가랴 10장에 이어 유다 사회의 지도자 계층에 대한 신랄한 비난을 계속하는데, 그 정도와 대상이 더욱 구체적으로 표현된다. 지도층뿐만 아니라 구성원들 역시 참 목자를 거부하는 최악의 상황이 묘사되고 있다. 당시의 악한 지도자들은 '세 목자'(11:8)로 대변된다. 세 부류의 집단이 비난을 받는다. 즉, 부유하기 위해 양떼를 파는 자, 식량 조달을 위하여 양떼를 사는 자, 양떼를 전혀 보살피지 않는 목자이다.

11장에서 예언자는 일인칭 시점으로 이야기한다. 그는 세 목자를 제거한다. 그러나 양떼는 그에게서 등을 돌린다. 예언자는 양떼를 죽게 버려두고, 이스라엘과 유다의 형제애를 상징하는 '은총'과 '연합'의 막대기를 꺾어버린다. 스가랴 9장에서 '계약의 피'를 기억한다고 했지만, 여기에서는 백성들과 세운 계약을 폐하겠다고 언급한다(11:10).

여기에서 또 따른 반전이 일어난다. 예언자는 '품삯'을 요구한다. '그들이' 그에게 은 30개를 주었고, 예언자는 그것을 야웨의 전에서 토기장이에게 던진다(11:12-13). 이제 더 이해할 수 없는 일이 일어난다. 야웨는 무책임하고 사악한 '못된 목자'(11:17)를 세우고, 결국에는 그를 심판한다.

5) 제2신탁(슥 12-14장)

제2신탁(슥 12-14장)은 12:1에서 다시 '맛사'가 등장함으로써, 단락 속의 단락이 시작함을 알린다. 제2신탁은 '그날에'를 17회 언급함으로써,[46] 이 단락이 전체적으로 마지막 때의 일들에 관심을 두고 있음을 알려준다. 제1스가랴에서도 이곳에서만큼 지배적이지는 않지만, 인간 역사에 하나님이 직접 개입하는 '야웨의 날' 혹은 '그날'(슥 2:11; 3:10; 14:1)에 대하여 언급하고 있고, 이로써 제1, 2스가랴는 통일성을 이룬다.

또한, 제2스가랴의 첫 신탁과 두 번째 신탁은 '용사이신 야웨' 표상이 공통적으로 나타난다. 내용상으로는 대조를 이루는 듯 보이기도 하지만, 주제가 이어지고 있다. 제1신탁에서 유다의 백성과 지도자들이 타락하고 부정했다면, 제2신탁에서 이들은 마침내 찔리고 죽어 버린 목자를 보고 애통한다는 점에서 새로운 모습으로 거듭난다. 제2신탁의 구성은 다음과 같다.

(1) 12:1-9 공격 받는 예루살렘

---

46 스가랴 12:3, 4, 6, 8, 8, 9, 11; 13:1, 2, 4; 14:4, 6, 8, 9, 13, 20.

(2) 12:10-14 예루살렘 지도층과 백성의 회개

(3) 13:1-6 거짓 예언자 제거

(4) 13:7-9 연단 받는 남은 자

(5) 14:1-5 공격 받는 예루살렘

(6) 14:6-11 새 예루살렘

(7) 14:12-15 저주 받는 열방

(8) 14:16-21 예루살렘으로 순례 올 열방

스가랴 12장에서 '그날에' 예루살렘은 '취하게 하는 잔'(슥 12:2), '무거운 돌'(슥 12:3)이 되어 공격하는 열방을 취하게 하고, 상하게 할 것이다. 또한 유다의 지도자들은 '화로'와 '횃불'(슥 12:6)이 되어 열방을 불사를 것이다. 하지만, 열방과의 전쟁을 진두지휘하는 이는 바로 '용사'이신 만군의 야웨이다. 제1신탁에서 예언자를 배척했던 악한 목자와 양떼와 달리(슥 11:8), 제2신탁에서 다윗의 집과 예루살렘 주민들은 이제 '은총과 간구하는 심령'을 갖고 '찔린 자'를 바라보고 그를 위하여 애통한다(슥 12:10). 여기에서 '찔린 자'가 구체적으로 누구인지는 분명하지 않다. 기독교 전통에서 스가랴의 이 구절은 "또 다른 성경에 저희가 그 찌른 자를 보리라 하였느니라."(요 10:37)로 인용되고, 예수의 십자가 처형에서 스가랴의 말씀은 문자적 현실이 된다.

스가랴 12장에 이어 스가랴 13장은 메시아적 목자에 관해 더욱 분명하게 언급한다. 에스겔 47장에서 묘사된 새로운 예루살렘성전에서 흘러나올 '성전 샘'에 대한 표상이 '죄와 더러움을 씻는 샘'(슥 12:1)으로 차용되고, 이는 미래에 나타날 정화와 다윗 가문의 정결을 묘사한다. 스가랴 12장처럼, 이 구절은 포로기 이후 유다의 타락을 직면하면서 다윗계 후손에 대한 긍정적 기대를 보여준다. 미래에 죄와 부정은 씻겨나갈 것이며, '다윗'은 정결함으로 통치할 것이다.

새로운 예루살렘에서 '거짓 예언자'와 '더러운 귀신'은 절대 함께할 수 없다. 거짓 예언하였던 자들이 이전에 자신들이 행하였던 것을 부끄러워하고 숨기는 날이 올 것이다. 이제 만군의 야웨는 '내 목자,' '내 짝 된 자'를 치시고, 작은 자 중 삼 분의 일만을 남기고, 그들을 연단하여 마침내 '내 백성'이라 부를 것이다(슥 13:7-9).

제2신탁의 마지막이자 스가랴 전체의 마지막 장인 스가랴 14장은 '야웨의 날'을 묘사한다. 열방이 침략하고 예루살렘 성이 함락되고, 약탈당하며, 사람들은 포로로 잡혀간다. 하지만, '용사이신 야웨'가 직접 나가 싸우시고 마침내 승리하실 때, '모든 거룩한 자들'이 주와 함께하신다(슥 14:1-7). 그날에 생수가 예루살렘에서 솟아나고(슥 14:8), 야웨는 '천하의 왕'(슥 14:9)이 되신다. 예루살렘은 이제 세상 높이 우뚝 솟고(슥 14:10-11), 예루살렘을 공격했던 열방은 저주를 받고(슥 14:12-15), 열방의 남은 자는 초막절을 지키러 예루살렘에 모여든다(슥 14:16-19). 그날에 예루살렘과 유다의 모든 것이 성결해진다(슥 14:20-21).

6. 스가랴의 신학

위에 언급한 대로, 많은 학자는 제1스가랴와 제2스가랴의 차이를 지적한다. 하지만, 분리되고 독립된 것처럼 보이는 두 단락이 '스가랴'라는 하나의 표제 아래 묶이게 된 데는 주제적으로 공유하는 점이 있기 때문이다.[47] 아크로이드(Peter R. Ackroyd)는 두 단락이 '열방에 대한 야웨의 심판'이라는 주제를 공통적으로 다루고 있다고 본다.

이 주제는 동전의 양면처럼 '예루살렘 회복'이라는 공통된 주제로 이어지고, 두 단락 모두에서 다루어진다.[48] 한편, 스미드는 두 단락 사이의 주제적 유사점 네 가지를 열거한다.

    (1) 예루살렘과 시온의 중요한 역할

    (2) 하나님의 마지막 행동의 일부로서 그 공동체의 정화

    (3) 하나님의 나라 안의 모든 민족들의 처소

    (4) 이전 예언자들의 말씀 인용[49]

쿡 역시 두 단락이 주제를 공유하고 있다는 점을 지적한다.[50]

    (1) 두 단락은 모두 공동체에 제의적 정결이 필요하다고 강조한다.

    (2) 두 단락 모두에서 하나님의 시온 선택과 성전에 대한 중앙 제사장 집단의 관심이 드러난다.

---

[47] 스가랴 전체의 주제적 통일성에 관해서는 다음을 참조하라. Mike Butterworth, *Structure and the Book of Zechariah* (Sheffield: Sheffield Academic Press, 1992), ch. 4; Curtis, *Up the Steep and Stony Road* ch. 8.

[48] 제1스가랴를 열방신탁과 시온 회복이라는 주제로 다루는 것은 다음을 참조하라. 피터 R. 아크로이드, 『이스라엘의 포로와 회복: 기원전 6세기 히브리 사상 연구』, 이윤경 역 (CLC, 2019), 제11장 참조.

[49] 랄프 스미드, 『미가-말라기』, 346.

[50] 스티븐 L. 쿡, 『예언과 묵시』, 234-40.

쿡은 두 가지 주제는 스가랴 전체가 중앙 제사장 집단의 저작물이라는 것을 방증하는 것이라고 주장한다.

위의 학자들이 제시하는 스가랴의 주제 중 공통적으로 언급하는 것은 열방, 목자, 유다의 회복이라고 할 수 있다.

첫째, '열방'에 대한 주제는 저주와 축복이라는 상반된 모습으로 거론되고 있다. 제1스가랴와 제2스가랴는 각각 단락 안에서 열방에 대한 상반된 비전을 제시한다. 예컨대, 제1스가랴의 제1환상은 "안일한 여러 나라들 때문에 심히 진노하나니 나는 조금 노하였거늘 그들은 힘을 내어 고난을 더하였음이라"(슥 1:15)고 선언함으로써, 열방의 폭력적 무력 행위에 대한 야웨의 분노를 보여준다.

제2스가랴 역시 제1신탁에서 전형적인 열방신탁 전승을 통하여 열방에 대한 야웨의 심판을 선포(슥 9:1-8; 11:1-3)하고, 제2신탁에서도 묵시적 종말의 희망을 표현하는 '그날에' 신탁을 통하여 용사이신 야웨에 의해 멸망할 열방을 그리고 있다(슥 12:2-9). 하지만, 스가랴는 열방을 향한 회복과 축복의 메시지도 함께 표현한다.

열방은 예루살렘으로 모여들고(슥 8:20-22), 이방사람 열 명을 위해 유다 사람 한 명이 인도자가 된다(슥 8:23). 열방이 유다와 싸움을 그치고, 예루살렘으로 모여드는 희망은 14장에서 가장 상세하게 그려지고 있다(14:16-19). 열방은 이제 싸우러 예루살렘에 오는 것이 아니라, 초막절에 예배드리기 위해 온다(14:16; cf. 사 2:2-4).

둘째, 스가랴에서 가장 주목할 주제는 새로운 리더십을 이야기하고 있다는 점이다. 제1스가랴는 '싹,' '감람나무,' '면류관을 쓰는 자'라는 말로 포로 후기 유다 공동체의 새로운 리더십을 표현한다. 이에 비해 제2스가랴는 대표적으로 '목자'라는 단어를 사용한다. 제2스가랴에서 '목자' 주제는 소위 스가랴의 '목자 자료'(the shepherd materials; 10:1-3a; 11:4-17; 13:7-9)와 유명한 '그 찌른 바 나를'(12:10)[51] 구절에 관한 해석의 문제와 연결된다.

제2스가랴는 전통적으로 이스라엘에서 왕권을 은유하는 '목자'라는 이미지를 차용하여 당시의 지도자들을 비판한다. 제1스가랴는 여호수아와 스룹바벨을 구체적으로 언급하지만, 제2스가랴는 구체적인 인물을 언급하지 않은 채 '목자'라는 단어를 사용한다. 먼저 스가랴 10:1-3a에서 '목자'와 '숫염소'는 앞뒤 단락에서 열방과의 전쟁을 묘사하는 것을 고려할 때, 유다 내부의 지도자보다는 열방을 지칭하는 것으로 보인다.

하지만, 스가랴 11:4-17 양떼를 사고파는 '목자들'은 분명 유다 내부의 지도자를 겨냥하고 있다. 문제는 "한 달 동안에 내가 그 세 목자를 제거"(11:8)하였다는 구절이다. 학자들은 이 목자들이 당시의 제사장, 성전 예언자, 시민 지도자 등일 것이라고 제안한다.[52] 스가랴 13:7-9에 언급된

---

51 이 부분의 MT 본문을 문자 그대로 번역하면 "그들이 찌른 나를 바라보고, 그를 위하여 애통한다."인데, 우리말 개역개정은 "그 찌른 바 그를 바라보고, 그를 위하여 애통한다"로 번역한다.
52 스가랴 11장의 '목자'의 정체성에 관한 연구사는 다음을 참조하라. 폴 L. 레딧은 스가랴 9-14장 이면의 집단이 반제사장적이며, 악한 목자는 권력을 쥔 제사장을 포함한다고 주장한다. Paul L. Redditt, "Israel's Shepherds: Hope and Pessimism in Zechariah 9-14," *The Catholic Biblical Quarterly* 51 (1989), 631-42, 632, 638; Paul L. Redditt, "The Two Shepherds in Zechariah 11:4-17," *The Catholic Biblical Quarterly* 55 (1993), 676-86; Stephen

'목자'의 정체성은 논란거리가 되어왔다. 1840년에 에발트가 이 구절을 스가랴 11:17에 바로 붙여서 스가랴 11:4-17의 결말로 읽어야 한다고 제안한 이래,[53] 일부 학자들은 스가랴 13:7-9과 11:17의 목자는 동일하게 양떼를 버린 악한 목자로 이해한다.[54]

하지만, 다른 학자들은 이 두 단락을 붙여서 읽는 것에 반대하고, 다른 목자라고 본다.[55] 스가랴 13:7이 마가복음 14:27("내가 목자를 치리니 양들이 흩어지리라")에서 인용되는 사실을 고려한다면, 오히려 스가랴 11:4-17의 단락보다 스가랴 12:10의 찔린 자와 연결해서 해석하는 것이 더 자연스럽다고 본다.[56] 시련을 겪는 목자의 이런 모습은 제2이사야의 고난의 종(사 52:13-53:12)의 모습을 연상시키는 또 다른 구절인 스가랴 9:9-10과도 연결된다.

그러므로 세 개의 '목자 자료'는 모두 지시하는 바가 다른데, 구체적인 인물을 특정할 수 없다 할지라도 각각 열방, 내부의 지도자, 메시아적 존재를 지칭한다. 열방의 권력이나 유다 내부의 권력이 아니라 하나님과 백성 모두로부터 고초를 겪는 메시아적 목자의 도래를 제시하고 있다는 점에서 신약의 예수의 고난 받는 메시아 표상의 원형이라고 볼 수 있다.

L. Cook, "The Metamorphosis of a Shepherd: The Tradition History of Zechariah 11:17 + 13:7-9," *The Catholic Biblical Quarterly* 55 (1993), 453-66. 쿡은 스가랴 9-14장의 목자들을 종교지도자가 아닌, 시민 지도자로 본다.

[53] H. Ewald, *Die Propheten des Alten Bundes* 1 (Stuttgart: A. Krabbe, 1840), 308-24.

[54] 예컨대, 핸슨은 스가랴 11:4-17과 13:7-9를 환상가와 성직자 정치 요소 사이의 투쟁에서 기인한 텍스트로 보며, 성전 제의 지도자에 대한 공격을 대변하는 것이라고 본다. 폴 D. 핸슨, 『묵시문학의 기원』, 318-33. 한편 레딧은 스가랴 13:7-9의 목자가 성전 제사장으로 대표되는 기존 체제를 반영하며, 따라서 이 본문은 미래의 다윗계 지도자의 회복에 대해서 비관적이라고 본다. Paul L. Redditt, "Israel's Shepherds," 631-42.

[55] 랄프 스미드, 『미가-말라기』, 403-5; Julia M O'Brien, *Nahum, Habakkuk, Zephaniah, Haggai, Zechariah, Malachi* (Nashville, TN: Abingdon, 2004), 270.

[56] 악트마이어는 스가랴 13:7-9은 스가랴 11:7-14와 12:10-14와 더불어 메시아적 목자를 다루고 있다고 본다. 엘리자베스 악트마이어, 『나훔-말라기』, 244.

셋째, '유다의 회복'이라는 주제는 포로민의 귀환, 새다윗, 새예루살렘, 유다와 이스라엘의 연합 등 다양한 모습을 총체적으로 담고 있다. 유다의 회복은 포로민의 귀환이 없다면 불가능하다. 특히, 제2스가랴는 남, 북왕국의 포로민 모두의 귀환을 제시한다. 즉, '은총'과 '연합'(슥 11:7-11; cf. 9:12-17; 10:6-12)이라는 막대기 둘은 에스겔의 유다와 에브라임을 은유하는 막대기를 자연스럽게 연상시킨다(겔 37:15-19). 또한, 이 약속은 북왕국의 남은 자들에 대한 소망을 피력했던 예레미야의 메시지를 떠올리게 한다(렘 3:15-4:2). 한편 유다의 회복은 새로운 지도력의 회복과 불가분의 관계에 있다.

특히, 제1스가랴의 환상은 새예루살렘과 새지도자에 대한 열망으로 가득 차 있다. 그중에서 제4환상(슥 3:1-10)의 대제사장 여호수아 임명, 제5환상(슥 4:1-14)의 순금 등잔대와 감람나무 두 그루, 그리고 예언 단락(슥 6:9-15)의 대제사장 여호수아 대관식, 그리고 찔린 목자(슥 12:10) 메시지 등은 새예루살렘의 지도력에 대한 회복의 열망을 반영한 메시지라 할 수 있다.

또한 포로민의 귀환과 새로운 지도력의 회복은 예루살렘 성읍의 물리적인 회복으로 완성된다. 예컨대, 제3환상(슥 2:1-5)은 측량줄을 잡은 사람이 새예루살렘을 측량하기로 하는데, 예루살렘은 '성곽 없는 성읍'이 될 것이라고 말한다. 스가랴 8장은 새예루살렘에 대한 보다 구체적인 묘사가 나온다. 새예루살렘은 이제 '진리의 성읍'이라 불리고, 야웨의 산(시온산)은 '성산'이라 불린다. 예루살렘 길거리에는 나이든 노인들이 지팡이를 잡고 앉아 있고, 거리에 가득한 아이들은 뛰놀고 있다.

예루살렘에 남녀노소 인구가 다시 증가하고, 평화로운 삶을 살게 될 뿐만 아니라, 예루살렘은 진리와 화평의 재판이 열린다(슥 8:16-17). 시온의 회복에 대한 메시지는 스가랴 14:8-11에 이르러 가장 절정에 도달한다. 낮과 밤의 변화도 없고, 끊임없이 낮이 지속된다(Cf. 사 60:19-20). 생수가 사해와 지중해로 흐르겠고(cf. 겔 47:1-12), 높임 받을 예루살렘을 제외한 모든 땅이 평지가 될 것이다.

7. 스가랴와 요한계시록

스가랴의 이미지는 신약의 요한계시록에서 상당 부분 차용된다. 여기서는 직접적으로 차용된 것을 간단히 살펴보고자 한다. 스가랴 1장과 6장에 나타나는 네 명의 말 탄 자 표상은 요한계시록 6장에서 그대로 차용된다. 그러나 스가랴에서 말 탄 자들이 전쟁의 그침과 세상에 도래하는 평안을 전달하는 전령자였다면, 요한계시록에서는 재앙을 가져오고, 화평을 제하는 역할을 하는 것을 볼 수 있다. 또한 예루살렘을 측량하는 측량줄을 쥐고 있는 사람의 표상(슥 2:1-2)은 성전산을 측량하는 막대기를 쥐고 있는 사람의 표상(계 11:1-2)으로 차용된다. 그러나 말 탄 자 표상과 마찬가지로 스가랴와 요한계시록에서 '측량'의 의미는 상반된다. 스가랴가 예루살렘의 회복의 메시지를 전달하는 반면, 요한계시록은 성전의 고난 가운데 있을 것을 예고한다.

스가랴에서 등잔대와 두 개의 감람나무는 두 명의 기름 부은 받은 자, 여호수아와 스룹바벨을 대변한다(슥 4:1-4). 요한계시록은 등잔대와 두 개의 감람나무를 그대로 차용하지만, '두 증인'(계 11:3)으로 불리며, 그들의 정체성은 구체적으로 밝혀지지 않는다.

참고문헌

B. S. 차일즈. 『구약정경개론』. 김갑동 역. 서울: 대한기독교출판사, 1987.
개리 N. 크노퍼스, 레스터 L. 그래브, 데이드레 N. 풀턴. 『다시보기: 이스라엘의 포로와 회복』. 이윤경 역. 서울: CLC, 2019.
고든 맥콘빌. 『선지서』. 박대영 역. 서울: 성서유니온, 2009.
도널드 E. 고웬. 『구약 예언서 신학』. 차준희 역. 서울: 대한기독교서회, 2004.
버나드 W. 앤더슨. 『구약신학』. 최종진 역. 서울: 한들출판사, 2001.
랄프 스미드. 『미가-말라기』. 유창걸 역. WBC 성경주석; 서울: 솔로몬, 2001.
스티븐 L. 쿡. 『예언과 묵시: 포로기 이후 묵시 사상에 대한 사회학적 연구』. 이윤경 역. 서울: 새물결플러스, 2016.
앤드류 E. 힐. 『학개, 스가랴, 말라기』. 유창걸 역. 틴데일 구약성서 시리즈 28; 서울: CLC, 2014.
엘리자베스 악트마이어. 『나훔-말라기』. 민영진 역. 현대성서주석; 서울: 한국장로교출판사, 2002.
이윤경. "벨리알과 사탄에 대한 역사적 개념 변천 연구," 「한국기독교신학논총」 76 (2011).
폴 핸슨. 『묵시문학의 기원』. 이무용, 김지은 역. 서울: 크리스챤다이제스트, 1996.
피터 R. 아크로이드. 『이스라엘의 포로와 회복: 기원전 6세기 히브리 사상 연구』. 이윤경 역. 서울: CLC, 2019.
Baldwin, J. *Haggai, Zechariah, Malachi*. Downers Grove. IL: InterVarsity Press, 1972.
Boda, Mark J. *Exploring Zechariah*. Vol. 1. Atlanta: SBL Press, 2017.
Butterworth, Mike. *Structure and the Book of Zechariah*. Sheffield: Sheffield Academic Press, 1992.
Curtis, Byron G. *Up the Steep and Stony Road: The Book of Zechariah in SocialLocation Trajectory Analysis*. Atlanta: Society of Biblical Literature, 2006.

Meyers, Carol L. and Eric M. Meyers. *Zechariah 9-14: A New Translation with Introduction and Commentary*. The Anchor Bible; New York: Doubleday, 1993.

Petersen, D. L. *Zechariah 9-14 and Malachi*. Louisville, KY: Westminster John Knox Press, 1995.

Redditt, P. L. *Zechariah 9-14*. International Exegetical Commentary on the Old Testament; Stuttgart: W. Kohlhammer, 2012.

———. "Israel's Shepherds: Hope and Pessimism in Zechariah 9-14," *The Catholic Biblical Quarterly*. 51 (1989), 631-42.

———. "The Two Shepherds in Zechariah 11:4-17," *The Catholic Biblical Quarterly*. 55 (1993), 676-86.

Soggin, J. A. *Introduction to the Old Testament*. London: SCM, 1976.

Stephen L. Cook. "The Metamorphosis of a Shepherd: The Tradition History of Zechariah 11:17 + 13:7-9," *The Catholic Biblical Quarterly*. 55 (1993), 453-66.

Sweeney. Marvin Alan. *Form and Intertextuality in Prophetic and Apocalyptic Literature*. Eugene: Wipf & Stock Pub, 2010.

———. *The Twelve Prophets, Berit Olam Studies in Hebrew & Narrative Poetry*. Vol. 2. Collegeville, MN: Liturgical Press, 2000.

Treves, Marco. "Conjectures Concerning the Date and Authorship of Zechariah IX-XIV," *Vetus Testamentum*. 13/2 (1963), 196-207.

제5장

다니엘서의 묵시문학적 메시지

1. 들어가는 말

다니엘은 구약성서 중 신약에 가장 직접적인 영향을 미친 책 중의 하나라고 할 수 있다. 무엇보다 기독교의 교리라 할 수 있는 '개인의 부활'에 대한 단초를 제공한다는 점에서 그러하다. 또한, "하늘 구름 타고 오는 인자 같은 이"(단 7:13)는 기독교인이라면 누구나 복음서에서 언급한 예수의 재림 기대(마 24:30; 26:64; 막 13:26; 14:62; 눅 12:54)를 연상할 것이다. 바로 이 점에서 다니엘서의 정경상의 위치는 히브리 성서와 헬라어 성서에서 상이하다.

히브리어 성서는 다니엘서를 성문서로 구분하지만, 헬라어 성서는 예언서로 구분한다. 우리가 읽고 있는 기독교 성서의 배열은 헬라어 번역본인 칠십 인역의 전통을 따르고 있다. 그런데 히브리 전통에서도 다니엘을 예언자로 부르는 예는 쿰란사본 중 4Q174(Florilegium)에서 찾아볼 수 있다.[1]

---

[1] 다니엘서의 정경상의 위치에 대한 논의는 다음 논문을 참조하라. Jordan Scheetz, "Daniel's Position in the Tanach, the LXX-Vulgate, and the Protestant Canon," *Old Testament Essays* 23 (2010), 178-193.

기독교 전통은 마태복음에서 "그러므로 너희가 선지자 다니엘의 말한 바"(마 24:15)라고 언급한 것을 보아, 이미 초기부터 다니엘을 예언자로 부른 것을 알 수 있다. 헬라어 번역본의 배열을 따르고, 마태복음이 다니엘을 예언자로 언급한 이래 기독교 전통은 다니엘서를 예언서로 분류하게 되었다.

그런데 기독교가 다니엘서를 예언서로 분류한 것은 생각지도 않은 역작용을 낳게 된다. 오늘날 수많은 이단이 다니엘서를 마치 정감록 같은 유의 예언서로 오해하는 무리수를 두는 것을 쉽게 목격할 수 있다.

다니엘서의 문학적 장르를 묵시문학으로, 또 이 문학이 저작된 시대적 배경에 기대어 읽을 때, 그 문학적 메시지를 보다 명확하게 찾아낼 수 있다. 이 점에서 다니엘서를 묵시문학으로 분류하는 것은 매우 중요하다.

본 논문에서는 다니엘서를 묵시문학적 장르라는 측면에서 문학 구조와 내용을 분석하고, 이 책이 전달하고자 하는 묵시문학 사상을 살펴보고자 한다.

2. 다니엘서의 역사적 언급의 문제점

다니엘서는 문학적 장르라는 측면에서 예언서가 아니라 묵시문학이다. 다니엘서를 묵시문학으로 분류할 수 있는 이유는, 무엇보다도 다니엘서의 여러 역사적 지시어에 역사적 진정성을 거의 찾아볼 수 없다는 데서 찾아볼 수 있다. 반면 예언서에 등장하는 역사적 언급의 역사적 진정성에 의문을 제기하는 자는 거의 없다고 보아도 무방하다.

예컨대, 구약성서 예언서는 대체로 어느 예언서이든 1장 1절에서 예언자의 활동 시기를 이스라엘/유다 왕의 이름을 언급하는 것으로 시작한다.

그런데 예언서 1장 1절의 어떤 언급도 역사적 진정성을 의심 받는 예는 없다. 이사야, 예레미야, 에스겔 등에 나타나는 시리아-에브라임 전쟁, 남유다 멸망 등의 역사적 사건의 경우도 그 진정성을 의심받지 않는다. 반면 다니엘서의 역사적 언급에 비추어 '다니엘'이라는 예언자의 생애를 재구성하는 것은 불가능하다. 다니엘서가 제시하는 역사적 배경은 바벨론 포로 시기로부터 페르시아 시대까지 긴 시간에 걸쳐 있다.

한 개인이 이 긴 시간을 관통하며 살았다고 믿는 것은 불가능하다. 예언서가 역사적 상황 안에서 왕과 백성을 향해 외치는 심판의 메시지가 주를 이룬다면, 다니엘서는 역사적 상황 안에서 종교적 정체성을 지켜나가는 문제를 논하고 있다는 차이가 있다.

무엇보다도 다니엘서의 역사적 지시사는 정확한 역사적 사건이나 인물을 전달하고 있지 않음이 역사적 오류를 통해 입증된다. 예컨대, 다니엘서의 많은 부분은 바벨론 시기를 배경으로 한다. 그런데 바벨론 시대에 관한 역사적 언급에 오류가 있다.

다니엘 1:1은 느부갓네살(기원전 605-562년)이 여호야김(기원전 609-598년) 제3년에 예루살렘을 침공하였다고 말한다. 하지만, 느부갓네살 연대기(the Nebuchadnezzar Chronicle)에 따르면, 예루살렘 1차 침공은 기원전 597년 아달월 제2일(3월 16일)이었고,[2] 여호야김은 예루살렘이 포위되기 전에 죽

---

[2] "(느부갓네살) 제7년 키슬레브월(11/12월)에, 바벨론 왕은 군대를 집결시키고, 하티(시리아/팔레스틴) 땅을 침략한 후 유다 성을 포위하였다. 아달월 둘째 날(16일)에 성을 정복하고 왕(여고냐)을 포로로 잡았다. 그는 자기가 선택한 왕(시드기야)을 그 대신에 앉히고, 많은 공물을 받은 뒤에 바벨론으로 나아갔다." No 24 WA21946, The Babylonian Chronicles, The British Museum; A. K. Grayson, *Assyrian and Babylonian Chronicles* (Locust

었다.³

다니엘 5장은 벨사살이 느부갓네살의 아들이라고 언급하지만(단 5:2), 실제 그는 느부갓네살의 손자로서 나보니두스의 아들이었다. 더구나 다니엘 5:30에서 '갈대아 왕 벨사살'이라고 언급하지만, 벨사살은 아버지 나보니두스가 몇 해 동안 자리를 비운 동안 대리 통치하였지만, 왕이 되지 못하고 살해당하였다.

한편, 다니엘 5:31과 11:1에서 '메대 사람 다리오' 그리고 다니엘 9:1의 '메대 족속 아하수에로의 아들 다리오' 역시 다니엘서의 역사적 진정성 면에 회의를 제기하는 언급이다. 가장 잘 알려진 '다리오'는 페르시아제국의 다리오 왕이다. 그런데 다니엘서에서 다리오를 메대 사람으로 혼동하게 된 원인은 메대와 페르시아를 구분하지 않은 데 있다. 다니엘서에서 메대와 페르시아를 하나의 연합체로 간주하는 것은 다니엘 6장의 아래와 같은 구절에서 찾아볼 수 있다.

> 그런즉 왕이여 원하건대 금령을 세우시고 그 조서에 왕의 도장을 찍어 **메대와 바사**의 고치지 아니하는 규례를 따라 그것을 다시 고치지 못하게 하옵소서 하매(단 6:8).

Valley, NY : J. J. Augustin, 1975).

3 하지만, 갈그미스 전투(기원전 605년) 이후 다니엘과 에스겔이 포로로 끌려갔다고 논증하는 소수 입장도 있다. Thomas Gaston, *Historical Issues in the Book of Daniel* (Oxford: Taanath Shiloh, 2009). 이 입장은 역대하 36:5-7에서 여호야김 시절 느부갓네살이 예루살렘을 침략하여 포로를 끌고 갔다는 언급에 기반한다. "여호야김이 왕위에 오를 때에 나이가 이십오 세라 예루살렘에서 십일 년 동안 다스리며 그의 하나님 여호와 보시기에 악을 행하였더라 바벨론 왕 느부갓네살이 올라와서 그를 치고 그를 쇠사슬로 결박하여 바벨론으로 잡아가고 느부갓네살이 또 여호와의 전 기구들을 바벨론으로 가져다가 바벨론에 있는 자기 신당에 두었더라."

그 무리들이 또 모여 왕에게로 나아와서 왕께 말하되 왕이여 **메대와 바사**의 규례를 아시거니와 왕께서 세우신 금령과 법도는 고치지 못할 것이니이다 하니(단 6:15).

이처럼 다니엘서의 저자는 고레스 왕이 바벨론을 정복할 때 메대와 연합하였으나, 이후 메대 역시 정복하였다는 사실을 놓치고, 메대와 페르시아를 여전히 연합체로 이해한다. 그 결과, '메대 사람 다리오'라는 잘못된 표현이 나왔다. 또한 '메대 족속 아하수에로의 아들 다리오가 갈대아 나라 왕으로 세움을 받던 첫해'(단 9:1)라는 표현은 삼중 오기이다.

첫째, 이미 밝혔듯이, 아하수에로와 다리오는 메대 족속이 아니라, 페르시아 족속이었다.
둘째, '아하수에로'는 크세르크세스 1세(기원전 485-465년)의 히브리어 표기이다(에 1:1; 2:1 등). 그런데 다리오는 크세르크세스 1세의 아들이 아니라, 아버지이다.
셋째, 아하수에로와 다리오는 갈대아 왕이 아니라 페르시아 왕이었다.

결론적으로, 다니엘서는 역사적 사실을 객관적으로 보도하는 것을 목표로 하는 역사서가 아니다. 또한, 구체적인 역사적 현실을 배경으로 그 시대를 위한 하나님의 말씀을 전달하던 성서 예언자의 전형적인 특징과 매우 다르다. 다니엘은 구체적이고 사실적인 역사적 현실을 배경으로 하는 것이 아니라, 역사적 언급을 단지 문학적 배경으로 사용하고 있음을 알 수 있다.

3. 다니엘서의 저자

그렇다면 일종의 역사소설의 형식을 차용한 다니엘서의 저자는 누구인가? 일찍이 기원후 3세기 말 신플라톤주의 철학자 포르피리오스(Porphyry)는 다니엘서의 저자를 다니엘이 아니라고 주장한다. 그는 다니엘서를 '사건 후 예언'(vaticinium ex eventu)으로 규정하고, 기원전 164년 안티오쿠스 4세 에피파네스 시대에 살았던 유대인의 저작으로 본다.[4] 당대의 신학자 제롬은 포르피리오스의 주장을 전면적으로 부인하기 위해 그의 주석을 인용한다.

하지만, 훗날 17세기 역사비평가들은 포르피리오스와 동일하게 다니엘서의 다니엘 저작권을 부인하는 입장을 취한다.[5]

플뢰거(Otto Plöger)는 다니엘서의 저자 집단과 마카비서에 나오는 하시딤이 직접적으로 연관이 있다고 보았다.[6] 그는 다니엘서의 저자 집단을 하시딤의 초기 집단으로 보고, 이들이 일종의 '종말론적 비밀집회'(eschatological conventicles)라고 규정한다.[7]

플뢰거는 이들이 다니엘서뿐만 아니라 이사야 소묵시록(사 24-27장), 제

---

[4] 포르피리오스의 다니엘서에 대한 평가는 그의 책 Against the Christians에 언급되었으나, 그의 책은 동로마 황제 테오도시우스 2세(Theodosius II)에 의해 금서가 되는 바람에 전해오지 않는다. 그의 책의 내용은 그에게 반박하는 자들의 책에 인용으로 남아 있다. 포르피리오스의 다니엘서에 대한 언급은 제롬의 다니엘서 주석에 인용되어 전해진다. St. Jerome, *Jerome's Commentary on Daniel*, trans. by Gleason L. Archer (Eugene, OR: Wipf and Stock Publishers, 2009). 이 책의 온라인판은 다음에서 찾아볼 수 있다. http://www.tertullian.org/fathers/jerome_daniel_02_text.htm 포르피리오스의 다니엘서에 대한 보다 자세한 논의는 다음을 참조하라. Maurice Casey, "Porphyry and the origin of the Book of Daniel," *Journal of Theological Studies* 27 (1976), 15-33.

[5] 존 E. 골딩게이, 『다니엘』, 채천석 역 (서울: 솔로몬, 2008), 45.

[6] Otto Plöger, *Theocracy and Eschatology* (Richmond, VA: John Knox Press, 1968), 10-25.

[7] Otto Plöger, *Theocracy and Eschatology*, 22, 48.

3스가랴(슥 12-14장), 그리고 요엘서 저작에 반영되어 있다고 본다. 헹엘(Martin Hengel)은 기본적으로 플뢰거의 주장을 수용하고, 이 집단은 다니엘서뿐만 아니라 에녹1서의 저작의 이면에 있다고 본다.[8]

그러나 콜린스(J. J. Collins)는 하시딤과 다니엘서를 직접 연결하는 것보다, 다니엘서의 '지혜로운 자'(משכילים/마스킬림, 단 11:33, 35; 12:3, 10)를 저자로 제시한다.[9] 콜린스는 다니엘 1-6장의 지혜는 '점술적 지혜'(mantic wisdom)에 가깝다고 본다. 그러나 콜린스는 마스킬림이 집단을 형성했을 것이라고는 보지 않는다. 라콕(Andre LaCocque)은 쿰란 공동체에서 마스킬림을 '공동체 교사'(1QS 3:13; 9:12, 21; 1QSb 1:1; 5:20)라고 호칭하는 것으로 보아, 다니엘서의 마스킬림은 개인에서 집단으로 나아가는 중간 단계쯤에 있다고 본다.[10]

한편, 호슬리(Richard A. Horsley)는 다니엘서의 저자는 "지혜로운 서기관들, 즉 유대 성전국가의 전문적인 지식인들과 정부 고문들"에 의해 작성되었다고 볼 수 있다고 본다.[11] 호슬리는 이 지식인 집단 중 일부가 제국의 지배 아래에서 저항하게 되었고, 이들 반체제 지식인 집단의 투쟁의 표현이 바로 묵시문학이라고 본다.[12]

유사하게, 그래브(Lester L. Grabbe)도 다니엘서의 저자를 "헬라어를 알고, 유다 공동체에서 높은 자리를 차지한 교육받은 사람"으로 추정한다.[13] 쿡

8 　마르틴 헹엘, 『유대교와 헬레니즘 2』, 박정수 역 (파주: 나남, 2012), 제6장 참조.
9 　J. J. Collins, *Apocalyptic Vision of the Book of Daniel* (Brill, 1997), 201; J. J. Collins, *Daniel* (Hermeneia; Fortress Press, MN: 1993), 67-9.
10 　앙드레 라콕, 『다니엘과 그 시대』, 김창주 역 (서울: 대한기독교서회, 2001), 61.
11 　리처드 A. 호슬리, 『서기관들의 반란』, 박경미 역, (고양: 한국기독교연구소, 2016), 24-6.
12 　리처드 A. 호슬리, 『서기관들의 반란』, 16.
13 　Lester L. Grabbe, "A Dan(Iel) for All Seasons: For Whom Was Daniel Important?" in *The*

(Stephen L. Cook) 역시 다니엘서의 저자를 지식인 집단으로 본다.

쿡은 다니엘서의 전후반은 연속성을 공유하며, 다니엘 7-12장의 저자들이 다니엘 1-6장의 왕궁 설화들을 자신들의 집단과 상황에 특별히 관련된 것으로 여겨 간직하고 있었다고 가정한다. 그러면서 그는 다니엘서의 전반부와 후반부는 모두 각각의 저자들이 지혜자이자 점술 현자라는 점을 암시한다고 설명한다.

다니엘 집단은 동방 디아스포라 사회에서 왕실의 조언자 또는 관료로 일했던 것 같으며, 묵시적 엘리트의 모습을 지니고 있다고 밝힌다. 그는 이 다니엘 집단이 기원전 2세기 초반에 이르러 유다 지방으로 귀환하여, 다니엘 7-12장의 묵시적 환상들을 기록했을 것이라고 추정한다.[14]

4. 다니엘서의 구조

다니엘서의 구조는 언어와 내용으로 구분할 수 있다. 다니엘서는 두 가지 언어로 쓰였다. 히브리어 단락(단 1:1-2:4a; 8:1-12:12)과 아람어(단 2:4b-7:28) 단락으로 구분할 수 있다. 그러나 내용을 본다면, 이방 왕들의 꿈과 해몽가 다윗의 이야기로 구성된 다니엘 1-6장과 다니엘 자신의 환상 이야기인 다니엘 7-12장으로 구분할 수 있다. 내용상으로 구분하여 보자.

Book of Daniel: Composition and Reception, Vol. 1, John J. Collins and Peter W. Flint, eds. (Brill, 2001), 231.
14 스티븐 L. 쿡, 『묵시문학』, 차준희 옮김 (대한기독교서회, 2015), 200-2.

궁중 설화 다니엘 1-6장	1장: 바벨론 궁전의 다니엘과 세 친구
	2장: 느부갓네살의 신상 환상
	3장: 풀무 불
	4장: 느부갓네살의 큰 나무 환상
	5장: 벨사살의 잔치 환상
	6장: 사자굴
묵시적 예언 다니엘 7-12장	7장: 네 짐승 환상
	8장: 숫양과 숫염소 환상
	9장: 다니엘의 기도
	10-12장: 묵시적 환상

 다니엘서는 위 도표에서 보듯이 내용상으로 환상을 보는 주체를 이방 왕과 다니엘로 구분한다면 크게 두 단락으로 구분할 수 있다. 그런데 이 두 단락은 환상의 주체뿐만 아니라, 문학 형식도 다르다. 다니엘 1-6장의 단락은 바벨론에 있는 다니엘과 그의 친구들에 관한 '궁중 설화'이며, 다니엘을 3인칭으로 서술하고, 다니엘 자신이 이방 왕의 해석가이다. 반면, 다니엘 7-12장의 단락은 다니엘이 본 일련의 환상을 주로 1인칭으로 서술하며, 해석 천사가 등장하여 해석해준다.
 또한, 앞 단락이 기원전 6세기의 바벨론과 페르시아 왕궁을 배경으로 한다면, 뒤 단락은 기원전 2세기에 안티오쿠스 4세 에피파네스 치하의 고통과 억압의 시대를 반영하고 있다. 따라서, 다니엘서의 최종 편집 시기는 기원전 2세기 중엽으로 보는 것이 일반적이다.

5. 다니엘서 1-6장과 메시지

제1부에 해당하는 다니엘서 1-6장 단락은 주인공 소개(단 1:1-7)에 이어 본격적으로 궁중 이야기(court narrative, 단 1:8-6:28)를 시작한다. 이 궁중 이야기는 포로민이 디아스포라에서 겪는 종교적이며 문화적인 시험, 갈등, 경쟁, 시련 등을 담고 있다. 유대인 포로민인 다니엘과 세 친구는 느부갓네살의 궁전에서 자발적으로 교육을 받고 훈련을 받는다. 이들은 일반적으로 '식민'이나 '포로'와 같은 단어가 연상시키는 편견과 달리 상대적으로 자유를 누리고 있는 모습이다.

다니엘서 2장에 보면, 느부갓네살 왕이 꿈에 다양한 재료로 만들어진 신상을 본다. 머리는 금, 가슴은 은, 배와 넓적다리는 구리, 다리와 발은 철과 진흙인 신상이 날아온 거대한 돌에 파괴된다. 다니엘은 이 신상 환상에 관해, 네 제국이 연이어 일어났다가 다가오는 하나님의 직접 개입으로 파괴될 것이라고 해석한다.

다니엘 7장의 네 마리 짐승처럼, 숫자 '4'는 원래 헬레니즘 시대 지중해 동부와 고대 근동에 아주 잘 알려진 도식이었다.[15] 하지만, 다니엘서에서 이 도식은 묵시문학의 시간관인 역사 결정론(determinism)을 보여준다. 즉, 역사의 흐름은 하나님의 세계사에 대한 주권적 통치 아래 놓여있다.

> 왕이 대답하여 다니엘에게 이르되 너희 하나님은 참으로 모든 신의 신이시요 모든 왕의 주재시로다 네가 능히 이 은밀한 것을 나타내었으니 네 하나님은 또 은밀한 것을 나타내시는 자시로다(단 2:47).

---

15 리처드 A. 호슬리, 『서기관들의 반란』, 78.

제국은 이스라엘 백성의 삶을 지배하는 것처럼 보인다. 하지만, 제국은 궁극적으로 하나님의 통제 아래 있고, 결국, 하나님의 직접 개입으로 멸망할 수밖에 없는 운명이다.

다니엘서 2장의 메시지는 이방인 통치하에서 살던 디아스포라 유대인들의 삶의 태도를 규정한다. 이방의 교육과 문화에 동화되어 살 수 있지만, 음식법과 같은 종교적인 문제에서는 타협이 없다는 것과 이방의 신과 하나님을 함께 섬길 수 없다는 삶의 태도를 제시한다. 다니엘서 2장은 디아스포라 유대인에게 혁명이나 반역보다 인내를 가르친다. 다니엘과 친구들은 이방인 통치자나 그들의 문화와 교육을 거부하지 않는다. 오히려 이방인 왕을 하나님의 계획의 일부로 본다.

다니엘서 3장에서 느부갓네살 왕은 바벨론의 두라 평지에 세운 금 신상을 세우고, 거기에 절하라고 명령한다. 그러나 다니엘의 친구들은 거부하고, 결국, 풀무 불에 던져졌으나, 하나님의 아들과 같은 자의 도움으로 해를 입지 않는다. 3장에서 다루는 문제는 디아스포라 유대인들이 직접적으로 겪는 이방인 왕과 유대인 사이의 종교적 갈등을 소재로 한다. 그러나 유대인들에게 신상 숭배는 단순히 왕과 제국에 대한 절대 충성 맹세 이상으로, 이들에게는 우상숭배였다.

다니엘서 4장에서 느부갓네살 왕은 꿈에 큰 나무를 본다. 하늘에서 순찰자가 내려와 이 큰 나무를 베어 버리고, 그루터기만 남겨 버린다. 그 왕은 짐승의 마음을 받아 짐승들과 칠 년을 보내게 된다. 호슬리는 '큰 나무'는 제국주의적인 오만이라고 본다.[16] 그 왕이 하나님이 다스리시는 줄을 깨닫게 될 때 다시 다스리게 된다. 그래서 이 이야기에서 왕은 하나님의 주권을

---

16 리처드 A. 호슬리, 『서기관들의 반란』, 83-85.

인정할 때까지 하나님의 심판을 받고 벌을 받는다.

그런데 실제 바벨론 역사에서 왕좌에서 쫓겨난 왕은 느부갓네살이 아니라, 나보니두스(기원전 556-539년)였다. 쿰란사본의 나보니두스의 기도(4QPrayer of Nabonidus, 4Q242)를 보면, 이 사실이 유대인들에게도 널리 알려진 사실임을 추론할 수 있다.[17] 느부갓네살이 '하늘의 왕' 하나님을 찬양하는 이야기(단 4:34-37)를 통해, 열방의 세력 역시 하나님의 통제 아래 있음을 확증하는 것이다.

다니엘서 5장에는 벨사살의 궁전 연회를 배경으로 한다. 벨사살 왕이 귀족 천 명과 더불어 잔치를 베풀고, 예루살렘성전에서 그 아버지 느부갓네살이 탈취한 그릇으로 마시고, 신들을 찬양하였다. 그때 왕궁 석회벽에 글자를 쓰는 손가락이 나타나서, '메네 메네 데겔 우르바신'이라고 쓴다. 다니엘이 해석을 한다.

> 메네는 하나님이 이미 왕의 나라의 시대를 세어서 그것을 끝나게 하셨다 함이요 데겔은 왕을 저울에 달아 보니 부족함이 보였다 함이요 베레스는 왕의 나라가 나뉘어서 메대와 바사 사람에게 준 바 되었다 함이니이다 (단 5:26-28).

---

[17] 나보니두스의 기도(4QPrNab) 텍스트에 대해서는 다음을 참조하라. J. J. Collins, "242. 4QPrayer of Nabonidus ar," in *Qumran Cave 4.XVII: Parabiblical Texts*, Part 3, G. Brooke and others, in consultation with J. VanderKam (DJD 22; Oxford: Clarendon Press, 1996), 83-93; F. M. Cross, "Fragments of the Prayer of Nabonidus," *Israel Exploration Journal* 34 (1984), 260-64; F. Garcia Martinez, "The Prayer of Nabonidus: A New Synthesis," in *Qumran and Apocalyptic: Studies on the Aramaic Texts from Qumran* (Leiden; New York: E.J. Bril, 1992), 116-36.

다니엘 5장의 사건은 다니엘 3장의 환상보다 더욱 분명하게 이방 왕의 오만과 방종에 대한 비판과 정죄를 담고 있고, 다니엘은 제국의 멸망으로 해석한다.

다니엘서 6장은 사자굴의 다니엘 이야기이다. 이 이야기의 배경은 메대 사람 다리오 때이다. 이 왕은 62세에 왕이 되고, 고관 120명으로 전국을 통치한다. 이 고관 120명을 다스리는 총리 세 명 중의 하나가 다니엘이었다. 다니엘은 다른 총리들과 고관들의 음모로 왕에게만 기도하라는 30일간의 금령을 어기게 되었다.

다니엘은 금령을 어기고 하나님께 하루에 세 번씩 기도한 결과 사자 굴 속에 던져지게 되었다. 다니엘 6장의 본문은 페르시아-헬레니즘 시대로 이어지는 박해 받는 시대에 대한 묵시문학적 해결이다. 즉, 비록 생명을 담보로 하는 상황이 벌어지더라도, 유대인이라면 유대인이 걸어가야 할 삶의 길에 충성할 것을 권면하는 교훈서이다.

다니엘 3장처럼, 다니엘 6장 역시 죽음의 위협에도 굳건하게 하나님에 대한 신실함을 지켰던 디아스포라에서 살아가는 포로민에게 삶의 모범을 제시한다.

6. 다니엘서 7-9장

다니엘 7장부터는 다니엘서의 후반부에 해당한다. 벨사살 왕 원년에 다니엘이 꿈속에서 네 짐승 환상을 본다. 독수리의 날개를 가진 사자, 갈빗대를 입에 문 곰, 네 개의 날개와 머리를 가진 표범, 철 이빨과 열 개의 뿔을 가진 괴물이 바다로부터 일어나는 모습을 상세히 묘사한다.

이 짐승들의 왕성한 식욕과 파괴적인 폭력을 강조하고 있다. 이 짐승들에 대한 묘사는 네 번째 짐승에서 나오는 눈과 입이 있는 '작은 뿔'에서 절정을 이른다. 천사는 다니엘에게 이 네 짐승은 "세상에 일어날 네 왕"(단 7:17)이며, 넷째 짐승의 "열 뿔은 그 나라에서 일어날 열 왕"(단 7:24)이라고 해석해준다. 이 점에서 짐승은 "제국의 정치적, 군사적 힘"을 상징하고,[18] 네 짐승과 작은 뿔은 제국의 폭력이 지속해서 격심해지는 것을 묘사한다.

뒤이어 다른 밤에 다니엘은 또 환상을 본다. 그는 '옛적부터 항상 계신 이'가 좌정하고, '인자 같은 이'가 하늘 구름을 타고 그에게 나아가 '영원한 권세'를 받고, 그의 나라는 멸망하지 않으리라는 것을 보게 된다(단 7:13-14). 특히, '인자 같은 이'는 넷째 짐승에서 또 다른 뿔이 자라고,

> 그가 장차 지극히 높으신 이를 말로 대적하며 또 지극히 높으신 이의 성도를 괴롭게 할 것이며 그가 또 때와 법을 고치고자 할 것이며 성도들은 그의 손에 붙인 바 되어 한 때와 두 때와 반 때를 지내리라(단 7:25).

그러나 심판이 시작되고, 그는 권세를 빼앗기고 완전히 멸망하고, '지극히 높으신 이의 거룩한 백성'에게 권세와 영원한 나라가 주어질 것이다.

다니엘서 8장에서 다니엘은 벨사살 왕 삼 년에 두 뿔을 가진 숫양과 두 눈 사이에 현저한 뿔을 가진 숫염소를 환상 가운데 본다. 숫염소가 숫양을

---

18 "고대 아시리아와 바벨론, 페르시아의 개선문과 건물들에는 날개 달린 사자 같은 짐승들의 부조(reliefs)가 있다. 페르세폴리스의 다리우스 궁전 문설주에는 괴물 사자와 싸우는 제국 영웅의 부조가 장식되어 있다…또한, 다니엘의 환상에서 네 번째 짐승에게 난 뿔은 제국의 힘을 상징한다고 볼 수 있다. 셀류시드가의 왕들은 뿔 달린 전쟁 투구를 쓴 모습으로 그들의 동전에 새겨져 있다." 리처드 A. 호슬리, 『서기관들의 반란』, 165-167.

짓밟고 난 뒤, 숫염소의 작은 뿔 하나가 자라 매일 드리는 제사를 없애 버렸고, 성소를 파괴한다.

해석 천사(angelus interpres)인 가브리엘 천사가 이 환상에 대해 다니엘에게 해석을 해 준다. 즉, 숫양은 '메대와 페르시아 왕'을 상징하고(단 8:20), 숫염소는 '헬라 왕'을 상징한다(단 8:21). 다니엘 8장은 정해진 시간 즉, 끝(eschaton)에 관한 가르침이다. 그 끝 날에 있을 작은 뿔에 의한 유대인 탄압이라는 횡포와 뿔의 쇠퇴가 신비적인 언어로 증언되고 있다. 그것의 절정은 작은 뿔의 반란과 그의 궁극적인 패배다.

다니엘 7장과 8장의 환상과 해석은 모두 연달아 일어나는 제국들과 그들의 폭력적인 힘에 관한 것이다. 네 짐승이나 숫양과 숫염소는 모두 유다를 정복하고 지배하였던 페르시아와 헬라제국을 직접적으로 지칭한다. 특히, 제국의 폭력성은 다니엘서 저자의 당대 제국이었던 헬라와 안티오쿠스 4세 에피파네스로 서서히 집중해 들어가는 모습을 보여준다.

다니엘서 9장은 다니엘이 본 환상이 아니라, 다니엘의 기도와 가브리엘 천사의 응답이다. 다니엘 9장은 삼부구조로 이루어져 있다. 머리말에서 다니엘은 예레미야의 70년 포로기 선포를 회상하고, 두 번째로 다니엘은 회개기도를 드리고, 마지막으로 가브리엘 천사가 다니엘의 기도에 응답한다. 다니엘의 기도 가운데, "기름 부음을 받은 자 곧 왕이 일어나기까지"(단 9:25) 일곱 이레와 예순 두 이레가 지나고, 그 기름 부음 받은 자가 끊어져 버린다. 이때 "한 왕의 백성"(단 9:26)이 와서 성읍과 성소를 무너뜨리고, 이레의 절반에 해당하는 동안 예루살렘성전제사가 금지되고, 하나님의 성전이 더럽혀지게 된다.

7. 다니엘서 10-12장과 메시지

다니엘서의 마지막 부분은 다니엘서 저자 당대의 이야기를 담고 있다. 다니엘 10장에서 페르시아 왕국이 저물고 헬라 왕국이 부상하는 이야기로 시작하여, 다니엘 11장에서 남방 왕과 북방 왕의 대치 상황을 통하여 당시 프톨레미 왕국과 셀루시드 왕국 사이의 분쟁사를 자세히 전달한다.

마지막 장인 다니엘 12장에서는 천사장 미가엘이 페르시아 왕국을 물리쳤듯이, 이제는 헬라 왕국을 물리치고 '책에 기록된 모든 자'를 구원한다. 다니엘서 10-12장의 각 장의 내용을 더욱 분명히 파악하기 위해서 역사적 배경을 먼저 살펴볼 필요가 있다.

알렉산더 사후, 팔레스타인은 기원전 312년 프톨레미 왕국의 지배하에 놓이기 시작하여 1세기 이상 지배를 받았다. 그러나 셀루시드제국의 안티오코스 3세(기원전 222-187년)가 프톨레미 5세 에피파네스와의 군사적 대결에서 승리한 후인 기원전 198년부터 팔레스타인은 셀루시드 지배하에 놓이게 된다. 하지만, 안티오쿠스 3세는 기원전 191년 테르모필레(Thermopylae) 전투에서 로마군에 패하였고, 기원전 188년 아파메아(Apamea) 평화조약을 체결함으로써 로마의 봉신이 되었다. 이때 그의 아들 안티오쿠스 4세는 인질로 잡혀갔다. 기원전 187년 안티오쿠스 4세는 암살당하자, 그의 아들 셀루쿠스 4세(기원전 187-175년)가 즉위한다. 그러나 셀루쿠스 4세 역시 암살당하고, 로마에 볼모로 잡혀있던 안티오쿠스 4세(기원전 175-164년)가 왕위에 오르게 된다.[19]

---

19 앙드레 라콕, 『다니엘과 그 시대』, 45-59.

안티오쿠스 4세는 강력한 헬라화 정책을 시행하였다. 안티오쿠스는 예루살렘성전의 대제사장을 임명하는데 압력을 행사하였고, 자신의 권위에 도전한 유대인들을 강력히 진압하였다. 그는 성전을 훼손하고 보화를 약탈했으며, 기원전 167년에는 유대인들이 조상들의 율법에 따라 사는 것을 금지하는 포고령을 내렸다(마카비상 1장 참조). 또한, 그는 제우스신을 위한 제단을 성전 제단의 꼭대기에 세웠으며, 그 제단 위에서 돼지고기를 바쳤다(마카비상 1:47).[20] 바로 이 시기를 배경으로 묵시문학인 다니엘서가 한 권의 책으로 탄생하게 된다.

다니엘서 10장에서 페르시아 왕 고레스 제삼 년에 세 이레 동안 금식을 한 다니엘이 힛데겔(=티그리스) 강가에서 '세마포 옷을 입고 우바스 순금 허리띠'를 맨 자를 환상 가운데 본다. 이 환상을 본 다니엘은 온몸에 힘이 빠진 채 얼굴을 땅에 대고 깊이 잠이 든다. 그때 다니엘은 자신을 어루만지며 부르는 목소리에 깨어 일어난다. 이 천상적 인물은 기이한 말을 한다.

> 내가 네 말로 말미암아 왔느니라 그런데 바사 왕국의 군주가 이십일 일 동안 나를 막았으므로 내가 거기 바사 왕국의 왕들과 함께 머물러 있더니 가장 높은 군주 중 하나인 미가엘이 와서 나를 도와 주므로 이제 내가 마지막 날에 네 백성이 당할 일을 네게 깨닫게 하러 왔노라 이는 이 환상이 오랜 후의 일임이라 하더라(단 10:12b-14).

이 천상적 인물의 말을 통해 미루어 보건대, 그는 '바사 왕국의 군주' 때문에 다니엘에게 오는 날이 삼 주나 지체된다. 이 인물의 역할은 '마지

---

20 D. S. 러셀, 『하나님의 계시 유대 묵시문학 개론』, 홍성혁 역 (서울: 제라서원, 2012), 51.

막 날'에 관한 것을 다니엘에게 알려주는 것이다. 그의 말을 듣고 다니엘이 다시 얼굴을 땅으로 향하고 말문이 막히라 할 때, 이번에는 '인자 같은 이'(단 10:16)가 다니엘의 입술을 만지고, 또 '사람의 모양 같은 이'(단 10:18)가 다니엘을 만진다.

이런 사실로 볼 때, 다니엘 10장에는 천상적 존재들이 등장하는 것을 알 수 있다. 즉, '세마포 옷을 입은 이,' 처음 다니엘에게 말하는 이, '인자 같은 이,' 그리고 '사람의 모양 같은 이'다. 여기에서 처음 다니엘에게 말하는 이(단 10:10-14)와 마지막에 등장하는 '사람의 모양 같은 이'(단 10:18)는 메시지의 내용을 볼 때 동일 인물로 보인다. 둘 다 다니엘을 '큰 은총을 받은 사람'(단 10:11, 19)이라고 부른다. 또한, 둘 다 다니엘에게 '두려워하지 말라'(단 10:12, 19)는 메시지를 동일하게 전달한다.

무엇보다도 둘 다 '바사 왕국'의 왕과 싸우고, 미가엘의 도움을 받는다고 말한다(단 10:13-14, 20-21). 그렇다면 '세마포 옷을 입고 우바스 순금 띠를 하고 몸이 황옥 같고, 얼굴은 번갯빛 같고, 눈은 횃불 같고, 팔과 발은 빛난 놋과 같고 말소리는 무리의 소리와 같은 이'(단 10:5-6)는 '인자와 같은 이'(단 10:16)는 동일 인물로 보인다.

그런데 다니엘 7:13-14를 보면, '인자 같은 이'는 하늘 구름을 타고 오고, '권세와 영광과 나라'를 받고, 그의 나라는 멸망하지 않는다. 따라서, 다니엘서 7장과 10장에서 두 번 언급되는 '인자 같은 이'는 천상적 존재이지만, 미가엘과 동일인은 아니라는 것을 알 수 있다.[21]

---

[21] 다니엘서의 '인자' 논의에 대해서는 다음을 참조하라. Nathaniel Schmidt, "The 'Son of Man' in the Book of Daniel," *Journal of Biblical Literature* 19 (1900), 22-28; John J. Collins, "The Son of Man and the Saints of the Most High in the Book of Daniel," *Journal of Biblical Literature* 93 (1974), 50-66. 이들은 다니엘서 7장의 '인자'를 12장의 '미가엘'이라고 본다. 다니엘서 '인자'의 기원에 관한 간단한 논의는 다음을 참조하라. 필립 R. 데

다니엘 10장은 페르시아제국의 패망과 헬라제국의 부상을 선포한다. 많은 학자는 다니엘 11:1-39을 잘 알려진 역사적 사건과 밀접한 연관을 맺고 있다(콜린스, 스미스-크리스토퍼, 타우너, 골딩게이). 이 단락은 알렉산더 사후 헬라제국 간의 분쟁사를 남방 왕과 북방 왕의 무력충돌로 기술한다. 다니엘 11장의 남방 왕은 프톨레미 왕, 북방 왕은 셀루시드 왕을 지칭한다. 본문에서 구체적으로 언급되는 각국의 왕은 아래와 같다.

관련 본문	남방 왕	관련 본문	북방 왕
11:5	프톨레미 1세 (322-285년)	11:5	셀루쿠스 1세 (312-280년)
11:6	프톨레미 2세 (285-246년) 딸: 베레니케	11:6	안티오쿠스 2세 (262-246년)
11:7-9	프톨레미 3세 (246-221년)	11:7-9	셀루쿠스 2세 (246-226년)
11:10-12	프톨레미 4세 (221-203년)	11:10-19	안티오쿠스 3세 (딸: 클레오파트라)
11:14-17	프톨레미 5세 (203-180년)		
		11:20	셀루쿠스 4세 (187-175년)
11:25-28	프톨레미 6세 (180-145년)	11:21-45	안티오쿠스 4세 (175-163년)

다니엘 11:1-20은 안티오쿠스 4세가 등장하기까지 남방 왕과 북방 왕 사이에 벌어진 화친과 반목의 역사를 기술한다. 다니엘 11:21-39은 안티오쿠스 4세 에피파네스의 악명 높은 통치 기간을 다루고 있다. 이 단락은 그가 유다의 대제사장직을 둘러싼 내부 갈등을 이용하고, 두 번에 걸친 이

이비스, 『다니엘 연구 입문』, 심정훈 역 (서울: CLC, 2017), 162-63.

트 원정을 기술한다.

　이 시기에 일어나 마카비 혁명에 대해서 다니엘서 저자는 "도움을 조금 얻을 것"으로 평가절하한다(단 11:34). 이런 평가는 마카비상에서 볼 수 있는 마카비 혁명에 대한 거의 '선전문'에 가까운 역사기술과는 큰 차이가 있다.[22]

　다니엘 11:40 이하에 기술된 사건은 역사 안에서 이루어지지 않았다. 이 점에서, 헤이스(J. H. Hayes)는 다니엘 11:40 이하를 '사건 후 예언'이 아니라, 저자가 예상하는 삼 단계 역사를 기록하고 있다고 본다.

> **첫째**, 남방 왕과 북방 왕 사이의 전쟁 후에 북방 왕이 바다(지중해)의 영광스러운 성산(예루살렘)에 주둔하다 죽을 것이다.
> **둘째**, 그 책에 이름이 기록된 신실한 자들을 구원하기 위해서 하나님의 천사장 미가엘이 뒤이어 발생한 혼란에 개입할 것이다.
> **셋째**, 신실한 사람들과 악한 사람들이 죽음에서 부활할 것이며 신실한 자는 영생을, 악한 자는 부끄러움과 영원한 멸시를 받을 것이다.[23]

　다니엘서 12장에서 다시 미가엘이 등장한다. 이스라엘의 수호천사인 미가엘은 신실한 믿음을 지킨 '책에 기록된 모든 자'를 구원한다. 이들은 이미 죽은 자라도 '깨어나 영생을 받는 자'가 될 것이다(단 12:2-3). 호세아 6:2과 에스겔 37장의 부활 언급이 개인의 부활보다는 공동체나 국가적 부활을 상징하는 것이라면, 다니엘서 12장의 이 구절은 보통 죽은 자의 부활

22　마카비상을 선전문으로 보는 입장은 다음을 참조하라. Robert Doran, *Temple Propaganda* (Washington, D.C.: Catholic Biblical Association, 1981).
23　J. H. Hayes, *An Introduction to Old Testament Study* (Nashville: Abingdon Press, 1986), 383. 오택현, 김호경, 『알기쉬운 성서 묵시문학 연구』, 121에서 재인용.

교리가 구약에서 처음으로 분명하게 언급되는 곳으로 간주된다.[24] 라콕은 부활 교리가 등장하게 된 배경으로 두 가지를 제시한다.

첫째, "신앙의 말살과 신실한 유대인들의 관습을 무시하는 폭력이 자행" 되는 상황이고,
둘째, 하시딤과 헬라주의자의 구별이다.[25]

또한, 구약의 초기 묵시록이 불리는 이사야 소묵시록(사 24:1-27:13)은 이스라엘의 경건한 자만이 부활할 것을 예언한다면, 다니엘서 12장은 악인과 의인 모두가 부활하리라고 기대한다.

다니엘은 마지막 환상으로 양쪽 강가에 선 두 사람을 본다. 강물 위쪽에 있는 자는 세마포 옷을 입고 있다.

다른 사람이 이 세마포 옷을 입은 이에게 "이 놀라운 일의 끝이 어느 때까지냐?"(단 12:6).

이렇게 묻는다. 세마포 옷을 입은 이는 "한 때 두 때 반 때를 지나서 성도의 권세가 다 깨지기까지"(단 12:7).라고 답하며, 그때 모든 일 다 끝나게 되리라고 말한다.

이 대답을 듣고서도 다니엘은 다시 "이 모든 일의 결국이 어떠하겠나이까?"(단 12:8).

이렇게 묻는다. 그때 이런 대답을 듣는다.

---

24 라콕은 제2이사야의 종의 노래를 "부활에 대한 공식적인 전역사"이자 "초석"으로 본다. 앙드레 라콕, 『다니엘과 그 시대』, 208.
25 앙드레 라콕, 『다니엘과 그 시대』, 208.

매일 드리는 제사를 폐하며 멸망하게 할 가증할 것을 세울 때부터 천이백 구십일을 지낼 것이요 기다려서 천삼백삼십오 일까지 이르는 그 사람이 복이 있으리라(단 12:11-12).

여기에서 "제사를 폐한 사건"은 안티오쿠스 4세의 헬라화 정책을 말하며, "멸망하게 할 가증할 것"은 예루살렘성전에 세워진 제우스 상을 의미한다.

다니엘서에는 여러 곳에서 특정 숫자가 언급된다. 예컨대, '한 때, 두 때 그리고 반 때'(단 7:25; 9:27), 2300주야(단 8:14), 일곱 이레와 예순 두 이레(단 9:24-27), 1290일(단 12:11), 1335일(단 12:13)과 같은 숫자이다. 이 숫자들을 구체적인 역사적 사건과 연결하려는 수많은 시도가 있었다. 그러나 이 숫자와 구체적인 역사적 사실을 직접 연결하는 것은 위험할 수밖에 없다.

오히려 이 숫자를 통하여 저자가 전달하고자 한 문학적 의도는 묵시문학적 세계관인 역사결정론에 기초하고 있다고 보아야 한다. 역사결정론은 하나님이 미리 정해 놓은 역사의 흐름 아래 세계는 놓여있다는 것을 강조한다. 당대 제국의 지배 아래 자행되는 종교적, 문화적 탄압과 억압은 결국 끝날 수밖에 없음을 말한다. 저자는 박해 받는 유대인들에게 연단의 때는 하나님의 시간표에 따라 정해진 시간의 흐름대로 곧 막을 내리게 되리라는 확신을 심어준다. 예루살렘 성읍과 성전이 훼파되고, 그에 따라 유대인의 고통이 극심하지만, 제국의 폭력적 지배는 영원하지 않고, 끝이 정해져 있다.

8. 나가는 말

본 논문의 서두에서 다니엘서의 위치가 기독교와 유대교에서 다르다는 점을 언급하였다. 기독교는 에스겔 다음에 다니엘을 둔다. 맥콘빌은 에스겔과 다니엘에는 모두 하늘의 환상과 천상적 존재의 해석이 나오며, 둘 다 회개를 강조한다는 유사점이 있다고 본다. 그런데 유대교는 다니엘을 에스라, 느헤미야, 역대기 자료집 바로 앞에 둔다.

브루그만(Walter Brueggemann)에 따르면, 이 위치는 "제국 내의 유대성이 히브리 정경의 마지막 단계를 살아가는 유대인들의 특징적 상황임을 보여주는" 것이며, 다니엘이 직면한 것은 "제국적 상황 속에서, 그 상황을 통해, 또 그 상황을 넘어서 유대성이 미래를 만들어 낼 수 있는지를 보는 것이 페르시아라는 배경에서 유대인들에게 주어진 도전이었다"고 본다.[26] 이 도전에 부딪혀 다니엘서는 묵시문학이라는 독특한 문학적 장르를 통하여 디아스포라 유대인에게 유대인으로 살아가는 지침서를 제시하고자 하였다. 제국의 흥망성쇠도, 유대인의 역사의 부침도 모두 하나님의 역사 안에 놓여있음을 직시한다면, 오늘의 억압과 고단한 인생의 길에도 나아갈 길은 분명해 보일 것이다.

---

[26] 월터 브루그만, 『구약개론』, 김은호, 권대영 역 (서울: CLC, 2007), 524.

참고문헌

D. S. 러셀. 『하나님의 계시 유대 묵시문학 개론』. 홍성혁 역. 서울: 제라서원, 2012.
리처드 A. 호슬리. 『서기관들의 반란: 저항과 묵시문학의 기원』. 박경미 역. 고양: 한국기독교연구소, 2016.
마르틴 헹엘. 『유대교와 헬레니즘 2』. 박정수 역. 파주: 나남, 2012.
스티븐 L. 쿡. 『묵시문학』. 차준희 역. 서울: 대한기독교서회, 2015.
앙드레 라콕. 『다니엘과 그 시대』. 김창주 역. 서울: 대한기독교서회, 2001.
존 E. 골딩게이. 『다니엘』. 채천석 역. 서울: 솔로몬, 2008.
필립 R. 데이비스. 『다니엘 연구 입문』. 심정훈 역. 서울: CLC, 2017.
천민희. "다니엘서와 관련된 쿰란 두루마리(Q)와 마소라 본문(MT)의 관계와 철자법 비교," 성경원문연구. 18 (2006), 43-62.
Casey, Maurice. "Porphyry and the origin of the Book of Daniel," *Journal of Theological Studies*. 27 (1976), 15-33.
Collins, J. J. "The Son of Man and the Saints of the Most High in the Book of Daniel," *Journal of Biblical Literature*. 93 (1974), 50-66.
_____. *Daniel*. Hermeneia; Fortress Press, MN, 1993.
_____. "242. 4QPrayer of Nabonidus ar," in *Qumran Cave 4. XVII: Parabiblical Texts, Part 3*. G. Brooke and others, in consultation with J. VanderKam. DJD 22; Oxford: Clarendon, 1996, 83-93.
_____. *Apocalyptic Vision of the Book of Daniel*. Brill, 1997.
Cross, F. M. "Fragments of the Prayer of Nabonidus," *Israel Exploration Journal*. 34 (1984), 260-64.
Gaston, Thomas. *Historical Issues in the Book of Daniel*. Oxford: Taanath Shiloh, 2009.
Grabbe, Lester L. "A Dan(Iel) for All Seasons: For Whom Was Daniel Important?" in *The Book of Daniel: Composition and Reception*. Vol. 1, John J. Collins and Peter W.

Flint, eds. Leiden; Boston: Brill, 2001.

Hayes, J. H. *An Introduction to Old Testament Study*. Nashville: Abingdon Press, 1986.

Martinez, F. G. "The Prayer of Nabonidus: A New Synthesis," in *Qumran and Apocalyptic: Studies on the Aramaic Texts from Qumran*. Leiden; New York: E.J. Brill, 1992, 116-36.

Plöger, Otto. *Theocracy and Eschatology*. Richmond, VA: John Knox Press, 1968.

Schmidt, Nathaniel. "The 'Son of Man' in the Book of Daniel," *Journal of Biblical Literature*. 19 (1900), 22-28.

St. Jerome, *Jerome's Commentary on Daniel*. trans. by Gleason L. Archer. Eugene: Wipf and Stock Publishers, 2009.

제6장

제2성전 시대 묵시문학 장르에 나타난 참회기도 연구
이사야 63:7-64:11과 다니엘 9:3-19을 중심으로[1]

1. 들어가는 말

도대체 기도란 무엇이며, 우리는 무엇을 위해 기도해야 하는가?

사실 '기도'가 무엇인가를 생각할 때, 넓은 의미에서 성서낭독, 촛불점화, 찬양을 포함한 예전(liturgy)으로부터 춤이나 명상, 나아가 삶 전체를 아우르는 신앙생활의 전부를 기도로 볼 수 있다. 그러나 좁은 의미에서 '기도'는 예전의 한 부분이나[2] 일상생활에서 하나님께 드리는 직접적인 간구 행위로 볼 수 있다.

특별히, 칼 바르트는 기도의 중심을 '간구' 행위로 본다. 그는 "기도는 하나님을 향해 구하기, 찾기, 두드리기"이고, 이는 다시 말하자면 "하나님

---

[1] 이 글은 다음의 논문을 다시 실은 것이다. 이윤경, "제2성전 시대 묵시문학 장르에 나타난 참회기도 연구: 이사야 63:7-64:11과 다니엘 9:3-19를 중심으로," 「한국기독교신학논총」 99 (2016), 5-27.

[2] 서구기독교 전통의 예전적 기도에 대해서는 다음 논문을 참조하라. Hyung Rae Kim, "The Prayers of Offering in the Western Traditions and in the Korean Methodist Tradition," 「한국기독교신학논총」 87 (2013), 227-240.

께 소원하기, 바라기, 요구하기"라고 정의 내린다.³ 바르트의 기도를 '간구'로 보는 개념은 브루그만(Walter Brueggemann)이 기도를 '부르짖음'의 행위로 보는 것과 일치한다.⁴

그러나 제2성전 시대 참회기도라는 주제로 기도의 범위를 좁혀 들어갈 때, '참회기도'에 대한 작업가설적 정의와 분류에는 난점이 있다. 벌린(R. W. Werline)은 참회기도를 "하나님을 직접적으로 부르는 것으로, 이로써 개인, 집단 혹은 집단을 대신한 개인이 죄를 고백하고, 회개 행위를 통해 용서를 간청하는 것이다."⁵라고 정의 내린다.

그러나 슐러(E. Schuller)는 제2성전 시대 기도에는 '참회기도'라는 용어를 사용하지 않거나 자명한 범주로 생각하지 않지만, 죄의 고백과 회개라는 모티프를 다루고 있는 기도가 있음을 지적한다.⁶ 그럼에도 불구하고 여전히 벌린의 정의는 참회기도에 대한 표준적 정의로 통용되고 있다.

통상적으로, 제2성전 시대 성서에서 참회기도로 분류되는 본문은 다니엘 9:4-19, 에스라 9:6-15, 느헤미야 1:5-11, 9:5-37이다. 성서 밖의 참회기도의 예는 제1바룩 1:15-3:8, 제1에스드라 8:74-90, 아사랴(Azariah)의 기도, 그리고 솔로몬 시편 2, 8, 9장이다. 쿰란사본 중 참회기도로 분류

---

3   Karl Barth, *Church Dogmatics III 3* (Edinburgh: T&T Clark, 1961). 268.
4   월터 브루그만, 『구약의 위대한 기도』, 전의우 역 (서울: 성서유니온선교회, 2012), 31.
5   R. W. Werline, "Defining Penitential Prayer," in *Seeking the Favor of God, vol. 1: The Origins of Penitential Prayer in Second Judaism*, M. J. Boda D. K. Falk, and R. A. Werline, eds. (Atlanta: Society of Biblical Literature, 2006), xiii. 원래는 그의 박사학위 논문인 단행본에서 내린 정의이다. R. A. Werline, *Penitential Prayer in the Second Temple Judaism: The Development of a Religious Institution Tradition in Nehemiah 9* (BZAW 227, Berlin: de Gruyter, 1999).
6   E. Schuller, "Penitential Prayer in Second Temple Judaism: A Research Survey," in *Seeking the Favor of God, vol. 2: The Development of Penitential Prayer in Second Temple Judaism*, M. J. Boda D. K. Falk, and R. A. Werline, eds. (Atlanta: Society of Biblical Literature, 2007), 12.

되는 텍스트는 4Q393(4Q*Communal Confession*, 공동체 고백), 4Q481c(4Q*Prayer of Mercy*, 자비를 비는 기도), 4Q504(4Q*Dibre HamMeorot*, 발광체들의 말들), 4Q508(4Q*The First Prayer Of Festival Prayers*, 축제의 기도) 등이 있다. 본 논문에서는 벌린의 정의에 기초하여, 묵시문학 자료로 분류되는 제3이사야의 참회기도(사 63:7-64:11)와 다니엘서의 참회기도(단 9:3-19)를 살펴봄으로써, 제2성전 시대 참회기도문이 그 양식과 내용에 있어서, 단순한 '탄식'이 아니라 '참회'로 분류해야 하는지를 근거를 제시하고, 나아가 묵시문학 장르 속에 사용된 참회기도문의 기능과 역할에 대해 고찰해보고자 한다.

2. 연구사

구약성서의 '참회기도' 연구는 궁켈의 탄원시 연구와 맥을 같이 한다. 궁켈(Hermann Gunkel)은 개인탄원 시편의 하위분류에 고백송(Songs of Confession)을 두는데, 이 시편의 내용은 개인의 죄를 고백하는 참회시이다(예: 시 51, 130).[7] 이 시편은 죄의 고백과 벌을 받아 마땅하다는 참혹한 깨달음을 표현하고, 이어서 죄의 용서를 간구하고, 하나님의 은혜에 호소한다.

그러나 고유한 참회기도 장르와 비교할 때, 이런 참회를 포함하는 탄원시편은 인간의 참회 자체가 아니라, 하나님의 정의를 간청하는데 더 방점이 있다. 이런 점에서 탄원시와 참회시를 구분하고자, 서구기독교 전통은

---

7 H. Gunkel, *The Psalms: A Form-Critical Introduction* (Philadelphia: Fortress Press, 1967), 21; H. Gunkel (completed by J. Begrich), *Introduction to Psalms: The Genres of the Religious Lyric of Israel* (Göttingen: Vandenhoeck & Ruprech, 1985), 187.

일곱 개의 시편을 참회시편(시 6, 32, 38, 51, 102, 130, 143)으로 분류하였다.[8] 그러나 탄원시와 참회기도의 관계는 이후 지속적으로 연구의 대상이 되어 왔다.

예를 들어, 베스터만(Claus Westermann)은 탄원 시편과 참회기도를 구분하고, 역사적 발전단계라는 관점에서 탄원시가 먼저 나타났고, 후에 참회기도가 나왔다고 본다.[9] 모로(W. Morrow) 역시 탄원시로부터 참회기도가 나왔다고 본다.[10] 이처럼 공동체탄원 시를 참회기도보다 시기적으로 앞서는 것으로 보고, 포로기와 포로 후기를 거쳐 탄원시가 참회기도로 변형되었다고 보는 것이 일반적인 입장이다.

그러나 롬-쉴로니(Rom-Shiloni)는 이것을 신빙성이 없다고 본다. 그는 탄원시와 참회기도 간의 이데올로기적 관계를 고려해 볼 때, 이 둘을 동시대로 보는 편이 낫다고 본다. 즉, 문학적, 이데올로기적, 신학적 관점에서 볼 때, 탄원시에서 참회기도가 나왔다는 진화적 관점으로 볼 수 없다는 입장을 피력한다.

그는 공동체탄원 시의 대표적인 특징 중의 하나가 죄의 고백이 없다는 점을 고려할 때(예: 시 74; 77; 12; 137), 탄원시는 '비정통적' 전승이라고 본다. 대조적으로, 바벨론 시대와 페르시아 초기에 저술된 참회기도는 신명기적, 제사장적, 예언자적 계열에서 유래한 '정통적' 전승이라고 논증한다.[11]

---

8   J. Blenkinsopp, *Isaiah 56-66* (Anchor Bible; New York: Doubleday, 2003), 258에서 재인용.
9   C. Westermann, *Praise and Lament in the Psalms* (trans. Keith R. Crim and R. N. Soulen; Atlanta: John Knox, 1981), 202-206. 베스터만은 3단계로 탄식이 참회로 변해가는 과정을 서술한다.
10 W. Morrow, "The Affirmation of Divine Righteousness in Early Penitential Prayers: A Sign of Judaism's Entry into the Axial Age," in *Seeking the Favor of God, vol. 1* (Atlanta : Society of Biblical Literature, 2008), 101-104.
11 Dalit Rom-Shiloni, "Socio-Ideological Setting or Settings for Penitential Prayers?" in *Seek-*

이렇듯 연구사를 살펴볼 때, 탄원시와 참회기도의 관계를 시대적으로 선후관계로 보는 편이 주를 이루고, 이 둘을 전혀 다른 시대, 다른 신학적 관점에서 나온 것으로 보는 소수 견해도 있다. 어느 경우이든 탄원시와 참회기도는 분명 비슷한 듯하지만, 다른 특징을 가지고 있음을 인식할 수 있다. 그래서 참회기도가 탄원시와 구분되는 특징에 집중하여, 그 차이를 밝히는 것이 다음 단계 연구사의 주제가 되었다.

예를 들어, 베스터만은 탄원시에서 참회기도로의 변형 이유를 신명기 신학의 영향으로 본다.[12] 즉, 하나님의 이스라엘 징벌을 하나님의 공의로 해석하는 신명기 신학이 참회기도에 들어왔다고 본다. 슈텍(O. H. Steck)은 참회기도가 신명기적 역사관을 구체화한 생생한 설교 전통에 기초를 둔 것이라고 본다.[13]

이런 신명기 신학 전승이 제2성전 시대 '참회기도'에 미친 영향에 관한 연구가 본격적으로 진행되었다.[14] 나아가, 신명기 신학의 영향 외에도 제사장 신학이 참회기도에 미친 영향이 재조명되기 시작하였다.

예를 들어, 슈텍과 리핀스키(E. Lipínski)는 참회기도에 미친 신명기 신학 외에 예언자와 제사장계열의 영향력에 대해 언급한다.[15] 그러나 참회기도에 미친 제사장 계열의 영향에 대해서 집중적으로 연구한 학자는 보다

---

ing the Favor of God, vol. 1, 64-65.

12 C. Westermann, *Praise and Lament in the Psalms*, 203.

13 O. H. Steck, *Israel und das gewaltsame Geschick im Alten Testament* (Neukirchen-Cluyn: Neukirchener, 1967), 134-35.

14 R. A. Werline, *Penitential Prayer in the Second Temple Judaism: The Development of a Religious Institution Tradition in Nehemiah 9* (BZAW 227, Berlin: de Gruyter, 1999); J. Bautch, *Developments in the Genre between Post-exilic Penitential Prayers and the Psalms of Communal Lament* (SBLAcBib, Atlanta: Society of Biblical Literature, 2003).

15 S. Balentine, "I Was Ready To Be Sought Out by Those Who Did Not Ask," in *Seeking the Favor of God, vol. 1*, 10에서 재인용.

(M. J. Boda)이다. 그는 참회기도에 미친 포로 후기 제사장 계열의 영향에 집중하면서, 포로 후기 페르시아 시대에 신명기적 관용어구가 제사장계열과 에스겔 계열의 전승으로 인해 변형되는 과정에 대해 논증하고, 참회기도와 제사장 문서에 공통적으로 나타나는 요소들을 추적한다.[16]

한편 참회기도의 삶의 자리에 대한 연구도 있었는데, 이 역시 궁켈의 탄원시의 삶의 자리 연구에 기초를 두고 있다. 궁켈은 재앙을 맞게 된 공동체의 금식을 공동체탄원 시의 삶의 자리라고 본다.[17] 이런 궁켈의 탄원시 삶의 자리 연구를 계승한 리핀스키는 참회기도의 삶의 자리를 포로 후기 참회의례라고 제안한다. 그는 이 참회의례는 죄의 고백, 침묵, 금식, 베옷과 재 사용 등으로 구성되었다고 본다.[18]

다른 한편 참회기도의 이러한 역사적 연구와 더불어, 문학적 연구 역시 진행되었는데, 예를 들어 바우치(Richard J. Bautch)는 참회기도의 다섯 가지 특징을 규명하고, 정의를 내린다.[19] 바우치에 따르자면,

첫 번째 특징은 기능적 효능으로, 회개를 통해 하나님의 용서를 가능하게 한다는 점이다.

두 번째 특징은 공동체 차원으로, 개인적 참회는 도덕적 타락에 대한 국

---

[16] M. J. Boda, *Praying the Tradition: The Origin and Use of Tradition in Nehemiah 9* (Berlin ; New York: Walter de Gruyter, 1999), 72-73, 특히, 제5장. M. J. Boad, "Confession as Theological Expression: Ideological Origins of Penitential Prayer," in *Seeking the Favor of God, vol. 1*, 23.

[17] H. Gunkel, *Introduction to Psalms*, 82-85.

[18] E. Lipínski, *La Liturgie Pénitentielle dans la Bible* (Paris: Cerf, 1969), 37-8. S. Balentine, "I Was Ready To Be Sought Out by Those Who Did Not Ask," 10에서 재인용.

[19] Bautch, *Developments in the Genre between Post-exilic Penitential Prayers and the Psalms of Communal Lament*, 1-6.

가적 깨우침과 연대하여 발화된다.

세 번째 특징은 관습을 구조화하는 것으로 탄식 유형을 자의식적으로 사용한다.

네 번째 특징은 의식적 맥락으로 제의와 연결 혹은 축소가능성이 있다.

다섯 번째 특징은 상호텍스트적으로 이전 세대의 종교적 사상을 재사용한다는 점이다.

이러한 제2성전 시대 참회기도 연구는 쿰란사본 발견 이후 더욱 활발하게 진행되었다.[20] 쿰란사본의 기도 연구는 유대교 예전의 관점에서 이루어졌다. 쿰란사본은 예전적 배경에서 행해진 참회기도의 초기 예를 보여준다. 또한 쿰란사본은 매일 공동체가 드린 참회기도 관행의 초기 증거를 제시한다. 포크(D. K. Falk)는 "공동체가 매일 드린 참회기도는 유대교 예전의 표준으로 발전되어 가고, 성서 전승에는 이에 대한 어떤 전례나 징조도 없었다."[21]라고 말한다.

2006년부터 2008년에 보다, 포크, 벌린(R. A. Werline)은 세 권의 제2성전 시대 참회기도에 관한 논문 모음집을 출간하였다.[22] 이 세 권의 책은 제2성전 시대 유대교의 참회기도 연구의 최근 동향을 보여주는 중요한 책이다.

---

20 D. K. Falk, *Daily, Sabbath, and Festival Prayers in the Dead Sea Scrolls* (Leiden: Brill, 1998); E. G. Chazon, "Prayers from Qumran their Historical Implications," in *Dead Sea Discoveries* 1 (Leiden; New York: Brill1994), 265-84; B. Nitzan, *Qumran Prayer and Religious Poetry* (Leiden: Brill, 1994).

21 D. K. Falk, *Daily, Sabbath, and Festival Prayers in the Dead Sea Scrolls*, 127.

22 M. J. Boda, D. K. Falk, and R. A. Werline, eds., *Seeking the Favor of God, vol. 1. Seeking the Favor of God, vol. 2: The Development of Penitential Prayer in Second Temple Judaism. Seekingthe Favor of God, vol. 3: The Impact of Penitential Prayer beyond Second Temple Judaism Early Judaism and Its Literature* (Atlanta: Society Biblical Literature, 2008).

이 책에 따르자면, 쿰란사본 중 특별히 참회기도 발전사 연구에 지표가 되는 문서는 공동체 규율(1QS 1:21-2:1)이다.

그러나 슐러는 1QS 1:18-2:1을 참회기도로 범주화하는데 조심스럽다. 이 텍스트가 죄의 고백을 하고 있지만, 하나님을 직접적으로 부르지 않고, 3인칭으로 부르고 있으며, 용서를 직접적으로 간구하지 않고 있다는 점에서 벌린의 '참회기도' 정의에 어긋나고 있다는 점을 지적한다.[23] 그래서 투카시(E. O Tukasi)는 1QS를 참회기도가 아니라 '고백기도'(prayer of confession)로 부르자고 제안한다.[24]

그러나 쿰란 공동체는 자신들이 국가적 재앙이 끊임없이 지속되고 있는 상황 속에 살고 있다고 보고, 공동체 참회기도를 정례화 하였음이 쿰란문서를 통해 확인된다.[25] 쿰란 공동체는 기원후 70년 이전에 공동체 참회기도로 부를 수 있는 현상이 존재하였음을 보여준다. 쿰란 공동체의 사멸 이후 랍비 유대교는 공동체 기도문을 발전시켜 나갔다.

랍비 유대교에서 기도 텍스트와 규칙 등을 망라한 표준 기도 설명서인 세데르 라브 아므람(*Seder Rav Amram*)이 공식적으로 등장한 것은 기원후 850년경이다.[26] 랍비 유대교에서 참회기도문은 대속죄일과 같은 금식일과 개인기도로 제한되었고, 하루 세 번 드리는 공동체 간구기도인 테필라(*Tefillah*)나 아미다(*Amidah*)에서는 주된 내용이 아니었다.[27]

---

23 E. Schuller, "Penitential Prayer in Second Temple Judaism," 14.
24 E. O. Tukasi, "Dualism and Penitential Prayer in the Rule of the Community(1QS)," in *Dualism in Qumran*, Géza G. Xeravits, ed. (London: T&T Clark International, 2010), 173.
25 R. S. Sarason, "The Persistence and Trajectories of Penitential Prayer in Rabbinic Judaism," in *Seeking the Favor of God, vol. 3: The Impact of Penitential Prayer beyond Second Temple Judaism Early Judaism and Its Literature* (Atlanta: Society Biblical Literature, 2008), 7.
26 R. S. Sarason, "The Persistence and Trajectories of Penitential Prayer in Rabbinic Judaism," 3.
27 R. S. Sarason, "The Persistence and Trajectories of Penitential Prayer in Rabbinic Judaism,"

사라손(Sarason)은 미쉬나에서 금식이 선포되고 기도를 요구하는 경우를 살펴보고, 금식과 참회기도가 결합된 형태는 극도의 국가적 재앙과 재난 상태에서 행해졌음을 보여준다. 금식일과 대속죄일에 대한 중세 랍비 유대교 문학과 의례 행위에서 참회기도의 구체적인 요소는 금식을 통한 자기 낮춤, 죄의 고백, 그리고 하나님의 인자하시고 긍휼하심에 호소하는 용서의 간구이다.[28]

3. 이사야 63:7-64:11

대부분의 구약학자들은 전통적으로 이사야 63:1-6의 신적 용사(Divine Warrior) 찬양시에 이어지는 이사야 63:7-64:12 단락을 공동체탄원 시로 분류한다.[29] 핸슨(Paul D. Hanson) 역시 이 단락을 확장된 공동체탄원 시로 분

---

5. 그런데 바벨론판 아미다의 첫 문장은 중세 참회의식(selichot)에 사용된다. 이 중세 참회기도문은 신년축제일과 대속죄일 사이의 10일간 낭송되는데, 이 기도문의 중심주제는 출애굽기 34:6-7에서 기원한 하나님의 열세가지 자비로운 성품(Thirteen Attributes of God)이다. 1. 아도나이(죄를 짓기 전 하나님의 자비) 2. 아도나이(이미 지은 죄를 향한 하나님의 자비) 3. 엘(자연과 인간의 통치자이신 하나님의 넘치는 자비) 4. 라훔(인간의 연약함을 향한 긍휼) 5. 비하눈(억압당한 자와 고통 받는 자를 향한 자비) 6. 에레크 아파임(죄인에게 회개하고 뉘우칠 기회를 주시는 노하기를 드디하시는 하나님) 7. 베라브 헤세드(자격이 없는 자를 향한 인자) 8. 베에메트(하나님을 향해 진실한 자들을 위한 보응) 9. 노쩨르 헤세드 라알리핌(의인의 후손에게 인자를 천 대에 베푸심) 10. 노세 아본(고의적 악을 용서하심) 11. 베페샤(악한 의도로 죄지은 자의 과실을 용서하심) 12. 베하타아(부주의, 신중치 못함, 동정심 없음으로 인한 죄 용서하심) 13. 베나퀘(진심으로 회개하는 자의 죄를 씻어주심), Ronald L. Eisenberg, *Jewish Traditions: A JPS Guide* (The Jewish Publication Society, 2008), 181-182.

[28] R. S. Sarason, "The Persistence and Trajectories of Penitential Prayer in Rabbinic Judaism," 5.
[29] 대표적으로 궁켈과 모빙켈이다. S. Balentine, "I Was Ready To Be Sought Out by Those Who Did Not Ask," 258 재인용. 베스터만은 공동체탄원 시 형태로 이루어진 이사야

류하지만,[30] 제3이사야의 이 탄원시는 환상가(visionary) 전승의 궤도에서 저술된 것이라고 주장한다.[31]

다른 각도에서 이사야 63:7-64:11을 바라보는 학자들 중, 윌리엄슨(H. G. M. Williamson)은 이 단락을 "포로기의 팔레스타인 공동체로부터 유래한 예전적 텍스트"로 분류하고,[32] 블렌킨소프(Joseph Blenkinsopp) 역시 비슷하게 이사야 63:17-64:11을 폐허가 된 성전이나 남부 팔레스타인에 위치한 종교중심지에서 드려진 예전적 낭독을 위해 작성된 기도문으로 본다.[33] 한편 뉴만(J. Newman)은 "성서화된 기도(scripturalized prayer)"로 명명한다.[34]

그러나 이사야 63:17-64:11 단락을 전형적인 공동체탄원 시로 분류하거나 예전적 텍스트로 분류하기에는 특이점이 있다. 탄원시는 하나님/탄식자/대적자 세 명의 주체로 이루어지며, 전형적인 탄원시의 구조는 '호소-탄식-하나님 신뢰 고백-간구-찬양의 맹세'로 이루어진다.[35]

그런데, 이사야 63:7-64:11은 몇 가지 점에서 전형적인 탄원시 구조로 보기는 힘들다. 이사야 63:7-64:11의 구조를 보면, 하나님을 향해 구원해 달라는 호소(사 63:7-14)가 먼저 나온다.

63:7-64:11을 예배에서 사용된 것으로 본다. C. Westermann, *Isaiah 40-66* (The Old Testament Library; Philadelphia: The Westminster Press, 1969), 386; P. D. Miller, *They Cried to the Lord* (Minneapolis: Fortress, 1999), 55-134.

30 P. D. Hanson, Isaiah 40-66 (Interpretation; Louisville: John Knox Press, 1995), 235.
31 폴 D. 핸슨, 『묵시문학의 기원』, 이무용, 김지은 역 (서울: 크리스챤 다이제스트, 2007), 78-93.
32 H. G. M. Williamson, "Isaiah 63:7-64:11: Exilic Lament or Post-Exilic Protest?" *Zeitschrift für die alttestamentliche Wissenschaft* 102/1 (1990), 55.
33 J. Blenkinsopp, *Isaiah 56-66*, 259.
34 J. Newman, *Praying by the Book: The Scripturalization of Prayer in Second Temple Judaism* (Atlanta: Scholars Press, 1999), 113.
35 C. Westermann, *Praise and Lament in the Psalms*, 169-170.

첫 번째, 탄식(사 63:15-19a)이다.
두 번째, 탄식(사 64:7-10) 사이에 죄의 고백(사 64:4b-6b, 개역개정 사 64:5b-7b)이 끼여 있다.
세 번째, 하나님을 향한 구원호소로 마무리 짓고 있다.

이런 구조를 고려할 때, 이사야 63:7-64:11을 전형적인 탄원시로 보기에는 두 가지 점에서 특이하다. 먼저, 탄원시의 일부분인 하나님의 과거 구원사 행위에 대한 언급 부분이 거의 독립된 역사 시편 수준으로 확대되어 있다는 점(사 63:7-14)[36]과 무엇보다도, 두 번에 걸친 탄식 사이에 '죄의 고백' 단락(사 64:4b-6b, 개역개정 사 64:5b-7b)이 들어가 있다는 점이다. 이 두 가지 요소로 보아, 이사야 63:17-64:11은 전형적인 탄원시라기보다는 오히려 '참회기도'로 보는 편이 낫다.

기독교 전통에서 참회시편으로 분류한 일곱 개 시편 중 51편을 제외하면, 나머지 시편에서는 죄의 고백이 나온다 할지라도 이는 주된 요소가 아니다. 예를 들어, 시편 6, 102, 143편에서는 죄의 고백이 전혀 나오지 않는다. 시편 32편에서 죄의 고백은 5절 한 절에서만 언급되고, 시편 38편 역시 18절 한 절에서만 죄의 고백이 나온다.

시편 130편에서는 시인의 직접적인 죄의 고백은 없고, 일반적인 의미에서 '죄악'이라는 단어가 언급될 뿐이다. 회개시편으로 분류된 위의 시편들과 비교할 때, 이사야 63:7-64:11에 나타난 상대적으로 구체적이고 긴 '죄의 고백'은 단순히 이 단락을 탄원시로 분류하기보다는 '참회기도'로 구분하여 명명할 필요가 있다.

---

36 C. Westermann, *Praise and Lament in the Psalms*, 386.

탄원시는 사람의 회개보다는 하나님의 정의와 공의에 더 방점을 두고 있다. 이 기도의 죄의 고백 부분을 상세히 분석하면, 이 단락이 왜 '참회기도'로 분류되어야 하는지가 보다 분명하게 드러날 것이다.

참회기도의 죄의 고백 부분에서 주의해서 보아야 할 구절은 죄 고백의 도입 부분인 이사야 64:4b(개역개정 사 64:5b) "הן־אתה קצפת ונחטא"이다. 개역개정에서 "우리가 범죄하므로 주께서 진노하셨사오며"로 번역하고, RSV는 히브리어의 순서를 그대로 따라 "Behold, thou wast angry, and we sinned."로 직역한다.

이 두 번역의 차이는 크다. 우리말 번역은 인간의 죄의 결과로 하나님이 진노하셨다고 보지만, 영어 번역은 순서상 하나님이 먼저 진노하였고, 인간이 죄를 범한다.

원문에 보다 충실한 영어 번역은 전통적 신학사상의 인과 법칙을 역전시키는 결과를 초래한다. 그러나 가르트너(J. Gärtner)는 이 구절과 이사야 63:15를 함께 고려해본다면, 이것은 죄와 진노의 순서를 문제시 삼는 것이 아니라, 현재를 향한 하나님의 진노의 결과를 강조하는 것이라고 주장한다.[37] 그 결과는 바로 이사야 64:6b(개역개정 사 64:7b, "이는 주께서 우리에게 얼굴을 숨기시며")에서 '하나님 부재'의 상황을 고백하고 있다는 점이다.[38]

그래서 죄의 결과 하나님 부재의 상황을 맞게 되고, 하나님 부재의 결과 하나님의 백성은 소멸에 처하게 되는 악순환에 놓였음을 탄식한다(개역개정 사 64:7b, "우리의 죄악으로 말미암아 우리가 소멸되게 하셨음이니이다").[39] 이 참

---

37 J. Gärtner, "'…Why do you let us stray from your paths…' (Isa 63:17): the Concept of Guilt in the Communal Lament Isa 63:7-64:11," in *Seeking the Favor of God, vol. 1*, 149.
38 Gärtner, "'…Why do you let us stray from your paths…' (Isa 63:17)," 149.
39 Gärtner, "'…Why do you let us stray from your paths…' (Isa 63:17)," 150.

회기도는 하나님 부재의 상황이라는 극단적 상황 앞에서 드리는 기도라는 상황적 특징이 드러난다.

그런데 하나님 부재의 상황을 탄식하는 참회기도가 제3이사야의 묵시문학적 형태 속에 들어있다는 점에 주목할 필요가 있다.[40]

제3이사야의 묵시문학적 성격은 참회기도 속에서 하나님 표상이 역사 안에서 역사하시는 하나님(사 63:11-14)으로부터 하늘에서 내려오시는 하나님(사 63:15a; 64:1-3)으로 변화되는 것에서 분명히 드러난다.[41]

제3이사야(이사야 56-66장)는 폴 핸슨의 저작 이후, "예언자 양식이 묵시문학적 양식으로 변해가는 이스라엘의 예언자적 문학 단계"[42]를 나타내는 작품으로 간주되어왔다.

그렇다면 이런 제3이사야의 묵시문학적 양식이라는 보다 큰 구조 속에서 참회기도의 기능과 역할은 무엇인가?

이 문제는 이사야 참회기도의 저자 공동체와 그들의 역사적 상황과 직결된다. 이 문제는 지금까지 두 가지 방향에서 고려되어왔다. 먼저 핸슨은 제3이사야를 '저항문학'으로 읽는다. 그는 이런 관점에서 이사야 63:7-64:11을 이미 사독계 제사장들이 권력을 쥐고 있는 상황 속에서 나온 탄식이라고 본다.[43]

제2이사야로부터 기인한 묵시적 전승이 제3이사야에서 환상가 집단과

---

40 제3이사야의 문학 장르를 묵시문학으로 분류하는 논의에 대해서는 다음을 참조하라. R. Handel, "Isaiah and the Transition from Prophecy to Apocalyptic," in *Birkat Shalom: Studies in the Bible, Ancient Near Eastern Literature, and Postbiblical Judaism Presented to Shalom, M. Paul on the Occasion of His Seventieth Birthday*, Chaim Cohen, Shalom M Paul, et al, eds. (Winona Lake, Ind.: Eisenbrauns, 2008), 261-79.
41 J. D. W. Watts, *Isaiah 34-66* (WBC 25; Waco: Word Books, 1987), 330-31.
42 폴 D. 핸슨, 『묵시문학의 기원』, 49.
43 폴 D. 핸슨, 『묵시문학의 기원』, 91.

제사장 집단 간의 투쟁이 가속화되는 정치적 상황 속에서, 야웨신앙이 묵시문학적 종말론으로 변형되어갔다고 본다.[44]

그래서 이사야 63:7-64:11의 참회기도는 죄의 고백과 하나님 부재 상황에 대해 탄식하고, 야웨의 직접적인 개입을 간구한다. 즉, "주의 원수들이 주의 이름을 알게 하시며 이방 나라들로 주 앞에서 떨게"(사 64:2)되고, "우리가 생각하지 못한 두려운 일을 행하시던 그 때에 산들이 주 앞에서 진동"(사 64:3)한다.

제2이사야에 나타나는 이런 간구는 하나님의 직접 개입을 호소하는데, 이는 하나님을 신적 용사의 표상으로 묘사하는 초기 전승이 포로기 이후 묵시적 전승에서는 종말론적 신앙으로 변형되는 연장선상에 있다.[45] 나아가, 죄의 고백과 하나님 부재 상황을 탄식하는 참회기도에 대한 대답은 이사야 65-66장에서 찾아볼 수 있다.[46] 그러므로 핸슨은 참회기도를 정치력을 상실한 비사독계 환상가 집단이 자신들의 상황을 탄식하면서, 야웨의 직접적 개입을 묵시적으로 희망하는 기도로 해석한다.

그러나 핸슨의 논증에 반대하여, 슈람(Brooks Schramm)은 오히려 제3이사야의 저자를 사독계라고 본다. 이 관점에서, 제3이사야의 대적은 사독계 제사장이 아니라, 종교혼합주의자라고 본다.

---

[44] 폴 D. 핸슨, 『묵시문학의 기원』, 93.
[45] 폴 D. 핸슨, 『묵시문학의 기원』, 92.
[46] 폴 D. 핸슨, 『묵시문학의 기원』, 72. Jacob Stromberg, *Isaiah After Exile: The Author of Third Isaiah as Reader and Redactor of the Book* (OTM; Oxford: Oxford University Press, 2011), 30. Brooks Schramm, *The Opponents of Third Isaiah: Reconstructing the Cultic History* (Sheffield: Sheffield Press, 1995), 154.

이사야 63:7-64:11의 참회기도는 사독계와 비사독계이라는 유대 내부의 갈등이 아니라, 이스라엘과 열방 사이의 충돌 속에서 나온 것으로 본다.[47] 그래서 이사야 63:18의 성전을 유린한 "우리의 원수"는 예루살렘성전을 장악한 사독계 제사장 계층이 아니라, 전통적인 대적인 바벨론을 지칭하는 것으로 본다.[48]

그런데 슈람은 제3이사야가 묵시문학이라는 점 자체를 부인하지는 않는다.[49] 슈람이 이사야 63:7-64:11의 저자를 사독계 제사장으로 보는 것과 제3이사야의 문학장르를 묵시문학으로 보는 것이 상충하지 않는다 할지라도,[50] 제3이사야의 저자를 사독계로 보는 것은 또 다른 문제에 봉착하게 한다. 즉, 슈람은 제3이사야의 저자인 묵시적 '사독계 제사장'과 에스라-느헤미야의 성전에서 통치하는 중심부 '사독계 제사장'을 구분하여 논증할 필요가 있지만, 이 문제에 대해 침묵하고 있다.

사실 이 문제는 이사야 63:7-64:11의 참회기도 단락의 편집적 위치를 선후 단락 속에서,[51] 포로 후기 이스라엘 사회의 정체성 논쟁이라는 보다 전

---

47 Brooks Schramm, *The Opponents of Third Isaiah*, 153.
48 Brooks Schramm, *The Opponents of Third Isaiah*, 154.
49 Brooks Schramm, *The Opponents of Third Isaiah*, 108.
50 슈람이 논증하지 않은 이 지점은 직접 제3이사야를 언급하지 않지만, 사독계 제사장 계층의 묵시문학 저작을 주장하는 스티븐 쿡의 이론으로 보충될 수는 있다고 본다. 그러나 슈람은 제3이사야의 사독계 제사장 저작권 논증을 분명히 할 필요가 있다. 스티븐 L. 쿡, 『예언과 묵시: 포로기 이후 묵시 사상에 대한 사회학적 연구』, 이윤경 역 (서울: 새물결플러스, 2016).
51 블렌킨소프(Blenkinsopp)은 이 단락이 선행 단락인 에돔 신탁(사 63:1-6)과 상관관계가 없고, 오히려 이사야 59:15b-20과 대구를 이루고, 뒤이어 나오는 단락인 이사야 65:1-12로 완성을 이룬다고 본다. 블렌킨소프는 이사야 63:7-16을 원래의 시로 보고, 이사야 63:17-64:11을 후대 첨가로 보거나, 여러 단계의 편집과정을 거친 복합 편집물로 보기보다, 이 단락을 전체적으로 매끄럽게 통일된 작품으로 본다. J. Blenkinsopp, *Isaiah 56-66* (Anchor Bible; New York: Doubleday, 2003), 257.

체적이며 일반적인 차원에서 고찰해야 한다. 특히, 편집비평적 측면에서 이사야 63:7-64:11 단락은 선행 단락보다는 묵시적 종말론 색채를 띠고 있는 후행 단락과의 연관성 속에서 고찰되어왔다.[52]

참회기도 부분에서는 "우리는 다 주의 백성"(개역개정 사 64:9c)이라고 고백하지만, 후행 단락에서는 분명히 이스라엘 전체의 구원에 대해 호소하지 않는다. 후행 단락은 구원의 대상을 "나의 종"(사 65:12, 14), "나의 택한 자"(사 65:15)로 한정 짓는다. 이런 호소는 제3이사야의 하나님의 백성에 대한 정체성 논쟁과 같은 선상에 있다.

이 제3이사야의 정체성 논쟁은 보다 넓은 맥락에서는 제2성전 시대 유대사회의 정체성 논쟁의 일부이다. 예를 들어, 제3이사야와 에스라-느헤미야는 이들이 동시대이든 아니든,[53] 공동체 구성원에 대해 매우 대조적 입장을 표명하고 있다.[54]

예를 들어, 에스라 9:4와 10:3과 이사야 66:2, 5은 동일하게 하나님의 말씀에 '떠는 자'(חרד, החרדים)를 언급한다.[55] 그러나 이사야와 에스라-느헤미야는 '떠는 자'의 정체성에 대해 다르게 규명한다. 이사야 66:2은 이 '떠는

---

52 이사야 63:17-64:11과 후행 단락인 이사야 65-66장의 상관관계 연구에 대해서는 다음을 참조하라. E. U. Dim, *The Eschatological Implications of Isa 65 and 66 as the Conclusion of the Book of Isaiah* (Bern; New York: Peter Lang, 2004), 41-44.
53 제3이사야와 에스라-느헤미야를 동시대로 보는 입장(Klaus Koenen)과 제3이사야가 느헤미야보다 후대라고 보는 입장(J. D. Watts)이 입장이 있다.
54 제3이사야와 에스라-느헤미야가 이스라엘의 구성원에 대해 상반된 입장을 지니고 있다는 연구사에 대해서는 다음을 참조하라. B. S. Childs, *Isaiah* (Old Testaments Library; Louisville: Westminster John Knox, 2001), 457. Clinton E. Hammock, "Isaiah 56:1-8 and the Redefining of the Restoration Judean Community," *Biblical Theology Bulletin* 30 (2000), 46-67.
55 이사야와 에스라의 '떠는 자'(하레드, 하레딤)의 정체성 차이에 대해서는 다음을 참조하라. J. Blenkinsopp, *Ezra-Nehemiah* (The Old Testament Library; Westminster John Knox Press 1988), 178-79.

자'를 "가난하고 심령에 통회"하는 자라고 규정하고, 이사야 66:5은 "너희 형제가 너희를 미워하며... 너희를 쫓아내며"라고 언급함으로써, 이스라엘 내부의 갈등과 분열을 암시한다. 결국, 이사야 참회기도의 후행 단락을 고려할 때, 참회기도는 포로기 이후 계속되는 이스라엘 내부의 갈등과 분열 상황을 '하나님 부재'와 '공동체의 소멸'로 보는 위기 인식 속에서 나온 것이며, 이 문제를 해결하는 것은 "하늘을 가르시고 강림하시는 주"(사 64:1, 개역개정 사 63:19)라고 참회기도 속에서 고백한다.

4. 다니엘 9:3-19

포로기 동안 성전이 아닌 곳에서 낭송된 기도문을 포함하고 있는 다니엘 9:1-27의 본문은 세 부분으로 구성되어있다.

첫 번째 단락인 9:1-2은 메대 왕 다리오 제1년의 사건과 예레미야 25:11-14, 29:10의 내용을 연결시킨다. 두 번째 단락인 다니엘 9:3-19에서 다니엘은 참회기도를 드린다. 마지막 단락인 다니엘 9:20-27은 천사 가브리엘의 미래 회복에 대한 계시이다. 두 번째 다니엘 9장의 단락인 참회기도가 랍비 유대교의 참회기도 의식에 끼친 영향은 지대하다. 예를 들어, 기원후 사디아(*Saadia*) 의식서는 알파벳 순서로 배열된 죄의 고백을 담고 있는데, 이는 다니엘 9:11에 기초를 둔 것이다.[56] 또한 중세 이후에 정형화되는 몸을 구부리는 자세 역시 다니엘서의 참회기도에 기초를 둔 것이며,[57] 다니

---

[56] R. S. Sarason, "The Persistence and Trajectories of Penitential Prayer in Rabbinic Judaism," 13.

[57] R. S. Sarason, "The Persistence and Trajectories of Penitential Prayer in Rabbinic Judaism,"

엘서 9장에서 반복적으로 나오는 단어인 תחנון 혹은 תחנונים은 중세 유대교 예배의 한 기초가 된다.[58]

다니엘서 9장의 두 번째 단락인 참회기도에 대해서 라콕(Andre LaCocque)은 "포로기 동안에 예루살렘에서 작성된 예배 의식의 일부로서 신명기 기자와 예레미야의 사상이 강하게 반영되어있다"[59]고 본다. 그러나 모든 학자들이 다니엘 9장의 참회기도와 신명기 신학의 상관관계를 당연시하지 않는다.

오히려 다니엘 9장과 신명기의 상관관계는 학자들의 연구 주제가 되어 왔다. 윌슨(G. H. Wilson)은 다니엘 9장을 신명기 신학의 수정이라고 본다.[60] 타우너(W. S. Towner)는 다니엘 9장이 인과응보 신학을 묵시문학적 틀에 맞추어 수정한 것으로 본다.[61] 다른 한편 콜린스(J. J. Collins)는 다니엘 9장이 신명기 신학을 거부한다고 본다.[62]

대부분의 학자들은 다니엘 9장의 참회기도의 저작시기에 대해, 제2성전 시대에 나온 여타 참회기도보다 더 이른 시기에 나온 것으로 본다. 예를 들어, 에스라 9:6-15, 느헤미야 9:6-37, 1바룩 1장 15-3장 8절, 그리고 4QDibHam 등에서 다니엘 9장의 기도가 다른 형태로 나와 있고,[63] 이는 다니엘의 참회기도가 후대에 영향을 미친 증거라고 본다. 하트만(L. F. Hartman)

14.
58 R. S. Sarason, "The Persistence and Trajectories of Penitential Prayer in Rabbinic Judaism," 14-15.
59 앙드레 라콕, 『다니엘과 그 시대』 김창주 역 (서울: 대한기독교서회, 2001), 111.
60 G. H. Wilson, "The Prayer of Daniel 9: Reflections on Jeremiah 29," *Journal for the Study of the Old Testament* 48 (1990), 92.
61 W. 시블리 타우너, 『다니엘서』 (현대성서주석; 서울: 한국장로교출판사, 2004), 187-98.
62 J. J. Collins, *A Commentary on the Book of Daniel* (Hermeneia; Minneapolis: Fortress, 1993), 96.
63 앙드레 라콕, 『다니엘과 그 시대』, 111.

과 디렐라(A. A. Di Lella) 역시 다니엘 9장을 다니엘의 나머지 장들보다 이른 시기에 나온 것으로 보고, 다니엘 9장의 기도를 신명기시대부터 사용된 예전적 유형으로 분류해야 하며, 열왕기상 8:15-53, 예레미야 32:17-25, 역대기상 17:16-27; 29:10-19, 역대기하 20:6-12과 특히 에스라 9:6-15, 느헤미야 1:5-11; 9:6-37과 동일 유형으로 분류할 수 있다고 주장한다.[64]

다니엘서 9장의 유형과 삶의 자리에 대한 연구 역시 진행되어 왔다. 리핀스키(Lipínski)와 길벌트(Gilbert)는 다니엘 9장의 배경을 '참회 예전'(penitential liturgies)으로 본다.[65] 벤터(P. M. Venter)는 다니엘 9장의 기도를 전형적인 참회기도 유형으로 분류한다.[66] 그러나 타우너는 다니엘 9장을 예레미야 25:11-14의 예언에 대한 '명상'(meditation)으로 분류한다.[67]

나아가 타우너는 다니엘 9장을 8장과 관계성 속에서 고찰할 때, 70년의 포로기간을 "종말을 향해 전개되는 역사의 흐름을 보다 의미 있게 이해하는 해석의 틀을 찾으려고 하는… 미드라쉬적 노력"으로 보고, 에스라 9:6-15, 느헤미야 1:5-11; 9:6-37과 구별하여, 다니엘 9:4-19를 '산문체 참회기도'로 분류한다.[68] 그는 다니엘 9장의 참회기도를 포함한 산문체 참회기도의 네 가지 특징을 제시한다.[69]

---

[64] L. F. Hartman & A. A. Di Lella, *The Book of Daniel* (The Anchor Bible; New York: Doubleday, 1978), 248. 하트만과 디 렐라는 다니엘서 9장의 기도와 가장 유사한 유형은 제1바룩 1:15-2:19의 기도문이라고 본다.
[65] J. J. Collins, *A Commentary on the Book of Daniel*, 347, 각주 9에서 재인용.
[66] P. M. Venter, "Daniel 9: A Penitential Prayers in Apocalyptic Garb," in *Seeking the Favor of God, vol. 2*, 33-49.
[67] W. 시블리 타우너, 『다니엘서』, 184.
[68] W. 시블리 타우너, 『다니엘서』, 184, 187.
[69] W. S. Towner, "Retributional Theology in the Apocalyptic Setting," *Union Seminary Quarterly Review* 26 (1971), 210-11.

(1) 야다(ידע, 고백하다)의 히트파엘형을 사용한다.

(2) 다른 산문체 참회기도보다 세련되고 정교하다.

(3) 이 네 기도는 솔로몬의 기도(왕상 8:46-47, 49)와 유사한 참회적 특징을 지니고 있다.

(4) 기도가 삽입된 설화는 즉각적이고, 직접적인 하나님의 용서에 대해 언급하지 않는다.

이상에서 보듯, 대부분의 학자들은 양식비평적 관점에서 다니엘 9장의 기도를 참회기도로 분류하고, 이 기도의 삶의 자리를 추론해보고자 하였다. 그러나 다니엘 9장의 참회기도가 무엇을 참회하고 있는지, 그 내용과 어떤 배경에서 나오는지 살펴볼 필요가 있는데, 이 부분에 대한 연구는 거의 되지 않고 있는 실정이다.

이 참회기도의 기능과 역할에 대한 예외적인 연구로서, 벌린(Rodney A. Werline)은 다니엘 9장의 참회기도가 실제 행해진 기도가 아니라 가상의 문학적 기도라고 단언하면서, 이 참회기도의 문학적 기능, 목적, 역학에 대해 질문을 던지고 대답을 찾고자 한다.

벌린은 무엇보다도 이 질문에 대해 답할 때, 다니엘 9장의 참회기도를 묵시문학이라는 다니엘서 전체의 문학 장르 속에서 고려해야 한다고 지적한다. 즉, 다니엘 9장의 참회기도에 나타나는 해석하는 천사의 존재와 종말론적 역사 해석과 모든 지식이 하나님으로부터 온다는 사상은 묵시문학적 구성요소로서 다니엘서의 나머지 부분과 조화를 이룬다고 지적한다.[70]

---

70 R. A. Werline, "Prayer, Politics, and Social Vision in Daniel 9," in *Seeking the Favor of God, vol. 2*, 22-23.

벌린은 다니엘서의 저자를 현자(מַשְׂכִּילִים) 집단으로 본다. 이 집단은 안티오쿠스 4세의 파행적 칙령으로 인한 유대교 말살 정책으로 성전이 유린된 상황, 거기에 더하여 불법적인 대제사장직이 예루살렘성전을 차지하고 있는 상황 속에서 참회기도를 드리게 된다고 논증한다.[71]

이 점에서 다니엘 9장의 참회기도는 묵시문학적 형태 안에서 예레미야가 예고한 포로기의 종언과 새로운 시대의 개막을 간구하는 '역동적인 사회적 수행'(dynamic social performance)의 기능을 한다.[72] 다니엘 9장의 참회기도는 단순한 문학적 유희나 만족이 아니라, 묵시문학이 지니고 있는 역동성 안에서 대(對)사회적 수행의 기능을 담당한다.

다니엘 9장이 묵시문학이라는 특징적 문학 장르 속에서 기능하는 바는 단순한 의례적, 관행적, 수동적 수행이라기보다는 역동적이며, 나아가 저항적 기능을 담지하고 있다는 점은 벤터의 연구에서 보다 심도 깊게 진행되었다. 벤터는 황폐한 예루살렘과 무너진 성전을 바라보면서 드리는 참회기도는 단순한 죄의 고백을 넘어서서 정치적 메시지가 내포되어 있음을 지적한다.[73]

참회기도를 드리는 자는 성전도 예루살렘도 없이 황폐한 곳에 다시 성전이 재건되고 예루살렘 도성이 세워지는, '현실적인 그러나 가상적'(real-imagined) 공간을 그리고 있다. 현실과 이상 사이의 공간에 살고 있는 다니엘 공동체는 지금 그들이 살고 있는 공간 속에서 성화, 가르침, 금식, 회개, 참회기도를 계속할 뿐이다.

71　R. A. Werline, "Prayer, Politics, and Social Vision in Daniel 9," 24.
72　R. A. Werline, "Prayer, Politics, and Social Vision in Daniel 9," 32.
73　P. M. Venter, "Daniel 9: A Penitential Prayers in Apocalyptic Garb," 47.

다니엘 공동체의 이런 수행은 후에 회당에서 참회기도가 정례화되는 이데올로기적 토대를 마련하게 된다.[74] 벤터는 다니엘 9장의 기도와 설화 단락은 어느 한 단락이 다른 단락을 수정하는 관계가 아니라, 상호 병행적으로 자신들이 살고 있는 시공간에서 저항의 전략을 구가하고 있다고 논증한다. 벤터가 제안한 묵시문학 장르 속의 참회기도의 수행적 기능은 브루그만의 기도에 대한 정의와 상통하는 점이 있다.

브루그만은 이스라엘 백성이 부르짖음을 통해 하나님에게 간구한 내용은 무엇보다도 "정의와 안녕(행복)"에 대한 간구였으며, 이를 통해 "변화된 세상의 도래"를 기도했다는 사실에 주목한다.[75]

브루그만은 기도를 거대한 타자(他者)이신 하나님과 교류하는 행위로 규정하기에, 기도는 신비로운 하나님 앞에서 이루어지는 행위이며, 이와 동시에 또 다른 '타자'인 "이웃에 대한 자유와 신뢰와 책임을 요구하는 지속적인 상호작용"으로 보기에, 기도는 "모든 독백의 강력한 대안"이며 세상을 변화시킬 수 있다고 본다.[76]

그런데 다니엘 9장의 참회기도의 수행적 기능은 철저하게 묵시적 종말론의 세계관 속에서 변화된 세상의 도래를 희망하고 있다는 점을 주목할 필요가 있다.

다니엘의 참회기도는 예레미야의 70년 예언을 상기하면서, 바벨론 포로기가 종식되고, 귀환하였지만, 여전히 "황폐한 성소"(단 9:17)와 "황폐한 상황"(단 9:18)에 놓인 현실을 하나님과 이스라엘 동족에게 환기시키고 있다. 예레미야의 70년 예언은 여전히 성취되지 못한 상황이다. 다니엘 9장의 참

---

74 P. M. Venter, "Daniel 9: A Penitential Prayers in Apocalyptic Garb," 49.
75 월터 브루그만, 『구약의 위대한 기도』, 32.
76 월터 브루그만, 『구약의 위대한 기도』, 33-34.

회기도 속에서 가장 압도적으로 반복되는 두 개의 동사는 חטא(5, 8, 11, 15절)와 שמע(6, 10, 11, 14절)이다.

이 두 동사의 반복을 통하여, 저자는 참회기도문 곳곳에서 '우리가 범죄하였습니다.'(חטאנו) 그리고 '우리가 주의 목소리를 듣지 않았습니다.'(ולוא שמע)라고 고백하고 있다.

이 두 개의 동사 외에도, 참회기도는 죄의 고백을 위한 동사를 다양하게 사용한다(예: 패역하다/עוה, 행악하다/רשע, 반역하다/מרד, 죄를 범하다/מעל). 예레미야가 예언한 예루살렘 회복의 지연을 목도하면서 드리는 다니엘의 참회기도는 가브리엘의 계시 환상을 응답으로 받는다(단 9:20-27).

가브리엘의 계시 속에서 예레미야의 70년 예언은 '일흔 이레'(단 9:24) 그리고 '일곱 이레와 예순 두 이레'(단 9:25-26)라는 종말론적 시간으로 재편되어 해석되고,[77] "지극히 거룩한" "기름 부음을 받은 자 곧 왕"의 도래를 희망한다.[78]

이처럼 안티오쿠스 4세 에피파네스의 종교정책으로 인한 현재의 황폐한 성전과 도성의 회복은 하나님의 직접 개입을 고대하는 묵시적 종말론으로만 가능하다는 것을 다니엘의 참회기도는 말하고 있고, 바로 이점에서 다

---

[77] 예레미야의 70년 예언에 대한 다니엘의 재해석에 대해서는 다음을 참조하라. M. Segal, "The Chronological Conception of the Persian Period in Daniel 9," *Journal of Ancient Judaism* 2 (2011), 283-303. D. Dimant, "The Seventy Weeks Chronology (Dan 9,24-27) in the Light of New Qumranic Texts," in *The Book of Daniel in the Light of New Findings*, A. S. van der Woude, ed. (Leuven: Leuven University Press, 1993), 57-76.

[78] 라콕 그리고 하트만과 디 렐라는 9:25의 "기름 부음 받은 자"를 대제사장 여호수아로 본다. 앙드레 라콕, 『다니엘과 그 시대』, 65; L. F. Hartman & A. A. Di Lella, *The Book of Daniel*, 251.

니엘 전체와 맥을 같이한다.[79]

5. 나가는 말

본 논문은 제2성전 시대 묵시문학 장르에 나타난 참회기도의 문학적 위치와 기능과 역할을 고찰해 보고자 하였다. 이를 위하여 구체적으로 이사야 63:7-64:11과 다니엘 9:3-19 본문을 살펴봄으로써, 먼저 이 본문이 단순히 탄식이 아니라 참회임을 제시하고자 하였다. 참회기도와 비교할 때, 탄원시는 인간의 참회 자체가 아니라, 하나님의 정의와 공의에 더 방점을 두고 있다.

이사야 63:7-64:11은 두 번에 걸친 탄식 사이에서 구체적이며, 긴 '죄의 고백'을 하고 있다. 다니엘 9:3-19에도 매우 긴 참회의 죄 고백이 나온다. 탄원시와 달리 참회기도는 저자의 공동체가 처한 처참한 상황을 탄식하고, 이 상황을 바로 잡아달라는 간구에 앞서, 죄의 고백 자체에 집중하고 있음을 알 수 있다.

또한 이사야와 다니엘의 참회기도는 묵시적 종말론이라는 문학 장르 속에 들어있다는 점에서 공통요소를 지니고 있다. 먼저 이사야 참회기도에서, 하나님 표상은 역사 안에서 역사하시는 하나님(사 63:11-14)으로부터 하늘에서 내려오시는 하나님(사 63:15a; 64:1-3)으로 변화되고, 이점에서 제

---

[79] 바로 이점에서 다니엘서 9장의 후대 삽입이라고 보는 입장보다는 본래 작품의 일부분으로 보는 편이 더 낫다고 본다. 다니엘서 9장의 편집사에 대한 연구사 정리는 다음 논문을 참조하라. B. W. Jones, "The Prayer in Daniel IX," *Vetus Testamentum* 18/4 (1968), 488-93.

3이사야 전체의 묵시문학적인 문학 장르적 특징과 상통한다.

　이사야의 참회기도는 포로기 이후 계속되는 이스라엘 내부의 갈등과 분열 상황을 '하나님 부재'라는 위기 상황으로 인식하고, 자신들이 처한 현실을 '공동체의 소멸' 상황이라고 파악하고 있음을 드러낸다. 이사야의 참회기도는 이 문제를 해결하는 것은 "하늘을 가르시고 강림하시는 주"(64:1, 개역개정 사 63:19)라고 고백한다. 마찬가지로 다니엘의 참회기도는 예레미야의 70년 예언을 상기하면서, 바벨론 포로기가 종식되고, 귀환하였지만, 안티오쿠스 4세 에피파네스의 종교정책으로 인해 여전히 황폐한 성전과 도성을 목도하면서 드려지는 기도이다.

　다니엘의 참회기도는 가브리엘의 계시를 응답으로 제시함으로써, 하나님의 직접 개입을 고대하는 묵시적 종말론으로만 현 상황의 변화가 가능하다는 믿음을 드러낸다.

　이점에서 다니엘 9장의 참회기도에 나타나는 해석하는 천사의 존재와 종말론적 역사 해석과 모든 지식이 하나님으로부터 온다는 사상은 묵시문학적 구성요소로서 다니엘서의 나머지 부분과 조화를 이룬다. 다니엘 9장의 참회기도는 성전이 황폐된 상황에서, 성전 밖에서, 묵시문학 속에서 드려지는 기도이다.

　그러나 이 묵시문학적 참회기도는 단순한 문학적 유희나 신학적 만족이 아니라, 묵시문학이 지니고 있는 역동성 안에서 대사회적 수행의 기능을 담당하며, 나아가 안티오쿠스 4세 에피파네스의 반유대교 종교정책에 대항하는 저항적 기능을 담지한다. 이런 점에서 다니엘의 참회기도는 예레미야의 70년 예언 전승을 당대의 상황 속에서 신학적으로 재해석하고, 하늘로부터 오는 "기름 부음 받은 자"를 고대하는 묵시적 종말론적 기도이다.

참고문헌

W. 시블리 타우너. 『다니엘서』. 신정균 역. 서울: 한국장로교출판사, 2004.
앙드레 라콕. 『다니엘과 시대』. 김창주 역. 서울: 대한기독교서회, 2001.
월터 브루그만. 『구약의 위대한 기도』. 전의우 역. 서울: 성서유니온선교회, 2012.
스티븐 L. 쿡. 『예언과 묵시: 포로기 이후 묵시 사상에 대한 사회학적 연구』. 이윤경 역. 서울: 새물결플러스, 2016.
폴 핸슨. 『묵시문학의 기원』. 이무용, 김지은 역. 서울: 크리스챤다이제스트, 2007.
Bautch, J. *Developments in the Genre between Post-exilic Penitential Prayers and the Psalms of Communal Lament*. SBLAcBib, Atlanta: Society of Biblical Literature, 2003.
Boda, M. J. *Praying the Tradition: The Origin and Use of Tradition in Nehemiah 9*. Berlin ; New York: Walter de Gruyter, 1999.
Boda, M. J., Falk. D. K., and Werline. R. A., Eds. *Seeking the Favor of God, vol. 1: The Origins of Penitential Prayer in Second Judaism*. Atlanta: Society of Biblical Literature, 2006.
_____. *Seeking the Favor of God vol. 2: The Development of Penitential Prayer in Second Temple Judaism*. Atlanta: Society of Biblical Literature, 2007.
_____. *Seeking the Favor of God, vol. 3: The Impact of Penitential Prayer beyond Second Temple Judaism Early Judaism and Its Literature*. Atlanta: Society Biblical Literature, 2008.
Blenkinsopp, J. *Isaiah 56-66*. Anchor Bible; New York: Doubleday, 2003.
Chazon, E. G. "Prayers from Qumran their Historical Implications," *Dead Sea Discoveries*. 1 (1994), 265-84.
Collins, J. J. *A Commentary on the Book of Daniel*. Hermeneia; Minneapolis: Fortress, 1993.
Falk, D. K. *Daily, Sabbath, and Festival Prayers in the Dead Sea Scrolls*. Leiden: Brill, 1998.

Hanson, P. D. *The Dawn of Apocalyptic*. Philadelphia: Fortress Press, 1979.

———. *Isaiah 40-66*. Interpretation; Louisville: John Knox Press, 1995.

Hartman, L. F. and Di Lella, A. A. *The Book of Daniel*. The Anchor Bible; New York: Doubleday, 1978.

Jones, B. W. "The Prayer in Daniel IX." *Vetus Testamentum*. 18/4 (1968), 488–93.

Newman, J. *Praying by the Book: The Scripturalization of Prayer in Second Temple Judaism*. Atlanta: Scholars Press, 1999.

Nitzan, B. *Qumran Prayer and Religious Poetry*. Leiden: Brill, 1994.

Schramm, B. *The Opponents of Third Isaiah: Reconstructing the Cultic History*. Sheffield: Sheffield Academic Press, 1995.

Stromberg, J. *Isaiah After Exile: The Author of Third Isaiah as Reader and Redactor of the Book*. OTM; Oxford: Oxford University Press, 2011.

Towner, W. S. "Retributional Theology in the Apocalyptic Setting," *Union Seminary Quarterly Review*. 26 (1971), 203–214.

Watts, J. D. W. *Isaiah 34-66*. WBC 25; Waco: Word Books, 1987.

Werline, R. A. *Penitential Prayer in the Second Temple Judaism: The Development of a Religious Institution Tradition in Nehemiah 9*. BZAW 227, Berlin: de Gruyter, 1999.

Westermann, C. *Isaiah 40-66*. The Old Testament Library; Philadelphia: The Westminster Press, 1969.

———. *Praise and Lament in the Psalms*. Trans. Keith R. Crim and R. N. Soulen; Atlanta: John Knox, 1981.

Wilson, G. H. "The Prayer of Daniel 9: Reflections on Jeremiah 29," *Journal for the Study of the Old Testament*. 48 (1990): 91–99.

제7장

쿰란 다니엘 문서: 4Q242, 243-245, 246

1. 들어가는 말

쿰란문서 중정경 다니엘서의 사본이 다수 발굴되었다.[1] 쿰란 제1동굴에서 총 8개의 다니엘서 사본이 발굴되었다(1QDan^{a}와 1QDan^b).[2] 1QDan^{a}는 다니엘서 1:10-17과 2:2-6을, 1QDan^{b}는 다니엘서 3:22-30을 포함한다. 또한, 제4동굴에서 총 5개의 사본이 발굴되었다(4QDan^{a-e}).[3]

그리고 제6동굴에서 파피루스로 된 다니엘서 사본 하나가 발굴되었다(pap6QDan).[4] 이 사본은 다니엘서 10:8-16과 11:33-36, 38을 포함한다. 쿰

---

[1] 쿰란에서 발굴된 다니엘서 사본에 대한 일반적 개요에 대해서는 다음 논문을 참조하라. Gerhard F. Hasel, "The Book of Daniel Confirmed by the Dead Sea Scrolls," *Journal of the Adventist Theological Society* 1/2 (1990): 37-49.

[2] D. Barthélemy and J. T. Milik, *Qumran Cave 1* (DJD 1; Oxford: Clarendon, 1955), 150-52.

[3] E. C. Ulrich, "Daniel Manuscripts from Qumran. Part 1: A Preliminary Edition of 4QDana," *Bulletin of the American Schools of Oriental Research* 268 (1987), 17-37; "Part 2: A Preliminary Edition of 4QDanb and 4QDanc," *Bulletin of the American Schools of Oriental Research* 274 (1989): 3-26.

[4] M. Baillet and J. T. Milik, *Les 'Petites Grottes' de Qumrân* 1. Texte. 2. Planches (DJD 3; Ox-

란 제1, 6동굴에서 발굴된 다니엘서 사본에 대한 검토는 본문비평적 관점에서 중요하다.[5]

또한, 4Q174(4QFlorilegium)도 다니엘서 11:32과 12:10을 인용한다.[6] 이처럼 쿰란문서에서 다른 정경 사본과 비교할 때, 다니엘서 사본은 그 숫자가 많다.[7] 그런데 쿰란문서에서 발견된 다른 정경 사본과 비교할 때, 다니엘서 사본은 그 숫자가 많다. 또한 단순히 다니엘서를 부분적으로 인용하는 문서뿐만 아니라, '다니엘과 관련된 문서들'도 발굴되었다. 그래서 1956년 밀릭(J. T. Milik)은 쿰란 제4번 동굴에서 출토된 조각들에서 '다니엘'이라는 이름을 포함한 텍스트들을 발견하고, 총칭하여 '다니엘 문헌'(the Danielic literature)이라고 명명한다.[8]

쿰란문서에서 다니엘서와 관련된 문서는 4Q242(4Q나보니두스의 아람어 기도), 4Q243-245(4Q위경 아람어 다니엘서), 그리고 4Q246(4Q다니엘의 아람어 묵시록) 정도로 볼 수 있다. 본 논문에서는 쿰란문서에서 발굴된 다니엘서와 관련된 이 아람어 문서들을 살펴보고자 한다. 이 문서들에 대한 검토는

---

ford: Clarendon Press, 1962), 114-15.

5 쿰란문서 중 다니엘서 사본에 대한 상세한 검토는 다음을 참조하라. J. A. Fitzmyer, *The Dead Sea Scrolls: Major Publications and Tools for Study* (Society of Biblical Literature Sources for Biblical Study 8. Missoula, MT: Scholars, 1975), 167.

6 쿰란문서 중 다니엘서를 인용하는 사본을 표로 정리한 것은 다음을 참조하라. E. C. Ulrich, "Daniel Manuscripts from Qumran. Part 1," 18.

7 Peter W. Flint, "The Daniel Tradition at Qumran," in *Eschatology, Messianism, and the Dead Sea Scrolls*, Craig A. Evans and Peter W. Flint, eds. (Grand Rapids, MI: Wm. B. Eerdmans), 41-45. 플린트는 쿰란동굴에서 발굴된 다니엘서 사본의 숫자가 상대적으로 매우 많다는 점을 지적한다. 예컨대, 다음의 괄호 안의 사본 수와 비교해보면, 쿰란에서 다니엘서의 중요성을 짐작할 수 있다고 본다. 여호수아서(2), 사무엘서(4), 열왕기(3), 잠언(2), 욥기(3), 역대기(1), 예레미야(6).

8 J. T. Milik, "Prière de Nabonide' et autres écrits d'un cycle de Daniel," *Revue Biblique* 63 (1956), 407-15.

정경 다니엘서의 이해를 도울 뿐만 아니라, 쿰란 공동체에 미친 다니엘서의 영향과 그 내용을 구체적으로 보여줄 것이다.

2. 4Q242(4Q나보니두스의 아람어 기도)

4Q242(4Q나보니두스 아람어기도) 텍스트는 기원전 75-50년경에 아람어 행서체(Jewish semicursive)로 기록된 문서이다. 1956년 밀릭이 이 문서를 처음 출간할 때 제1열을 세 개의 조각(fragments)으로 복원하였다. 후에 크로스(F. M. Cross)는 제1열 6, 7, 8행의 사라진 부분을 밀릭과 다르게 복원한다.[9] 하지만, 마르티네즈(Martinez)는 크로스의 복원을 비판하고, 밀릭과 더 유사한 방식으로 복원한다.[10]

그런데 DJD 22 편집자인 콜린스(J. J. Collins)와 플린트(P. W. Flint)는 오히려 크로스의 입장을 선호하지만, 다른 복원의 가능성도 열어둔다.[11]

이 텍스트는 매우 파편화되어 단편(fragment)으로 구분하는데 시행착오가 있었다. 1956년 이 텍스트의 초판(editio princeps)을 출간한 밀릭의 복원을, 크로스는 1984년에 새롭게 재구성하였다. 아래 텍스트는 크로스의 복원에 기초하고, 1996년 콜린스가 다시 재복원한 텍스트를 우리말로 사역하였다.[12]

---

[9] F. M. Cross, "Fragments of the Prayer of Nabonidus," *Israel Exploration Journal* 34 (1984), 260-64.

[10] F. Garcia Martinez, "The Prayer of Nabonidus: A New Synthesis," in *Qumran and Apocalyptic: Studies on the Aramaic Texts from Qumran* (Leiden; New York: E.J. Bril, 1992), 116-36.

[11] J. J. Collins and P. W. Flint, "4Qpseudo-Danielas ar," *Qumran Cave 4. XVII. Parabiblical Texts*, Part 3 (ed. J. C. VanderKam; DJD 22; Oxford: Clarendon Press, 1996), 84.

[12] 4Q242 문서의 복원사는 다음을 참조하라. F. Garcia Martinez, "The Prayer of Nabonidus,"

제1-3 단편

(1) [바벨]론 왕 나보니두스의 기[도]문. [위대한] 왕인 그가 [고통당할 때] 드린 기도이다.

(2) 데만에서 [지극히 높으신 하]나님의 명에 의해 악성 피부병 때문에 [나 나보니두스는] [악성 피부병으로] 고통 받았다.

(3) 그리하여 [...부터] 칠 년 동안 얻어맞았다. 하[나님]이 [그의 얼굴을 내게로 향하시고 나를 고치셨다]

(4) 한 점술가가 내 죄를 사하였다. 그는 [포로민 중의] 한 유대인이었다. [그는 나에게 말했다]

(5) [지극히 높으신 하]나님의 이름이 영광과 존[귀]를 받을 수 있도록 선포하고, 기록하시오. [그래서 나는 기록하였다]

(6) 내가 [지극히 높으신 하나님의 명에 의해] 데만에서 [...] 악[성] 피부병으로 고통받았다.

(7) 칠 년 동안 [나는] 은과 금으로, [구리와 철로] 된 신들[에게] 기도하였다.

(8) 신[으로 내가 생각하는] 나무와 돌과 진흙

(9) [...] 그들의 [...]

118-19; J. J. Collins and P. W. Flint, DJD 22, 84. 본 논문의 사역은 다음의 아람어 텍스트를 참조한 것이다. J. J. Collins and P. W. Flint, DJD 22, 88-93. 우리말 번역은 다음 책을 참조하라. F. 마르티네즈, E. 티그셀라아르, 『사해문서』 강성열 역 (파주: 나남, 2008), 221-22.

제4 단편

(1) [...] 그들로부터 멀어져 나는 다시 강하게 되었다

(2) 그가 지나가도록 한 것으로부터 [나의] 휴[식]의 평화는 [내게 회복되었다]

(3) [...] 나의 친구들... 나는 [...]할 수 없었으며

(4) [...] 당신은 [...]과 같으신지 [...]

4Q242 제1열 1행은 이 문서의 제목을 "[바벨]론 왕 나보니두스의 기[도]문. [위대한] 왕인 그가 [고통당할 때] 드린 기도"라고 알려준다. 이 왕의 존재는 2행의 '데만'이라는 지명을 통해 더욱 분명히 바벨론의 마지막 왕 나보니두스(기원전 555-539년)의 기도문임을 확증해준다.

학자들은 4Q242에서 데만에서 7년을 지내는 나보니두스를 다니엘서 4장의 느부갓네살 왕이 꿈에서 본 큰 나무의 원래 주인공이라고 본다. 다니엘서 4장에서 다니엘은 느부갓네살이 사람에게서 쫓겨나서 7년을 지낼 것이라고 해석한다. 그래서 4Q242와 다니엘서 저작의 선후 관계는 논의의 대상이 되어왔다. 예컨대, 4Q242가 다니엘서보다 먼저 있었거나, 아니면 그 반대이거나, 두 문서가 상호의존하거나, 혹은 별개의 독립적인 문서로 보는 주장이 제기되어왔다. 그러나 거의 모든 학자는 4Q242가 다니엘서에 의존할 가능성은 거의 없다고 본다.[13]

바벨론의 마지막 왕 나보니두스는 바벨론의 최고신 마르둑이 아니라, 그의 어머니가 섬기던 달의 신 신(Sin)을 숭배하도록 하고, 마르둑 신전을 신

13　David Noel Freedman, "The Prayer of Nabonidus,"*Bulletin of the American Schools of Oriental Research*, 145 (1957), 31; F. M. Cross, *The Ancient Library of Qumran* (Garden City, NJ: 1958), 123-4; F. Garcia Martinez, "The Prayer of Nabonidus," 129.

(Sin) 신전으로 개조한 왕으로 유명하였다.[14] 그는 이런 종교정책으로 인해 바벨론의 제사장과 일반 백성들의 원성을 사게 되었다. 나보니두스는 치세 후반기인 기원전 522년부터 십 년간 왕좌를 비우고, 아라비아 사막의 오아시스 데만에서 지냈다. 4Q242 제1-3단편 2, 3행은 이 시기 동안 나보니두스가 겪은 일을 일인칭으로 서술한다.

그런데 반 드 미에룹(van de Mieroop)은 나보니두스가 오아시스 데만에서 지낸 이유를 종교적 이유로만 볼 수 없고, 당시 급부상하던 페르시아 왕 고레스의 정치적 움직임을 파악하고, 예방하는 차원에서 이루어진 것이라고 논증한다.[15] 즉, 나보니두스는 오아시스 데만에서 지중해에 이르는 새로운 길을 개척하려고 한 것이라고 주장한다. 그 기간 그의 아들 벨사살이 섭정 왕으로 통치하였다.

페르시아의 고레스가 바벨론으로 진격해 왔을 때, 바벨론 사람들은 그가 마르둑 제의를 회복시키는 것을 보고 페르시아 통치를 환영하였다. 이 전승이 쿰란의 사해사본에 나오는 나보니두스의 기도(4QPrNab)를 통해 유대인들에게도 알려졌다고 본다.

프리드만(D. N. Freedman)은 4Q242의 발굴이 다니엘서의 구성과 연관된 문제뿐만 아니라, 쿰란 공동체의 역사를 조명하는 데 도움이 될 것이라고 보았다.[16] 그는 다니엘서 4장의 배경에는 바벨론에서 유래한 기원전 3세기나 그 이전의 이야기가 있었고, 이 이야기가 팔레스타인에 건너오자 나보

---

[14] 나보니두스의 어머니와 그의 달 신 숭배에 대한 기록은 그가 남겨놓은 석비들을 통해 확인할 수 있다. 제임스 B. 프리처드, 『고대근동문학선집』 김구원 외 5인 역 (서울: CLC, 2016), 540-48.
[15] 마르크 반 드 미에룹, 『고대근동역사』 김구원 역 (서울: CLC, 2010), 403-7.
[16] 4Q242의 초기 연구는 다음을 참조하라. David Noel Freedman, "The Prayer of Nabonidus," 31-32.

니두스에 대한 모든 기억은 사라지고, 느부갓네살로 바뀌게 되었다고 추정한다. 나아가, 긴즈버그(Ginsberg)의 '메네'를 느부갓네살, '데겔'을 에윌므로닥, '바르신'을 벨사살로 보는 다니엘서 5:25의 해석을 기본적으로 수용하되, 프리드만은 4Q242 문서의 발굴을 통해 데겔을 나보니두스로 보아야 한다고 제안한다.[17]

한편, 마르티네즈는 4Q242의 나보니두스의 기도를 역대하 33:10-13의 내용을 기초로 하여 칠십인역 사본과 불가타에서 발견되는(므낫세의 기도)와 비교한다.[18] 4Q242 3행 이하에서 나보니두스는 병중에 기도를 드리고, 한 유대인 점술가가 와서 그에게 죄사함을 선언한다. 교만한 므낫세 왕이 기도하고 포로에서 풀려나게 된 것처럼, 바벨론 왕 나보니두스는 기도하고 '유대인'의 도움으로 고통 중에 죄사함을 받는다.

다니엘서 4장은 이 유대인의 이름을 '다니엘'로 명명한다. 4Q242 제 1-3단편 7, 8행의 은, 금, 진흙 등으로 만들어진 신에 대한 언급은 다니엘서 5:4에서 "그들이 술을 마시고는 그 금, 은, 구리, 쇠, 나무, 돌로 만든 신들을 찬양하니라"라는 구절과 분명하게 평행을 이루고 있다.[19] 따라서, 4Q242와 다니엘서 4장은 공히 우상숭배를 비판하고, 이방 왕이 하나님을 찬양하게 되는 것을 선언한다.[20]

---

17 David Noel Freedman, "The Prayer of Nabonidus," 32.
18 F. Garcia Martinez, "The Prayer of Nabonidus," 127.
19 J. J. Collins and P. W. Flint, DJD 22, 87.
20 J. J. Collins and P. W. Flint, DJD 22, 87.

3. 4Q243, 4Q244, 4Q245(4Q위경 다니엘)

밀릭은 1956년에 출간한 소위 '다니엘 문헌'에서 4Q243-245를 다니엘서 1-6장의 궁중 이야기와 유사한 배경을 지닌 단일 작품으로 본다.[21] 그런데 문서가 쓰인 양피지의 상태로 볼 때, 4Q243와 4Q244는 서로 겹치고 있기에 동일 텍스트에 속하는 것으로 판단하지만, 4Q245가 이들과 동일한 텍스트에 속하는지는 불분명하다.[22] 밀릭과 마찬가지로 DJD 공식본 편집자인 콜린스와 플린트는 4Q245를 독립된 텍스트로 분류한다.[23]

4Q243-245 텍스트는 모두 매우 조각이 난 상태여서 장르와 텍스트의 메시지를 전체적으로 파악하기 힘들다. 4Q243은 40여개의 조각으로 구성된 단편 텍스트이고, 4Q244는 두 번째 문서로 14여개 조각으로 구성된 텍스트이다. 4Q245는 4개의 조각이 남아있다. 4Q243/244와 4Q245의 연대는 서체로 보았을 때 기원전 1세기 초반으로 보인다.

콜린스와 플린트는 기원전 2세기 초부터 63년 로마 장군 폼페이의 동방 정벌 사이의 기간으로 본다. 그들은 텍스트 내의 헬라어 특징을 지닌 이름(예: 4Q243 21의 발라크로스)에 근거를 둔다. 4Q243/244에는 다니엘서에서 언급된 '70년'이나 '네 번째 왕국'과 같은 단어가 등장하는데,[24] 이 텍스트는 홍수로부터 헬라 시대까지의 역사를 '환상'이라는 문학 형식을 통해 묘사한다. 대조적으로 4Q245의 내용은 역사의 단계보다는 종말론적이다.

---

21 Michael O. Wise, "4Q245 (PsDanAr) and the High Priesthood of Judas Maccabaeus," *Dead Sea Discoveries*, 12 (2005), 315에서 재인용.
22 J. J. Collins and P. W. Flint, DJD 22, 154에서 재인용.
23 J. J. Collins and P. W. Flint, "4Qpseudo-Danielas ar," 95-164 at 97-151 (4Q243/244) and 153-164 (4Q245).
24 J. J. Collins, "'Pseudo-Daniel' Revisited," *Revue de Qumrân* 17 (1996), 117.

1) 4Q243(4Q위경 아람어 다니엘ª)

콜린스와 플린트는 4Q243와 4Q244를 하나의 문서로 보고, 내용에 따라 궁정 배경-원역사-족장부터 출애굽-헬라 시대-종말 시대로 재편집한 복원과 해석을 제시한다.[25] 그러나 본 논문에서는 두 텍스트를 하나로 묶어 재편집하여 일목요연한 내용을 제시하는 것보다 각각의 문서를 개별적으로 소개하는 것이 이 텍스트를 처음 접하는 우리말 독자에게 각 문서의 내용을 파악하는데 더 도움이 될 것이라 판단해서, 4Q243와 4Q244를 순서대로 소개하고자 한다.

4Q243는 전체 40여개의 단편으로 구성되어 있고, 제29단편부터 제40단편 부분은 남아 있는 글자가 한두 글자에 불과하다. 그래서 본 논문에서는 의미를 파악할 수 있는 문장으로 된 제1단편부터 제28단편까지의 텍스트를 우리말로 소개하고자 한다.[26]

제1 단편

(1) 그는 다니엘에게 "[...] 때문에 [...]"라고 말하면서 물었다.

(2) 당신의 하나님 그리고 다수의 [...]

(3) 그는 기도할 것이다 [...]

---

[25] J. J. Collins and P. W. Flint, DJD 22, 138-148.
[26] J. J. Collins and P. W. Flint, DJD 22, 97-121에 기초한 사역이다.

제2 단편

(1) [...] 앞에서 다니엘 [...]

(2) [...] 벨사살 [...]

제3 단편

(1) [...] [...]가 있다.

(2) [...] 오 왕이시여 [...]

제4 단편

(1) [...오] 왕 [이시여] 그는 [...]에 처하게 될 것이요

제5 단편

(1) [...] 다니엘 [...]

제6 단편

(2) [...] 그리고 거기에 [...]라고 쓰였다.

(3) [...] 다니엘 [...]

(4) [그것은...] [...]에 쓰였다.

제7 단편

(2) [...] 갈대안인들, 진실로 [...]의 자녀들

(3) [...] [진]리의 길

제8단편

(1) 보[좌]

(2) [이]스라엘[로부터] 사람들이

(3) [...] 변화되지 않을

제9 단편

(1) [...] 에녹에게

제10 단편

(2) 탑 위[에] 그리고 그는 [...]를 보냈다.

(3) 건물을 [...]살펴보[기 위해

(4) [보]좌 [...]

제11 단편 제2열

(1) 그리고 현[명한 사]람 그리고 그는 말[했다]

(2) 이집트 [...]의 손에 의해

(3) 그 땅의 통치

제12 단편

(1) [사] 백 [년] 그리고 [...]로부터

(2) [...]그들의 [...] 그리고 그들은 [...]로부터 올 것이요

(3) [...]그들의 요단강을 건너

(4) [...]그리고 그들의 자녀 [...]

제13 단편

(1) [...] 이스라엘인은 [그들의] 존재 [...]를 [선]택하였다.

(2) 그들의 자녀를 [...]의 귀신에게 [그들은 희]생제사로 드렸다.

(3) [...] 느[부갓네살]의 손에 그들을 넘기기 위해

(4) [그]들의 [땅]을 그[들로]부터

제14 단편

(1) 이 [후에] 그것은 [되어질] 것이요

(2) [...] 수 백 명의 왕[들]

(3) [...] 민[족]들 가운데 그들을

제16 단편

(1) [...] 칠[십] 년 동안 억압을 당하였다.

(2) 그의 위대한 [손]으[로] 그리고 그는 그[들을] 구할 것이요

(3) [...] 위대한 [...] 그리고 [그] 민족들의 나라

(4) [...] 그것은 거[룩]한 나라이다 [...]

제17 단편 제1열

(2) [...] 그 나라

(4) [...] 그리고 [...]의 아들들

제17 단편 제2열

(2) [...]의

(3) [...]에게

제18 단편 제2열

(2) 그리고 [...]의 왕들

(3) 그리고 [...]의 왕[들]

제19 단편

(1) [...] 년 [...]

(3) [...] 삼 [십] 년 동안

(4) [...] 그들은 [...]라고 말할 것이다.

제20 단편

(1) [...] 왕의 아들

(2) [...] 이십 [년]

(3) [...]

제21 단편

(1) [...]년 동안 [...]다스릴 [것이요]

(2) [...] 발라크로스

제22 단편

(1) [...아]들과 그의 이름 [...]

(2) [...] 두 [...] 그들에게

(3) [...] 말할 것이요/말하였다

제23 단편

(2) [...] 그는 도망하였다.

(3) [...] 불신실 [...]

제24 단편

(1) 악[의 아들들]이 [...] 미혹하였다.

(2) 이 일 [후에] 선택받은 자들을 모을 것이요 [...]

(3) [...] 민족들, 그리고 [...]의 날로부터 [...] 있을 것이요

(4) [...]그리고 민족들의 왕들이 [...]

(5) [...]은 [...] 날까지 [...] 할 것이요

제25 단편

(2) [...] 까지

(3) [...] 그리고 [그] 땅[이] 채워질 것이요

(4) [...] 모든 그들의 부패한 시체들이 [...]

제26 단편

(1) [...] 그[들의] 다수 [...]

(2) [...] 없이

(3) [이]스라엘

제27 단편

(1) [...]의 아들들로부터
(2) 그는 [...] 주었다.

제28 단편

(1) [...]엘 그리고 고[핫]
(2) 비느하[스], 아비수[아]

4Q243은 정경 다니엘서의 6, 9, 12장을 제외한 나머지 모든 장의 내용을 담고 있다.²⁷ 제2단편을 보면, 다니엘이 벨사살 왕 앞에서 이 환상을 이야기하고 있음을 보여준다. 특히, 이 텍스트는 제1단편에서 16단편까지 에녹, 이집트, 사백 년, 요단강, 느부갓네살, 칠십 년 등을 순차적으로 언급한다.

이것은 다니엘서의 네 왕국 환상이 제시하는 바와 같은 방식으로, 이스라엘 역사를 시대적으로 구획해서 제시하는 것으로 보인다. 하지만, 다니엘서의 네 왕국 환상이 바벨론 포로기 이후 시대를 언급하고 있다면, 4Q243은 희년서와 동물 묵시록(the Animal Apocalypse)과 유사하게 포로 후

---

27 Eugene Ulrich, "Daniel Manuscripts from Qumran. Part 1: A Preliminary Edition of 4QDana," *Bulletin of the American Schools of Oriental Research*, 268 (1987), 17-37.

기 훨씬 이전 시대인 이스라엘 고대사로 거슬러 올라가서 시대를 구분하고, 통시적으로 역사를 서술한다.

또한, 이 텍스트에는 바벨론 왕 느부갓네살(제13열 3행)과 벨사살(제2열 2행)의 이름이 나온다. 그러나 무엇보다도 주목을 끄는 것은 제21단편 2행의 '발라크로스'이다. 이 텍스트를 최초로 검토한 밀릭은 이 인물을 셀루시드 왕 '알렉산더 발라스'라고 판단한다. 그러나 크로스와 플린트는 이 이름이 알렉산더 대왕과 관련이 있는 여러 명의 마케도니아 인물의 이름과 관련이 있다고 본다.

한편, 4Q243 제28단편은 비느하스와 아비수아(대상 6:4)를 언급한다. 이런 언급은 4Q245 제1단편의 대제사장 목록과 비교된다. 이 두 문서는 다니엘을 언급하는 것 외에도 사독계 제사장 계보에 관심을 두고, 유사 목록을 담고 있다는 점에서 '다니엘 문헌'으로 분류할 수 있다.[28]

하지만, 4Q243 제28단편의 사독계 제사장 족보와 4Q245의 족보는 유사하지만, 동일하지 않다는 점에 주목해야 한다. 4Q243 제28단편에서 고핫, 비느하스, 아비수아 이름을 해독할 수 있지만, 4Q245 제1단편에는 '고핫'만 겹치고 나머지 이름은 등장하지 않고, 다른 대제사장 이름이 등장한다.

전체적으로 4Q243은 역사를 구획하여 제시한다는 점에서 다니엘서에서 찾아볼 수 있는 종말론적 시대관을 드러내고, 무엇보다도 예컨대, 제24단편 '악의 아들들'과 '선택받은 자' 그리고 제25단편 '부패한 시체'와 같은 어구는 쿰란 공동체의 종말론적 자기정체성을 표지하면서, 자신들의 최후 승리를 설파하는 것으로 볼 수 있다.

---

[28] J. J. Collins and P. W. Flint, DJD 22, 133.

2) 4Q244(4Q위경 아람어 다니엘ᵇ)

4Q244은 전체 17개 조각으로 구성된 문서이다.[29] 이 문서는 다니엘서 5-8장의 내용을 상당 부분 담고 있고,[30] 4Q243 텍스트와 겹치는 부분도 있다. 이 중에서 의미 있는 문장이나 단어가 있는 단편의 텍스트를 소개하고자 한다.[31]

제1-3 단편

(1) 왕의 귀족들과 앗수르인들 [...] 왕[의]
(2) [...] 그는 [...]를 임명하였다.
(3) [...] 그리고 어떻게 [...]
(4) [...] 오 왕이시여 [...]

제4 단편

(1) [...] 동쪽 [...]
(2) [...] 다니엘이 [...]

---

29 J. J. Collins and P. W. Flint, DJD 22, 123.
30 4Q244와 다니엘서의 겹치는 부분를 도표로 정리한 것은 다음을 참조하라. Eugene Ulrich, "Daniel Manuscripts from Qumran. Part 2: Preliminary Editions of 4QDanb and 4QDanc." *Bulletin of the American Schools of Oriental Research*, 274 (1989), 5.
31 J. J. Collins and P. W. Flint, DJD 22, 123-31에 기초한 사역이다.

제8 단편

(2) [...] 홍수 후에 [...]로부터

(3) [...] 노아가 누바르 [산]으로부터

(4) [...] 한 도시 [...]

제9 단편

(2) [...] 탑 [그] 높이

제12 단편

(1) [...] 이스라엘 사람들이 [하나님의 임재]보다는 그들의 임재를 선택하였다.

(2) [그리고 그들은 그들의 자녀들을] 미혹의 귀신에게 [희생제물로 바쳤고] 하나님은 그들에게 화를 내시고 [...]라고 말씀하셨다.

(3) [바]벨론 [왕 느부갓네살의 손에] 그리고 그들의 땅을 폐허로 만들라고 [...] 때문에

(4) [...] 포로민들 [...]

4Q244는 제1-3편에서 '앗수르'라는 시대적 배경이 제시되고, 제4단편에서 다니엘의 등장으로 시작한다. 그다음으로 제8단편에 노아와 누바르 산이 보이고, 제9단편에는 '탑'이라는 단어가 보인다. 4Q243과 244는 이

스라엘의 고대사를 다시 회고하면서 종말론적 시대상을 언급하는 것으로 나아간다.

특히, 4Q244 문서의 현존하는 단편 중 해독 가능한 글자가 나오는 마지막 단편이자, 4Q243 제13단편과 겹치는 4Q244 제12단편에는 '미혹의 귀신'(לשידי טעותא)이 등장한다. 이 어구는 쿰란문서에서 4Q243과 4Q244에만 등장한다. 이 어구는 위경 다니엘서가 저작되는 당시의 종교적 혹은 정치적 상황을 빗대어 말하는 것이거나, 종말론적 시대상을 그리고 있는 듯하다.

즉, 한편으로 쿰란문서의 다메섹문서나 전쟁 문서의 이원론 사상을 고려한다면, '미혹의 귀신'은 벨리알에 상응하는 초자연적 존재로 볼 수 있다. 다른 한편으로, 하박국 페셰르에서 쿰란 공동체와 다른 가르침을 따라 가는 자들을 '미혹의 영'(רוח התועה)에 사로잡힌 자들을 구체적으로 칭한 것으로 볼 수 있다(1QH 제9단편 22행).

3) 4Q245(4Q위경 다니엘ᶜ)

4Q245는 1세기초 헤로디안 서체로 저작된,[32] 전체 네 개의 단편으로 구성된 문서이다.[33] 공식판을 출간한 콜린스와 플린트는 밀릭과 마찬가지

---

[32] J. J. Collins and P. W. Flint, DJD 22, 154; Michael O. Wise, "4Q245 (PsDanAr) and the High Priesthood of Judas Maccabaeus,"359. 와이즈는 보다 구체적으로 대략 기원전 100년경, 알렉산더 야나이 통치 초기로 본다. 크로스는 기원전 168-165년경에 저작된 것으로 본다. F. M. Cross, *The Ancient Library of Qumran and Modern Biblical Studies* (Grand Rapids, MI: Baker. 1961), 43.

[33] J. J. Collins and P. W. Flint, DJD 22, 159-63에 기초한 사역이다.

로 4Q245와 4Q243/244를 다른 문서로 파악한다.³⁴ 4Q243/244와 달리, 4Q245는 '다니엘'이라는 이름이 나온다는 것 외에는 내용상 하나의 문서로 볼 여지가 없다. 전체 네 개 단편 중 적어도 해독 가능한 단어가 남아 있는 세 단편을 살펴보자.

제1단편 제1열

(1) [...]

(2) [...] 그리고 무엇

(3) [...] 다니엘

(4) [...] 받은 책 한 권

(5) [레]위, 고핫

(6) [...]북기, 웃시

(7) [사]독, 아비아달

(8) 힐기야

(9) [...] [...] 그리고 오니아스 [...]

(10) [요나]단, 시몬

(11) [...]그리고 다윗, 솔로몬

(12) [...]아하시[야] [요아]스

34　J. J. Collins and P. W. Flint, DJD 22, 153.

제2 단편

(2) [...] 악을 멸하기 위해

(3) [...] 무지함에 빠진 이들 그리고 그들은 잘못된 방향으로 나아갔다.

(4) 이[들]이 그 후 일어날 것이요

(5) [...] [거]룩 [...] 그리고 그들은 돌아올 것이요

(6) [...] 악

제3 단편

(1) [...]

(2) [...] 서른다섯 [...]

    4Q245 제1단편 제1열에는 '다니엘' 이름이 분명히 보이고, 일련의 이름이 등장한다. 앞부분은 대제사장의 이름이 언급되고, 이어서 유다 왕의 이름이 언급된다. 앞부분의 사독계 제사장 명단은 역대상 5:27-41(개역개정 대상 6:1-15), 뒷부분의 왕의 명단은 역대상 3:10-16과 겹치는 것을 볼 수 있다.[35]

    콜린스와 플린트는 대제사장 명단이 시몬에서 끝나는 데 주목하고, 이 시몬을 유다 마카비의 형제 '시몬'으로 보고, 이를 근거로 4Q245의 저작 연대는 요한 힐카누스(기원전 134-104년) 통치 직전 시기임을 짐작할 수 있

---

[35] J. J. Collins and P. W. Flint, DJD 22, 157.

다고 주장한다.³⁶ 그러나 와이즈(Michael O. Wise)는 더 후대인 알렉산더 야나이(기원전 103-76년) 시대로 본다.

4Q245 제1단편 제1열의 명단의 특징은 기존의 성서의 왕이나 대제사장의 목록을 차용하면서, 동시에 저작 당대의 상황까지 덧붙이고 있다는 것이다.³⁷ 그런데 이 대제사장 명단의 7행에서 사독계 제사장이 아닌 아비아달이 사독과 나란히 언급되는 것이 특이하다. 이점에 대해서 와이즈는 역대상 5:27-41, 에스라 7:1-5, 제1에스드라 8:1-2, 요세푸스『유대고대사』 10.152-153의 대제사장 명단을 비교한다. 이 명단들을 비교함으로써, 요세푸스와 4Q245는 모두 엘르아살의 후손뿐만 아니라 이다말의 후손도 대제사장이 되었다는 원칙을 제시하고자 한 것으로 보인다.³⁸

4Q245의 독특성은 대제사장과 왕의 명단에서 종말론적 희망에 관한 본문으로 자연스럽게 넘어간다는 점이다. 내용상으로 볼 때, 성전과 왕실 중심의 텍스트와 악의 최후 소멸과 새로운 미래의 건설을 희망하는 텍스트가 어떻게 하나의 문서로 제시될 수 있는지, 그 저작 의도는 질문의 대상이 된다. 콜린스와 플린트는 두 가지 가능성을 제시한다.

첫째, 종말론적 사건이 일어나리라 예상하는 당대의 역사적 상황을 단순히 묘사하는 것이다.

둘째, 이데올로기적으로 당대의 역사적 상황을 악으로 규정하고, 종말론적 반전이 일어날 것을 기대하는 배경으로 제시하는 것이다.³⁹

---

36 J. J. Collins and P. W. Flint, DJD 22, 158.
37 Michael O. Wise, "4Q245 (PsDanAr) and the High Priesthood of Judas Maccabaeus," 326.
38 Michael O. Wise, "4Q245 (PsDanAr) and the High Priesthood of Judas Maccabaeus," 329.
39 J. J. Collins and P. W. Flint, DJD 22, 157-8.

와이즈는 알렉산더 야나이가 대제사장과 왕의 지위를 한꺼번에 차지하던 시기가, 쿰란에는 '의의 스승'이 등장하던 시기라고 본다. 쿰란 공동체는 바로 이런 시대적 배경을 종말이 가까운 시기로 인식했을 것이라고 본다.[40]

한편 콜린스와 플린트는 제3단편의 '서른다섯'을 다니엘서 12:12의 '1335일'의 일부일 가능성을 제시하고, 이 점에서 제2단편의 종말론적 묘사와 연결된다고 본다.[41] 그러나 와이즈는 이런 독해가 가능하지만, 현존하는 단어만 갖고 명확하게 해석하는 것은 힘들다고 평가한다.[42]

4. 4Q246(4Q다니엘의 아람어 묵시록)

4Q246(다니엘의 아람어 묵시록)은 1958년에 발굴되었으나, 1972년에 가서야 밀릭이 하버드 대학교의 공개 강연에서 처음 소개하였다.[43] 1996년에 푸에쉬(É. Puech)가 4Q246의 공식판을 출판하였다.[44] 4Q246은 전체 2열, 각 9행으로 된, 초기 헤로디안 서체(기원전 30-1년)로 기록된 문서이다.[45]

특히, 제1열은 수직으로 훼손된 상태라, 앞부분이 전부 훼손되고, 뒷부분만 남아 있는 상태이다. 제1열의 남아 있는 부분을 보면, 다니엘이 왕의 환

---

40 Michael O. Wise, "4Q245 (PsDanAr) and the High Priesthood of Judas Maccabaeus," 360-61.
41 J. J. Collins and P. W. Flint, DJD 22, 164.
42 Michael O. Wise, "4Q245 (PsDanAr) and the High Priesthood of Judas Maccabaeus," 317.
43 J. T. Milik, "Les modeles arameens du livre d'Esther dans la grotte 4 de Qumran," *Revue de Qumran* 15 (1992), 321-406, 특히, 383.
44 É. Puech, "4QApocryphe de Daniel ar," *Qumran Cave 4. XVII. Parabiblical Texts*, Part 3 (ed. J. C. VanderKam; DJD 22; Oxford: Clarendon Press, 1996), 165-184.
45 이 문서의 구입 과정에 대해서는 다음을 참조하라. Joseph A. Fitzmyer, "4Q246: the 'Son of God' Document from Qumran," *Biblica* 74/2 (1993): 153-174.

상을 해석한다. 제2열은 '하나님의 아들'이요 '지극히 높으신 이의 아들'이라 불리는 이가 등장하고, 영원한 하나님의 통치를 말하는 종말론적 희망으로 끝맺는다. 4Q246의 제2열 첫 행 때문에 이 문서는 '하나님의 아들' 텍스트로 불리기도 한다. 4Q246은 묵시문학적 언어와 다가올 대환란과 이어질 영원한 나라에 대한 언급으로 인해, 다니엘서뿐만 아니라 신약성서(특히, 눅 1:32-33, 35)와 연관성으로 인해 주목을 받는다.[46] 먼저 텍스트를 살펴보자.[47]

제1열

(1) [...] 그에게 의존하였고, 그는 보좌 앞에 엎드렸다.

(2) [...오] 왕이시여! 분노가 세상에 다가오고, 당신의 연수는

(3) [...]는 당신의 환상이고, 이 모든 것은 곧 세상에 닥칠 것이요

(4) 위대한 [징조들] [...중]에 환난이 그 땅에 임할 것이요

(5) [... 많은 이가 죽고] 살해당한 후에, 열방의 한 군주가

(6) [일어날 것이요...] 앗수르[..와 이]집트 왕

(7) [...] 그는 그 땅의 지배자가 될 것이요

(8) [...]는 할 것이요 모든 이가 숭배할 것이요

(9) [그를...]는 위대한 자라 일컬음을 받을 것이요 그의 이름으로 불릴 것이다.

---

[46] 4Q246와 누가복음의 유사성은 다음 논문을 참조하라. 송창현, "쿰란 사본과 성서연구: 4Q285, 4Q448, 4Q246, 7Q5, 11Q13을 중심으로,"「성경원문연구」16 (2005), 19-20.

[47] 텍스트의 복원에 대한 우리말로 된 설명은 다음을 참조하라. 조명기, "4Q246과 다니엘 7장의 상관관계에 관한 연구,"「구약논단」14 (2008), 125-144.

제2열

(1) 그는 하나님의 아들이라 불릴 것이요, 그들은 그를 지극히 높으신 이의 아들이라 부를 것이다. 그러나 별똥별처럼

(2) 네가 보는 그들의 왕국도 그렇게 될 것이다. 그들은 단지 수년을 다스릴 것이다.

(3) 그 땅. 그리고 모든 것을. 백성이 백성을 짓밟을 것이요, 나라가 나라를 (짓밟을 것이다).

(4) (공백) 하나님의 백성이 일어날 것이요, 그 후 모든 이가 전쟁으로부터 안식하게 될 것이다.

(5) 그들의 왕국은 영원한 왕국이 될 것이요, 그들의 모든 길은 의로울 것이다. 그들은 다스릴 것이다.

(6) 그 땅을 바르게. 그리고 모든 (나라)는 평화를 이룰 것이요, 전쟁에 그 땅에서 그칠 것이라.

(7) 그리고 모든 나라는 그들에게 존경을 표할 것이다. 위대한 하나님은 그들의 도움이 될 것이라.

(8) 그는 스스로 그들을 위해 싸울 것이요, 민족을 그들의 권력에 굴복시킬 것이다.

(9) 그는 그들 앞에서 무너뜨릴 것이라. 하나님의 통치는 영원한 통치가 될 것이요, 모든 깊음은 [...]

4Q246의 현존하는 두 열은 다니엘서의 구성처럼 두 종류의 왕을 묘사하는 것으로 보인다. 제1열은 이방의 왕을 묘사하는 것으로 시작한다. 그런데 문제는 제2열 1행이 제1열 마지막 행의 계속인지, 아닌지에 관한 것이

다. 즉, 제1열의 이방 왕에 대한 묘사가 어디에서 끝이 나는지에 따라, 제2열 1행의 '하나님의 아들'(ברה די אל)과 '지극히 높으신 이의 아들'(בר עליון)의 정체성을 긍정적인 메시아적 인물로 보거나, 부정적인 이방 왕이나 이에 상응하는 인물에 대한 계속되는 묘사로 볼 수 있다.

보다 구체적으로 보자면, 제1열 8행에서 악한 이방 왕에 대한 묘사가 끝나고, 9행부터 메시아적 인물로 전환이 일어나는 것으로 볼 것인지, 아니면 제1열의 악한 왕에 대한 묘사가 제2열 3행까지 계속되는 것으로 볼 것인지에 대한 논쟁이 있어왔다. 이런 텍스트의 구조를 보는 입장차에 따라, 학자들은 '하나님의 아들'에 대한 정체성을 다르게 제시하는 결론에 이르게 된다.

예컨대, 밀릭은 4Q246의 텍스트를 구체적인 역사적 사건과 인물과 연결한다. 그는 '하나님의 아들'을 안티오쿠스 4세 에피파네스의 아들인 알렉산더 발라스로 본다.[48] 그리고 그는 제2열 4행 "모든 이가 전쟁으로부터 안식"은 요나단과 바키데스의 협정 체결로 마카비 군대와 셀루시드 군대가 휴전하게 된 상황을 지칭하는 것으로 해석한다.[49]

그런데 바키데스는 데메트리오스 1세 시절의 장군이었다(마카비상 7-10장). 그렇다면 데메트리오스 1세의 후계자가 알렉산더 발라스이므로, 제2열 1행 '하나님의 아들'을 알렉산더 발라스로 보고, 제2열 4행을 데메트리오스 1세 시대의 사건으로 보는 것은 충돌을 일으킨다.

'하나님의 아들'의 정체성에 대해 밀릭처럼 특정 셀루시드 왕을 거론하는 학자들도 있지만, 대체로 학자들은 '하나님의 아들'을 메시아적 인물

---

[48] F. García Martínez, "The Eschatological Figure of 4Q246," in *Qumran and Apocalyptic: Studies on the Aramaic texts from Qumran* (Leiden; New York: E.J. Brill1, 992) 169에서 재인용.

[49] F. García Martínez, "The Eschatological Figure of 4Q246," 167에서 재인용.

로 본다. 대표적으로 크로스는 다가올 메시아적 왕이라고 본다.[50] 피츠마이어(J. A. Fitzmyer)는 이 텍스트가 '메시아'라는 용어를 사용하지는 않지만, 다윗계열의 등극한 왕의 후손이라고 제안한다.[51] 마르티네즈는 '하나님의 아들'을 천사와 같은 속성을 지닌 자로, 쿰란문서에 등장하는 멜기세덱(11QMelch), 미가엘, 빛의 군주(the Prince of Light) 등과 같은 '종말론적 해방자'(eschatological liberator)라고 주장한다.[52] 콜린스는 4Q246과 신약성서를 비교하고, 메시아적 인물을 지칭하는 것이라고 논증한다.[53]

반면에 소수 의견으로, 베메쉬(Geza Vermes)는 스스로 신이라 자칭하고 자신을 섬기라고 명령한 안티오쿠스 4세 에피파네스(단 11:36-37)와 같은 세계 제국의 최후의 역사적, 묵시적 주권자라고 본다.[54] 플루서(David Flusser)는 '하나님의 아들'을 적그리스도라고 본다.[55]

많은 학자가 4Q246의 제2열과 다니엘서의 연관성을 지적하였다. 특히, 콜린스는 구체적으로 4Q246 제2열이 다니엘서와 직접적으로 관련이 있음을 지적하였다.[56] 즉, 5행의 '영원한 왕국'과 다니엘서 4:3, 그리고 제2열 9

---

50 Frank Moore Cross, "The Structure of the Apocalypse of 'Son of God' (4Q246)," in *Emanuel: Studies in Hebrew Bible, Septuagint, and Dead Sea Scrolls in Honor of Emanuel Tov*, eds. Shalom M. Paul et al. (VTSup 94; Leiden/Boston: Brill, 2003), 153.
51 J. A. Fitzmyer, "The Contribution of Qumran Aramaic to the Study of the New Testament," *New Testament Studies* 20 (1973-4), 382-407, 특히, 391-394.
52 García F. Martínez, "Two Messianic Figures in the Qumran Texts," in *Qumran Minora II: Thematic Studies on the Dead Sea Scrolls*, ed. Eibert Tigchelaar (Leiden: Brill, 2007), 24; F. García Martínez, "The Eschatological Figure of 4Q246," 173.
53 J. J. Collins, *The Apocalyptic Imagination: An Introduction to Jewish Apocalyptic Literature* (Grand Rapids, MI: Eerdmans, 1998), 160.
54 Geza Vermes, *The Complete Dead Sea Scrolls in English* (New York: Penguin, 2011), 617.
55 DavidFlusser, "The Hubris of the Antichrist," in *Judaism and the Origins of Christianity* (Jerusalem: Magnes, 1988), 213.
56 J. J. Collins, *The Scepter and the Star: Messianism in Light of the Dead Sea Scrolls* (Grand Rapids MI: Eerdmans, 2010), 176.

행의 '영원한 통치'와 다니엘서 4:34은 직접적으로 연결된다. 그리고 시걸 (Michael Segal)은 4Q246와 다니엘 7장의 연관성에 많은 이가 주목하였지만, 이 문서와 시편 82편과의 관련성이 간과되었음을 지적한다.[57] 헹엘(Martin Hengel)은 4Q246을 깊이 연구하지는 않았지만, 다니엘서 7:27의 '지극히 높으신 이의 거룩한 백성'이라는 표현에서 보듯, '하나님의 아들'은 '하나님의 백성'을 집단적으로 지칭하는 것이라고 본다.[58]

5. 결론

고대 근동에서 '다니엘'이라는 인물은 유명하였다. 예컨대, 우가릿 문서 '아크하트 서사시'(Epic of Aqhat)에서 '단넬'(Danel)은 성문에서 과부와 고아의 소송을 판결하는 자로 묘사된다.[59] 또한, 에스겔 14:14, 20; 28:3은 다니엘을 노아와 욥과 함께 의인의 대표자로 거론한다.[60]

고대 근동뿐만 아니라 이스라엘 역사에서 다니엘은 신화적 인물로 등장하고, 특히 포로 후기에 디아스포라 유대인에게 삶의 모범이 되는 인물로 제시된다. 런 점을 고려할 때, 쿰란문서에서 상당히 많은 숫자의 정경 다니

---

[57] Michael Segal, "Who Is the 'Son of God' in 4Q246? An Overlooked Example of Early Biblical Interpretation," *Dead Sea Discoveries*, 21 (2014), 289-312.

[58] Martin Hengel, *The Son of God: The Origin of Christology and the History Hellenistic Religion* (Philadelphia PA: Fortress, 1976), 45.

[59] 제임스 B. 프리처드, 『고대근동문학선집』, 296-326.

[60] 에스겔서와 우가릿 문헌의 다니엘에 대한 논의는 다음을 참조하라. Harold H. P. Dressler, "The Identification of the Ugaritic Dnil with the Daniel of Ezekiel," *Vetus Testamentum* 29/2 (Leiden, Bril, 1979), 152-61; John Day, "The Daniel of Ugarit and Ezekiel and the Hero of the Book of Daniel," *Vetus Testamentum* 30/2 (Leiden, Bril, 1980), 174-84.

엘서 사본과 소위 '다니엘 문헌'이라 불리는 텍스트들을 발굴하게 되는 이유를 수긍하게 된다.

본 논문에서는 4Q242(4Q나보니두스 아람어기도), 4Q243-245(4Q위경 다니엘서), 그리고 4Q246(다니엘의 아람어 묵시록)을 살펴보았다. 이 텍스트는 다니엘서에 대한 보충 문서로(4Q242), 그리고 다니엘서의 묵시문학적 종말론적 세계관을 더욱 분명하게 확증하는 문서로(4Q243-245, 246) 읽을 수 있다. 쿰란문서에서 찾아볼 수 있는 '다니엘 문헌'의 존재는 '다니엘'이라는 인물의 중요성뿐만 아니라, 다니엘서가 포로 후기에 미친 영향을 방증한다.

참고문헌

Cook, Edward M. "4Q246," Bulletin for Biblical Research (1995), 43-66.

Cross, Frank Moore. "e Structure of the Apocalypse of 'Son of God' (4Q246)," in Emanuel: Studies in Hebrew Bible, Septuagint, and Dead Sea Scrolls in Honor of Emanuel Tov. Ed. Shalom M. Paul et al.; VTSup 94; Leiden/Boston: Brill, 2003, 151-58.

Fitzmyer, Joseph A. "4Q246: the 'Son of God' Document from umran," Biblica 74/2 (1993), 153-174.

Martínez, F. García. "e Eschatological Figure of 4Q246," in Qumran and Apocalyptic: Studies on the Aramaic texts from Qumran. F. Garcia Martinez, Florentino Garcia Martinez, eds. Leiden: Brill, 1992, 162-79.

Martinez, F. Garcia. "e Prayer of Nabonidus: A New Synthesis," in Qumran and Apocalyptic:
Studies on the Aramaic Texts from Qumran. F. Garcia Martinez, Florentino Garcia Martinez, eds. Leiden: Brill, 1992, 116-36.

Puech, Émile. "Some remarks on 4Q246 and 4Q521 and umran Messianism," The Provo International Conference on the Dead Sea Scrolls. Donald Parry, Eugene Ulrich, eds. Leiden: Brill, 1999, 545-65.

Ulrich, E. C. "Daniel Manuscripts from umran. Part 1: A Preliminary Edition of 4QDana," Bulletin of the American Schools of Oriental Research. 268 (1987), 17-37.

Ulrich, E. C. "Part 2: A Preliminary Edition of 4QDanb and 4QDanc," Bulletin of the American Schools of Oriental Research. 274 (1989), 3-26.

제8장

마카비 혁명 시대의 하시딤[1]

1. 서론

이스라엘 역사에서 하스몬 왕조는 바벨론 포로 이후 유대인이 세운 최후의 독립 왕조이다. 하스몬 왕조는 일련의 성공적인 게릴라 전쟁의 결과로 탄생했다. 그러나 하스몬 왕조는 태생적으로 혁명의 결과로 탄생한 왕조임에도 불구하고, 왕조 건립 직후부터 한편으로는 헬라 정권과 정치적 협상을 하고, 다른 한편으로는 대내외 정치 집단과 권력 다툼을 하면서 빠르게 성장해갔다.

하스몬 왕조의 마지막 시기는 역사상 사라진 다른 왕조의 운명과 다를 바가 없었다. 하스몬 왕조는 왕족 간의 내부적 정치 대립으로 인해 결국 멸망에 이르게 되었다. 시기적으로 신구약 중간시기에 위치한 하스몬 왕조

---

[1] 본 논문은 다음의 영문 원고를 기초로 수정, 확대하였다. Yoon Kyung Lee, "The Hasideans in the Maccabean Revolt," Korean Journal of Christian Studies 42 (2005), 5-24. 본 논문의 마카비서 번역은 『가톨릭공용성경』 역이다.

연구는 이 왕조가 연대기적으로 신구약 형성의 역사적 배경이 된다는 점에서 매우 중요하다. 또한, 하스몬 왕조의 역사는 외경, 위경과 쿰란문서와 같은 많은 신구약 중간기 문헌의 역사적 배경이 된다는 점에서도 중요하다.

그런데 마카비 혁명에서 하스몬 왕조 출현에 중요한 한 무리의 집단이 등장한다. '하시딤'('경건한 이들')이라 불리는 이들이 처음부터 마카비 혁명에 가담했다. 하시딤 집단의 기원과 정체성, 그리고 마카비 혁명 이후의 운명에 대한 많은 논의가 있었다. 하시딤 연구는 이 집단 자체에 대한 연구의 가치 외에도, 마카비 혁명의 원인과 전개, 결과 검토에도 도움이 된다. 본 논문은 세 가지 주제를 다루고자 한다.

  (1) 마카비서에 나타난 하시딤
  (2) 하시딤을 통해 본 마카비 혁명의 원인
  (3) 하시딤과 엣세네와 쿰란 공동체의 관계

본 논문은 마카비 혁명의 가담한 하시딤을 검토하고, 나아가 하시딤과 쿰란 공동체의 관계를 검토하고자 한다.

2. 하시딤 등장의 역사적 배경

첫째 이스라엘 역사에서 하시딤이 등장하는 배경부터 살펴보고자 한다. 일반적으로 학자들은 끊임없이 지속하는 열방의 지배에도 불구하고, 페르시아제국 초기부터 제3차 시리아전쟁(기원전 246-241년) 기간까지 시기는 이스라엘 역사에서 상대적으로 평화로운 시기로 평가한다(로스토프체프, 체리코버, 야거스마).[2]

체리코버(V. Tcherikover)는 시리아전쟁은 결코 유다 내부까지 깊숙이 영향을 미치지 못하였다고 주장한다.[3] 야거스마(H.Jagersma)는 이전의 전쟁과 달리, 두 차례의 마지막 페르시아-시리아전쟁은 유다와 예루살렘을 포함한 팔레스타인 전역을 초토화하였다고 본다.[4]

유다 민족의 제국주의적 열방 세력에 대한 태도에 대해서는 많은 논의가 있었다. 학자들은 유대인의 태도를 무관심, 수용주의, 혹은 저항 등으로 구분하고자 한다. 이 시기에 저술된 유다 문헌을 통해 유대인의 태도를 살펴보면, 이들이 열방에 대해 다소 유연하면서도 수용적인 태도를 보여주었다고 보는 것이 일반적 견해이다.

예컨대, 페르시아 정부로부터 재정적, 정치적 후원을 받았던 에스라와 느헤미야나 요세푸스 등을 통해 전해 내려오는 도비야 가문의 행적을 보면, 적어도 유다 상류층 일부의 수용적인 태도를 분명히 찾아볼 수 있다.[5] 적어도 이 시기에 유다 민족의 대규모 저항 운동이 기록으로 남아 있지 않

---

2 M. Rostovzeff, *The Social and Economic History of the Hellenistic World*, Vols. 1-3 (Oxford: Clarendon Press, 1986); V. Tcherikover, *Hellenistic Civilization and the Jews* (NY: A Temple Book, 1977); H. Jagersma, *A History of Israel: From Alexander the Great to Bar Kochba* (Philadelphia: Fortress Press, 1985). 이 책의 우리말 번역은 H. 야거스마, 『신약배경사』배용덕 역 (서울: 솔로몬, 1994).

3 시리아전쟁은 기원전 3세기부터 2세기까지 벌어진 프톨레미 왕국과 셀루시드 왕국 사이의 여섯 차례에 걸친 전쟁을 지칭한다. 제1차(274-271년), 제2차(260-253년), 제3차(246-241년), 제4차(219-217년), 제5차(202-195년), 제6차(170-168년).

4 H. Jagersma, *A History of Israel*, 3.

5 이윤경, "느헤미야, 산발랏, 도비야의 관계를 통해서 본 느헤미야 개혁," 「한국기독교신학논총」 86 (2013), 5-29.

은 걸 보면, 다소 수용적 태도가 안티오쿠스 4세 에피파네스 시대까지 지속되었던 것으로 보인다. 적어도 수용적 태도는 포로 후기 유다 상류층이나 중산층의 삶의 태도를 반영한다고 볼 수 있다.

둘째, 마카비와 하시딤 등장의 직접적 배경이 되는 안티오쿠스 4세 시대 직전의 정치 상황을 살펴보자. 하스몬 왕조의 등장은 코엘레-시리아(Coele-Palestine)의 변화하는 정치적 역동기와 시기적으로 일치한다는 점에 주목할 필요가 있다. 이 시기는 식민지 피지배국 입장에서는 프톨레미 제국 혹은 셀루시드제국 중에 한 편을 선택해야 하는 시점이었다.

안티오쿠스 3세는 기원전 198년 파니온(Panion) 전투에서 프톨레미 5세와 싸워 승리함으로써 코엘레-시리아의 맹주가 되었고, 유다 민족은 이제 셀루시드제국의 수하에 들어가게 되었다. 다음 해 안티오쿠스 3세와 로마의 전쟁은 향후 유다 민족의 정치적, 사회적, 경제적 측면에 심대한 영향을 끼치게 되었다. 그의 장남 셀루쿠스 4세는 전쟁배상금으로 매년 상당한 조공을 유대인에게 지불하도록 하였다. 셀레쿠스 4세 사후 등극한 안티오쿠스 4세는 이집트 원정에 수차례 나섰다. 바로 안티오쿠스 4세의 이집트 원정이 마카비와 하시딤 등장의 직접적 배경이 된다.

안티오쿠스 4세의 등극 후, 대제사장 야손은 김나지움(체육관/경기장)과 에페베이아(청년학교/청년훈련소)와 같은 헬라식 제도를 설치하고, 나아가 예루살렘을 헬라 도시 안디옥처럼 탈바꿈하였다(마카비하 4:7-22). 곧 메넬라우스는 야손보다 더 많은 돈을 지불하고, 대제사장직을 탈취하였다. 메넬라우스는 비용을 메꾸기 위해서 성전 보물을 전용하였다(마카비하 4:23-29).

이때 안티오쿠스 4세는 이집트와 여전히 전쟁 중이었고, 야손은 메넬라우스로부터 대제사장직을 되찾고자 하였지만 실패하였다. 안티오쿠스 4세의 예루살렘성전 약탈 시점이 제1차 혹은 제2차 이집트 전쟁 이후인지, 그리고 보물 약탈 장소가 성전인지 혹은 성읍인지는 논의의 대상이 되어왔다.[6] 물론 약탈의 시기적 순서 혹은 정확한 장소는 논의의 대상이 될 수 있지만, 본 논문에서는 안티오쿠스 4세의 보물 약탈이 유다 백성에 미친 영향을 살펴보는 것이 더 중요하다. 바로 이 문제가 마카비 혁명과 직결되기 때문이다.

안티오쿠스 4세의 유다 백성에 대한 후속 조치가 그의 이전 행위보다 훨씬 더 심각한 영향을 미쳤다. 그는 시온 산에 셀루시드 요새인 아크라(Acra)를 세웠고, 악명 높은 칙령(마카비상 1:41-51)을 선포하였다.[7] 이 칙령의 명분은 셀루시드 왕국의 모든 백성을 '모두 한 백성'(마카비상 1:41)이 되게 만들겠다는 것이었다.

마카비상 1장은 이 칙령의 결과, 안티오쿠스 4세가 유대인을 감시할 감독관을 세우고, 예루살렘성전에는 "황폐를 부르는 혐오스러운 것"(마카비상 1:54)을 세우고, 율법서를 찢고 불태우고, 율법을 준수하는 자는 사형에 처하였다(마카비상 1:56-57). 그뿐만 아니라 모든 성읍에서 "눈에 띄는 대로 이스라엘인들에게 폭력을 휘두르곤 하였다."(마카비상 1:58). 이 칙령의 역사적 진정성과 이후 조치의 강도에 대해서는 회의적인 입장이 있지만, 대다

---

6 이 주제에 대한 논의에 대해서는 다음을 참조하라. D. R. Schwartz, "Antiochus IV Epiphanes in Jerusalem," in *Historical Perspectives: From the Hasmoneans to Bar Kokhba in Light of the Dead Sea Scrolls*, 45-56.

7 "유다인들이 자기 고장에 낯선 관습을 따르게 할 것. 성소에서 번제물과 희생 제물과 제주를 바치지 못하게 하고, 안식일과 축제를 더럽힐 것. 성소와 성직자들을 모독할 것. 이교 제단과 신전과 우상을 만들고, 돼지와 부정한 짐승을 희생 제물로 바칠 것. 그들의 아들들을 할례 받지 못하게 하고, 온갖 부정한 것과 속된 것으로 그들 자신을 혐오스럽게 만들도록 할 것. 그리하여 율법을 잊고 모든 규정을 바꾸게 할 것. 임금의 말대로 하지 않는 자는 사형에 처할 것"(마카비상 1:44-50).

수 학자는 안티오쿠스 4세의 조치는 광범위한 박해라기보다는 지엽적이었고, 제한적이었다는데 동의한다.[8]

마카비서는 마카비 혁명이 일어나게 된 순서를 다음과 같이 전한다.

첫째, 유대 내부의 갈등이 발생한다.
둘째, 안티오쿠스 4세와 아폴로니우스의 무력 개입이 뒤따라온다.
셋째, 마카비 혁명이 일어난다.

그러나 체리코버는 순서를 바꾸어 마카비 혁명이 먼저 오고, 그 결과 무력 진압이 뒤따라왔다고 본다.[9] 이처럼 학자들은 마카비 혁명의 원인과 결과를 추적하고자 하였다. 마카비 혁명의 원인과 결과 및 여파에 대해서는 다양한 의견이 제시되지만, 부인할 수 없는 분명한 사실은 유다 백성의 혁명이 일어났고, 하시딤이 적극적으로 가담하였다는 것이다. 마카비 혁명 상황을 배경으로 하시딤이 언급되는 마카비서의 세 구절을 살펴보고자 한다.

3. 마카비서에 나타난 하시딤

하시딤(Ασιδαῖοι)은 마카비상에서 세 번 언급된다(마카비상 2:42; 7:13; 마카비하 14:6). 필로, 요세푸스, 대플리니(Pliny the elder)와 같은 고전 문학은 하시

---

8 이 입장의 주요 지지자는 비커만과 헹엘이다.
9 V. Tcherikover, *Hellenistic Civilization and the Jews*, 191.

딤이 아니라, 엣세네파를 언급한다. 학자들은 고전문학에 등장하는 엣세네파와 하시딤의 관계를, 특히 쿰란 공동체와 엣세네파의 기원과 관련하여 논의한다.

하시딤에 대한 많은 관심에도 불구하고, 하시딤에 관한 정보는 매우 제한적이다. 하시딤을 직접적으로 언급하는 마카비서에 나타난 세 구절을 토대로 그들의 정체성에 대해 추정할 수 있을 뿐이다. 이 세 구절의 검토는 하시딤에 대한 가장 사실에 근접한 정보를 제공할 수 있으리라 본다.

> (1) "그때에 한 무리의 하시드인들이 그들과 합류하였다. 그들은 이스라엘의 용맹한 전사들이며 모두 율법에 헌신하는 이들이었다"(마카비상 2:42).

이 구절에 대한 학자들의 논의는 주로 세 문제에 집중한다.

첫째, 이 구절의 앞 단락인 마카비상 2:29-38에 등장하는 '많은 이'와 마카비상 2:42의 '하시딤'의 관계이다.
둘째, 하시딤을 특정 집단으로 볼 것인지, 아니면 단순히 일반적인 신실한 자에 대한 통칭인지에 관한 것이다.
셋째, 하시딤을 율법을 준수하는 용사로 볼 것인지, 아니면 평화주의자로 볼 것인지에 관한 것이다.

하시딤을 구체적으로 언급하는 마카비상 2:42의 선행 단락을 살펴보자. 이 선행 단락에서 마카비상의 저자는 "정의와 공정을 추구하는 많은 이들"이 그들의 가족과 함께 광야로 도망갔다고 전한다(마카비상 2:29). 그러나 이들은 안식일에 학살당하였다. 이들이 종교적으로 준수해야 하는 안식일에 싸우기를 거부했기 때문이다. 그런데 어떤 학자들은 마카비상 2:29-38의 '많은 이'를 마카비상 2:42의 하시딤과 동일시한다.

예컨대, 블랙(M. Black)은 '많은 이'를 하시딤으로 파악하고, 심지어 더 나아가 후대의 쿰란 공동체로 규정한다. 그는 다메섹문서 6:9의 '다메섹의 땅'이 '많은 이'가 도망갔던 광야를 지칭하는 것으로 해석하고, 하시딤과 쿰란 공동체를 바로 연결한다. 또한, '정의와 공정'은 쿰란문서에서 자주 언급되는 용어라는 점을 근거로 제시한다.[10]

그러나 캠펜(J. Kampen)은 블랙의 소위 '하시딤 가설'에 반대한다. 그는 '많은 이'과 하시딤을 언어학적 분석을 통하여 분리하고자 한다.[11] 그의 분석은 마카비상 2:42의 하시딤에 대한 묘사 때문에 지지를 받는다. 마카비상 2:42에서 하시딤은 '용맹한 전사들'이지만, 광야의 '많은 이'는 안식일에 싸우기를 거부한다. 따라서, 캠펜은 '많은 이'와 하시딤을 다른 두 집단으로 본다.

그러나 블랙처럼, 체리코버도 '많은 이'와 하시딤은 동일 집단이라고 주장한다. 그러나 체리코버의 논지는 안식일에 싸우지 않은 '많은 이'와 용맹한 전사로 알려진 하시딤 사이의 간극을 메꾸기 위해, 하시딤이 율법에 헌신적이면서도, 용맹한 전사였다는 점에 주목한다. 그는 셀루시드 군인들이 안식일을 공격개시일로 삼았다는 사실 자체가 중요한 근거가 된다고 본다.

즉, 그는 하시딤이 "안식일을 진지하게 준수하는 율법에 헌신하였던 용

---

10 M. Black, *The Scrolls and Christian Origin* (NY: Charles Scribner's Sons, 1961), 13-24.
11 J. Kampen, *The Hasideans and the Origin of Pharisaism: A Study in 1 and 2 Maccabees* (Atlanta, GA: Scholars Press, 1988), 70-72.

맹한 전사들"¹²이었다고 해석함으로써, 마카비상 2:42은 하시딤이 구체적으로 '안식일 준수' 율법에 충실하였음을 암시한다고 주장한다.

바로 이런 이유로 적들은 교활하게 공격개시일을 안식일로 정하였다고 본다. 체리코버의 독법은 논리적으로 들리지만, 문제도 있어 보인다. 종교적, 율법적으로 안식일 준수에 죽기까지 헌신적안식일 준수에 죽기까지 헌안식일 준수에 죽기까지 헌 집단이 안식일 준수에 죽기까지 헌신적안식일 준수에 죽기까지 헌안식일 준수에 죽기까지 헌 집단이 마타티아스의 명령 한 마디에 갑자기 안식일 준수 원칙을 뒤집고, 전투에 나섰다고 보는 것은 가능성이 낮아 보인다.

더욱이 마타티아스는 처음부터 하시딤의 일원이 아니라, 하시딤이 그들의 임시 지도자로 삼은 인물이었다. 물론, '많은 이'를 하시딤의 일부로 볼 수 있다. 그러나 하시딤 내부에서 안식일 준수와 관련하여 분열이 일어났다는 것을 입증해야 한다. 결국, 현재 본문으로 볼 때, '많은 이'와 하시딤을 다른 두 집단이라고 보는 것이 더 타당하다.

다음으로, 대부분의 학자(예: 체리코버, 헹엘, 시버스)는 하시딤의 정체성을 특정 집단 혹은 경건한 유다 일반인에 대한 지칭으로 볼 것인지에 대해 논의하였다. 학자들은 대체로 하시딤을 시편 149:1에서처럼 일반 청중을 지칭하는 것으로 보기보다, 특정 집단을 지칭하는 것으로 본다.

이들은 하시딤이라는 히브리어 단어를 헬라어에 상응하는 단어로 번역하지 않고, 헬라어로 음역하여 Ασιδαῖοι로 표기하고 있는 점에 착안하여, 특정 집단으로 본다. 하지만, 여전히 이에 대한 반대하는 의견이 있다. 예컨대, 데이비스(P. R. Davies)는 하시딤을 "헬라의 침략을 받아들이는 데 반

---

12 V. Tcherikover, *Hellenistic Civilization and the Jews*, 198.

대하고, 적극적인 헬라주의자는 아닐지라도 박해에 직면하여 율법을 준수할 준비가 되지 않은 자들에 반대하여, 자신들의 종교를 지키는 데 관심을 두는" 유대인을 지칭하는 일반 용어라고 본다.[13]

그러나 하시딤이 헬라어로 음차된 상황을 볼 때, 신구약 중간기에 이르러 하시딤은 더 이상 '경건한' 유대인 누구나를 지칭하는 일반명사가 아니라, 특정 집단을 구체적으로 지칭하는 고유명사가 되었다고 보는 편이 더 타당하다고 본다. 이런 예는 벨리알이 '불량배'[14]나 '악인/사악한 자'[15]로 번역되는 일반명사이지만, 쿰란문서에서는 초자연적 악의 세력의 우두머리를 지칭하는 고유명사로 쓰이는 것에서 찾아볼 수 있다.[16]

하시딤을 특정 집단으로 보는 학자 중에서도, 하시딤의 집단 정체성에 대해서는 다양한 이론(異論)이 있다. 헹엘(Martin Hengel)은 하시딤을 헬라주의자(Hellenophiles)에 저항하는 집단으로 보는 플뢰거(Otto Plöger)에 동의하여, 이론을 더 정교화 한다. 캠펜은 하시딤을 사회의 주요 인사 집단으로 규정한다. 체리코버는 마카비상 7:12-13의 해석에 근거하여, 하시딤과 서기관 사이의 연관성을 찾고자 한다.

대부분의 학자는 "ἰσχυροὶ δυνάμει ἀπὸ ισραηλ πᾶς ὁ ἑκουσιαζόμενος τῷ νόμῳ"(그들은 이스라엘의 용맹한 전사들이며 모두 율법에 헌신하는 이들이었

13　P. R. Davies, *Sects and Scrolls: Essays on Qumran and Related Topics* (Atlanta, GA: Scholars Press, 1996), 21.
14　구약성서에서 벨리알이 '불량배(잡배)'로 번역된 곳은 13군데다(신 13:13; 삿 19:22; 20:13; 삼상 10:27; 25:17, 25; 30:22 삼하 20;1; 왕상 21:10, 13; 대하 13:7; 잠 6:12; 16:27).
15　삼하 16:7; 23:6; 나 1:15.
16　이 논의에 대해서는 다음 논문을 참조하라. 이윤경, "벨리알과 사탄에 대한 역사적 개념 변천 연구," 「한국기독교신학논총」 76 (2011): 35-54.

다)을 하시딤 집단에 대한 정의가 아니라, 묘사라고 본다.[17] '용맹한 전사들'이라는 표현은 구약의 상투어이다.[18] 그러나 "πᾶς ὁ ἑκουσια ζόμενος τῷ νόμῳ"(모두 율법에 헌신하는 이들)와 정확하게 동일한 구절은 구약에서 찾아볼 수 없다.

70인역에서 'ἑκουσιαζόμενος'의 동사원형 'ἑκουσιάζουμαι'는 무력충돌(삿 5장), 제의행위(스 2:68; 3:5; 7:16), 혹은 자발적 헌신(스 7:13) 맥락에서 찾아볼 수 있다. 70인역의 이 동사의 일반적인 용례를 고려한다면, 마카비상 2:42의 율법과 관련해서 동사 'ἑκουσιάζουμαι'를 사용하는 것은 독특하다.

본 논문에서는 마카비상 2:42에 대한 다른 해석의 가능성을 제시하고자 한다. 이 구절에는 세 구가 나온다. 즉, 'συναγωγὴ Ασιδαίων'(한 무리의 하시드인들)과 'ἰσχυροὶ δυνάμει ἀπὸ Ισραηλ'(이스라엘의 용맹한 전사들) 그리고 'πᾶς ὁ ἑκουσιαζόμενος τῷ νόμῳ'(모두 율법에 헌신하는 이들)이다.

즉, 'συναγωγὴ Ασιδαίων' 외에도 다른 두 구를 동격의 주어구로 볼 수 있다. 그래서 이 세 개의 주어구가 공통으로 동사 'συνήχθησαν'(합류하였다)와 연결된다. 따라서, 이 세 개의 명사형 구는 어떤 집단의 사람들이 마카비 군대에 합류했는지를 설명해준다. 즉, 하시딤이라는 특정 집단이 합류하였는데, 이들은 용맹한 전사였고, 율법에 헌신하는 자들이었다는 것을 전한다.

(2) "그런데 한 무리의 율법 학자들이 알키모스와 바키데스에게 모여 가서 모든 것을 올바르게 처리해 달라고 요청하였다. 이스라엘 자손들 가운

---

17 P. R. Davies, *Sects and Scrolls*, 14.
18 역대상 5:24; 7:2, 5, 7, 9, 11, 40; 8:40; 12:8; 28:1; 역대하 13:3; 32:21; 에스겔 39:20.

데에서 처음으로 그들과 평화를 모색한 사람들이 바로 이 하시드인들이다"(마카비상 7:12-13).

마카비상 7:12의 헬라어 'συναγωγὴ γραμματέων'을 우리말 성경은 '율법 학자들'(가톨릭 구약성경) 혹은 '율법 학자단'(공동번역, 공동번역개정)이라고 번역한다. 그러나 원어를 문자 그대로 번역할 때, 율법 학자보다는 서기관으로 번역하는 것이 더 타당하다. 그렇다면, 마카비상 7:12-13과 관련하여 두 가지 문제가 대두된다.

첫째, 마카비상 7:12의 서기관과 마카비상 7:13의 하시딤의 관계를 검토할 필요가 있다.
둘째, 마카비하 14:6과 상호교차해서 검토해야 한다(이 구절은 다음 단락에서 검토한다).

마카비상 7:12-13에는 각각 서기관과 하시딤 집단이 언급되고 있다. 선행단락을 보면, 셀루시드 왕 데메드리오 시절(기원전 161-150년), 대제사장 알키모스와 셀루시드 장군 바키데스가 합작하여 유다 마카비우스와 그 형제에게 평화협정을 맺자고 먼저 제안한다(마카비상 7:8-11). 마카비상 저자는 유대인 혁명군이 "그들이 대군을 거느리고 온 것을 보고"(마카비상 7:11), 이 제안을 '속임수'로 판단하여 평화협정을 맺지 않았다고 전한다.
하지만, 서기관과 하시딤은 기꺼이 협상을 하였고, 평화협정을 수용하였다. 그런데 마카비상 7:12-13의 흐름에서 서기관과 하시딤의 관계가 분명하지 않다.

살다리니(Saldarini)는 "서기관이 하시딤의 일부였거나, 하시딤이 서기관의 일부"였을 것이라고 본다.[19]

이처럼 일부 학자는 하시딤을 서기관으로 보지만,[20] 반면에 이 견해에 반대하는 학자들도 있다.[21] 서기관과 하시딤 사이의 관계와 관련하여 체리코버의 논지를 살펴볼 필요가 있다.

…하시딤은 최고 서기관이자 토라의 율법과 명령에 대한 권위 있는 해석자였다… 야손의 "조상의 율법" 폐지는 전체 계급을 불필요하게 만들었다… 따라서, 하시딤의 헬라주의자에 맞선 투쟁은 단순히 율법의 명령 준수를 위한 이데올로기 투쟁이 아니라, 헬라주의자의 존재에 대한 전체 계급의 투쟁이었다.[22]

체리코버는 기원전 168-167년의 사건을 다음 순서로 발생하였다고 추정한다. 즉, 기원전 168년 셀루시드 장군 아폴로니우스가 취한 정치적 조치가 있었고, 그 반작용으로 마카비 혁명이 일어났다. 그 결과, 기원전 167년 종교적 박해가 따라왔다고 본다.

체리코버의 발생 순서를 따르면, 안티오쿠스 4세의 박해는 원인이 아니

---

19 A. J. Saldarini, "Scribes," in *The Anchor Bible Dictionary*, vol. 5 (New York: Doubleday, 1992), 1013.
20 이 학자들의 상세한 주장에 대해서는 다음을 참조하라. J. Kampen, *The Hasideans and the Origin of Pharisaism*, 17-22.
21 하시딤을 서기관으로 보는 학자는 Z. Frankel, K. Kholer, V. Tcherikover, F. M. Abel, E. Schrer, J. Kampen이다. 하시딤을 서기관으로 보지 않는 학자는 Pfeiffer, J. Maier, J. Sievers이다. 이 학자들의 상세한 주장에 대해서는 다음을 참조하라. J. Kampen, *The Hasideans and the Origin of Pharisaism*, 17-22.
22 V. Tcherikover, *Hellenistic Civilization and the Jews*, 197.

라 결과였다. 그렇다면 위의 체리코버의 인용 글에서 보듯이, 서기관 계급이 었던 하시딤은 안티오쿠스 4세의 박해가 아니라, 야손의 헬라화 정책의 피해자다.

이것이 옳은 추정이라면, 하시딤이 마카비 혁명에 가담한 것은 종교적 이유뿐만 아니라, 그들의 생존이라는 실존적 이유 때문이다. 이처럼 체리코버는 하시딤의 정체성을 서기관으로 규정하고, 그 기원을 야손의 헬라화 정책으로까지 거슬러 올라가서 추적한다.

그러나 마카비서를 보면, 야손의 헬라화 개혁은 김나지움 건설과 에페베이아의 건립, 그리고 예루살렘에 헬라 폴리스인 안디옥 건설과 같은 문화적 영역에 집중하였음을 알 수 있다. 고대사회에서 종교와 문화를 확실히 분리한다는 것이 힘들다 하더라도, 야손의 조치가 유대교 종교자체에 급격한 변화를 초래했다는 것을 입증할 어떤 기록도 남아 있지 않다. 무엇보다도 안티오쿠스 4세의 사후, 데메드리오 왕 재위 시기까지 하시딤이 계속 셀루시드 군대와 무력충돌 중이었고, 셀루시드 쪽에서 평화협정체결을 원하는 상황이었다는 것에 주목해야 한다.

즉, 하시딤은 야손의 헬라화 개혁이나 안티오쿠스 4세의 종교탄압 문제가 일정 정도 해소된 시점 이후에도 계속 유다 마카비우스 혁명에 가담한 상태였다.

이 점에서 하시딤은 서기관 집단과는 분명히 다른 집단이었음이 분명하다. 시버스(J. Sievers)는 마카비상 7:12-13에서 서기관과 하시딤이라는 다른 두 집단이 등장하는 것으로 본다. 시버스는 이 구절을 "율법을 회복하고자 알키모스와 바키데스가 소집한 서기관과 율법에 대한 관심사의 표현의 직접적인 결과로 알키모스와 평화를 추구한 하시딤"을 구별한다고 해

석한다.[23]

구약성서에서 서기관은 군사적 맥락에서 징집 관리자로 나타난다(예: 삿 5:1; 왕하 25:19; 대하 26:11=렘 52:25). 하지만, 이 징집 관리자의 역할 외에 서기관의 역할은 주로 필사가, 기록관, 교사와 같은 행정직무 담당자로 국한된다. 서기관이 군사 역할을 담당하는 경우에 대한 언급은 전혀 없다.

그런데 마카비상 2:42에서 이미 보았듯이, 하시딤은 혁명에 가담하였다. 이것은 분명 군사 행위이다. 서기관 계급이 이스라엘 역사에서 군사적 역량으로 알려진 바는 결코 없다. 따라서, 하시딤을 서기관으로 규정하는 것은 역사적 사실과 거리가 멀다. 더욱이, 캠펜이 하시딤과 서기관을 동일시하는 것은 마카비상 2:42의 'συναγωγὴ Ασιδαίων'과 7:12의 'συναγωγὴ γραμματέων'에서 공통적으로 'συναγωγὴ' 단어가 등장한다는데 근거를 두고 있다.

그런데, 이 구는 이 두 집단을 동일 집단으로 보기보다는, 각각 다른 두 집단을 지칭하는 것으로 보는 편이 일반적이다. 따라서, 하시딤과 서기관은 다른 두 집단으로 보는 편이 타당하다. 이것은 마카비상7:12-13의 'πρῶτοι'(처음으로)의 해석을 통해서도 입증된다. 즉, 서기관과 하시딤은 알키모스와 바키데스에게 각각 따로 왔기 때문에, 누가 처음에 왔는지를 설명하는 단어로 해석할 수 있다.

헬라어 'πρῶτοι'는 하시딤의 지위를 묘사하는 것이 아니다. 고대 이스라엘에서 이 지위를 차지한 것은 대제사장이었기 때문이다. 즉, 서기관 집단을 포함한 이스라엘의 다양한 집단 중 알키모스와 평화조약을 맺은 첫 번

---

23 J. Sievers, *The Hasmoneans and their Supporters from Mattathias to the Death of John Hyrcanus I* (Atlanta, GA: Scholars Press, 1990), 38.

째 집단은 바로 하시딤 집단이었다는 것을 이 구절은 전한다. 결국, 하시딤은 서기관 집단보다 먼저 알키모스와 바키데스와 평화협정을 체결하였다.

> (3) "유다인들 가운데에서 마카베오가 이끄는 하시드인이라는 자들이 전쟁을 일삼고 폭동을 일으켜 왕국이 안정을 누리지 못하게 하고 있습니다"(마카비하 14:6).

학자들은 이 구절과 관련하여 두 가지 문제에 집중한다. 첫 번째 문제는 하시딤과 유다 마카비우스의 관계이고, 둘째는 바로 위에서 살펴본 마카비상 7:13과 마카비하 14:6의 비교이다. 마카비상 7:13과 마카비하 14:6의 본문에는 기본적으로 동일한 셀루시드 왕 시절, 동일한 대제사장 알키모스 시절, 그리고 동일한 셀루시드 장군 니카노르가 등장한다. 그러나 이 두 기사의 내용은 유사하지만, 사건의 순서는 동일하지 않다.

마카비상 7장은 알키모스와 바키데스가 유다와 그의 형제에게 협상하기 위해 왔다고 전한다. 합의가 이루어지지 못하자, 그 후 그들은 서기관과 하시딤을 만났다. 이들과 협상하였지만, 알키모스는 60명을 죽여 버린다(마카비상 7:16). 이후 유다 마카비우스의 군대가 알키모스 일당에서 맞서 승승장구하자, 이번에는 셀루시드 장군 니카노르(Nicanor)가 유다로 와서 유다 마카비우스와 협상을 다시 하고자 한다. 그러나 협상은 결렬되고, 유다 마카비우스 군대와 니카노의 군대는 전투를 계속 벌인다.

그러나 마카비하 14장의 보도에는 마카비상 7장과 동일 인물들이 등장하지만, 유일하게 셀루시드 장군 바키데스는 협상 절차와 과정에 전혀 등장하지 않는다. 여기에는 협상 후, 유대인을 죽이는 이야기도 나오지 않는다. 마카비하 14장에는 단 한차례의 협상만 있는데, 바로 유다와 니키노르가 전투를 재개하기 전에 일시적으로나마 휴전 협정을 맺는다(마카비하 14:19-20).

학자들은 두 기사의 이런 차이에 대하여 몇 가지 설명을 제시하였다. 자료비평을 통하여 이 두 기사 이면의 '공통 자료'를 제시하거나, 한 기사가 다른 기사에 의존한다고 설명한다. 데이비스는 단 한 차례의 일시적 평화협정이지만, 체결했다고 보도하는 마카비하 14장과 달리, 마카비상 7장의 저자는 유다 마카비우스가 단 한 차례라도 셀루시드 왕과 협상을 하지 않았다는 것을 보여주고 싶어 했던 것으로 본다.

마카비상 7장과 마찬가지로, 마카비하 14장에서도 하시딤은 계속 유다 마카비우스의 지휘 아래 있다. '하시딤 가설'은 마카비상 7:12에 보고된 사건을 토대로 보면, 유다 마카비우스는 셀루시드의 간교한 계획을 미리 알아채고 평화협정 맺기를 거부한다. 반면, 하시딤은 소기의 목적을 달성하자 무력투쟁을 멈추고 평화협정을 최우선으로 체결하였던 평화주의자로 보인다.

하지만, 그들은 셀루시드의 음모를 파악하지 못하였기에, 그들의 손에 죽음을 맞게 된다. 반면에, 마카비하 14장의 유다 마카비우스 적장의 간교한 협상 제안을 순진하게 받아들이는 모습으로 묘사된다. 마카비상 7장과 마카비하 14장이 동일한 사건을 묘사하는 것이라면, 마카비상 7장이 의도적으로 유다 마카비우스와 셀루시드의 협정체결 장면을 제거한 것으로 보는 것이 더 자연스러워 보인다. 이점에서 데이비스가 마카비상은 유다를 영웅으로 만들려고 했다고 해석한다.[24]

한편 캠펜은 마카비하에서 하시딤은 유다를 돋보이게 하는 역할을 한다

---

[24] P. R. Davies, *Sects and Scrolls*, 15-17.

고 해석한다. 마카비하 14:6은 유다를 하시딤 집단의 지도자라고 말한다. 그러나 캠펜에 따르면, 마카비하 14:6의 중요한 문제는 유다를 하시딤의 지도자로 묘사하는데 있지 않다고 본다. 오히려 대제사장 알키모스의 입을 통해 유다 마카비우스를 비난하는 내용에 있다고 본다.

알키모스의 비난은 역설적으로 유다의 경건함과 정결함을 강조하는 효과를 낳는다. 유다를 지도자로 따르는 하시딤 역시 말 그대로 '경건한 자'로 "그의 이미지에 경건함과 정결함을 더하게 된다."[25]

데이비스와 캠펜은 각각 다른 논지를 펼치지만, 마카비서가 결국 유다의 이미지를 하시딤보다 더 나아보이도록 하였다는데 동의한다. 마카비상하의 보도가 서로 차이가 있기 때문에, 알키모스와 협상 과정에서 하시딤이 어떤 역할을 했는지는 확실하지 않다. 하지만, 유다 마카비우스와 하시딤의 결별의 이유는 마카비상 7:14의 "그들은 '아론의 후손인 사제 한 사람이 군대와 함께 왔으니, 그가 우리를 해칠 리 없다.'고 생각하였던 것이다."라는 구절을 통해 추론해 볼 수 있다.

'아론의 후손'인 대제사장 알키모스를 받아들인 하시딤과 그렇지 못한 유다 마카비우스는 결국 결별의 순서를 밟게 되고, 이런 입장 차이는 향후 하스몬 왕조가 대제사장직을 찬탈하게 되는 기반이 되었다. 이점에서 데이비스가 "(마카비상 7장) 14절은 하시딤의 목적이 평화를 추구하는 것이었는지 말해주지 않는다. 그것은 그들이 당시 평화를 추구한 이유, 즉 이제 왕의 관료 대신 아론의 후예와 협상할 수 있게 된 이유만을 말해준다."[26]라고 인지한 것은 매우 옳다고 본다. 결국, 이 순간부터 하시딤은 유다 역사에서 사라

---

25 J. Kampen, *The Hasideans and the Origin of Pharisaism*, 147.
26 P. R. Davies, *Sects and Scrolls*, 17.

지게 되고, 유다 마카비우스와 그의 형제가 세운 하스몬 왕조만 남게 된다.

4. 마카비 혁명의 원인과 하시딤

이제 보다 본질적인 질문을 던져야 한다.

왜 하시딤은 마카비가 지휘하는 혁명에 가담하였는가?

비커만(E. Bickerman)은 마카비 혁명을 원래는 "개혁가와 정통주의 사이의 시민전쟁이자 종교 투쟁"이었다고 본다. 후대에 가서야 마카비 혁명은 셀루시드에 맞서는 전쟁으로 기억하게 되었다고 본다.[27]

따라서 비커만은 마카비 혁명의 본질적 속성을 내전으로 규정한다.

> 마카비는 셀루시드 군대와 싸운 것이지, 셀루시드의 통치와 싸운 것이 아니었다. 그들은 어떤 문화나 국가의 형태를 막아내고자 한 것이 아니라, "우리의 생명과 규례를 위해"(마카비상 2:27, 40, 42, 50, 64; 3:43 등) 무기를 들었다. 이것은 국가적 전투가 아니라 국가 안에서 일어난 투쟁이었다. 즉, 두 유대인 집단 내부의 종교 전쟁이었다. 주변 세계에 동화함으로써 백성을 구하고자 하나님에게 희생 제사를 지내는 다신론자와 모세의 율법을 보존하고자 자신의 생명과 백성의 생명을 바칠 준비가 된 유일신론자 간의 종교 전쟁이었다. 전자는 셀루시드의 세속 권력에 의존하였고, 마카비 편에서 볼 때는 하나님과 맞서 싸우는 자들이었다.[28]

---

[27] E. Bickerman, *The God of the Maccabees: Studies on the Meaning and Origin of the Maccabean Revolt* (Leiden: Brill, 1979), 90.

[28] E. Bickerman, *The God of the Maccabees*, 91.

따라서 비커만에 따르면, 마카비 혁명은 안티오쿠스 4세 에피파네스의 박해와는 관련이 거의 없다. 마카비 혁명은 마타티아스와 그의 아들이 정치, 경제적으로 기득권 계층이었던 유다 헬라주의 개혁가들과 싸웠다는 면에서 볼 때만이 '혁명'이라 할 수 있다.

유사하게, 체리코버는 하스몬 왕조의 부상을 하시딤의 오랜 세월에 걸친 혁명의 결과라고 주장한다. 체리코버는 길고 복잡한 과정을 지닌 하시딤 내란은 요셉 벤 도비야 시대(Joseph ben Tobiah)로 거슬러 올라갈 수 있다고 본다. 마카비 혁명의 속성을 계급 갈등으로 보는 체리코버의 제안은 종교적 요소를 다른 요소와 구분할 수 없지만, 종교적 원인보다는 사회적, 정치적, 경제적 측면에 주로 기반을 두고 있다고 본다. 마카비 혁명에 대한 그의 평가를 인용하고자 한다.

> 유다 마카비우스의 헬라주의에 대한 승리는 소작농의 승리였으며, 부유한 소수 명문가문에 맞선 '도시 서민'(urban plebs)의 승리였다. 이 승리가 230년 후 로마에 맞선 유다 전쟁 기간에 일어났던 것 같은 사회혁명을 초래하지 않았다 할지라도, 예루살렘의 공적 삶에 중요한 민주화의 원인이 되었고, 아마도 또한, 부유한 계층의 삶의 터전인 경제적 토대의 일부를 없애버린 것으로 추정할 수 있다.[29]

따라서, 체리코버는 하시딤과 유다의 명령 하에 일반 백성이 일으킨 혁명이 안티오쿠스 4세의 박해로 이어졌다고 본다. 혁명의 기원, 과정, 초점의 다른 상세사항을 제시하지만, 비커만과 체리코버는 모두 마카비 혁명의

---

[29] V. Tcherikover, *Hellenistic Civilization and the Jews*, 221.

주된 요인을 헬라화 문제로 인한 유다 백성의 내부 갈등으로 본다. 물론 체리코버는 외적 문제를 다룬다. 예컨대, 안티오쿠스 4세의 새로운 정착 계획, 그로 인한 땅 몰수와 성전에 대한 세금 부과 등이다. 하지만, 그의 주요 논지는 유다 사회 내부 갈등에 있다.

그러나 체리코버의 마카비 혁명에 관한 추론이 성립하기 위해서는 선행적으로 해결되어야 하는 몇 가지 문제가 있다.

첫째, 요셉 벤 도비야 이래, 적어도 국지전이 끊임없이 지속되었다는 것을 입증해야 한다.

그런데 "안티오쿠스 4세 통치 이전 헬라 세계에서 유대인은 그들의 혁명 경향성의 결여로 유명했다."[30] 페르시아 후대로부터 헬라 시대에 이르기까지 적어도 소규모의 저항운동이 지속하였다는 증거 본문을 찾기는 힘들다. 무엇보다도 체리코버는 긴 시간에 걸친 하시딤 혁명이 있었고, 역사의 한 시점에서 유다 마카비우스를 지도자로 삼게 되었다고 추론하는데, 이 경우 '마카비' 혁명이 아니라, '하시딤' 혁명이 되는 문제가 발생한다.

둘째, 체리코버는 마카비 혁명에 가담한 하시딤을 서기관 계층으로 보고, 야손의 헬라화 개혁으로 인해 위기를 맞았다고 추론한다.

유사하게, 헹엘은 플뢰거 사상을 토대로 하시딤을 "제사장 지배층과 부

---

30 J. A. Goldstein, *1 Maccabees*, Anchor Bible vol. 41 (NY: Doubleday, 1977), 129.

유한 평신도 귀족 안에서 구현된 '공식적' 유대교"[31]의 대적자로 본다. 하시딤을 서기관 계층으로 본다면, 서기관은 유다 역사에서 일반 백성보다 제사장 계급에 거의 늘 더 가까웠다는 점을 기억해야만 한다. 서기관은 징집 관리자, 비서, 필사가, 회계 담당자였다.

예컨대, 구약성서에는 요시야 왕의 궁정 서기관 사반, 페르시아가 임명한 서기관 에스라와 같은 유명한 서기관이 나타난다. 그들의 역할은 예루살렘 밖보다 궁정과 성전 안에서 주로 제사장 계급과 함께 활동하는 것이었다. 따라서 '상류층 헬라주의자' 대 '중하류층 전통주의자'의 계급갈등 틀에서 서기관 계층 출신의 하시딤 혁명을 설명하기는 힘들다.

요약하자면, 20세기 초에 학자들은 마카비 혁명의 원인을 헬라화(비커만의 입장)와 그에 수반한 계층 갈등(체리코버의 입장)에서 찾는 경향이 있다. 이런 경향은 1970년대 헹엘의 저작에서 매우 정교하게 나타난다. 이런 저작에서 안티오쿠스 4세의 역할은 점차 축소된다. 이 의견은 혁명의 전체 과정에서 안티오쿠스 4세의 중심 역할에 주의하는 여타 학자들에 의해 도전을 받고 있다.

이런 20세기 초의 학자들의 주장과 달리, 골드슈타인(J. A. Goldstein)과 콜린스(J. J. Collins)는 모두 안티오쿠스 4세 자신에게서 주요인을 찾는다. 하지만, 그들의 초점은 다르다. 골드슈타인은 안티오쿠스 4세가 로마에서 인질로 상당 시간을 보냈다는 점에 주목하면서, 안티오쿠스 4세가 셀루시드 제국을 제2의 로마로 바꾸기 위해 '전통적인' 유대교를 억압하였다고 추측한다. 반작용으로 유다 백성은 안티오쿠스 4세의 열망에 저항하였다.[32]

31　M. Hengel, *Judaism and Hellenism* (Philadelphia: Fortress Press, 1974), 176.
32　J. A. Goldstein, 1 *Maccabees*, 104-60.

콜린스는 야손과 메넬라우스에 의한 종교개혁과 안티오코스 4세의 종교적 박해를 비교 검토한다. 콜린스는 유다 백성이 헬레니즘에 대해 이중적인 태도를 보였다고 추정한다. 콜린스는 헬레니즘 '문화'에 대한 호의적인 태도와 헬레니즘적 '제의'에 대한 적대적인 태도를 구분한다.

따라서, 김나지움과 같은 헬레니즘 문화에 대한 다소 유연한 태도에도 불구하고, 유대인들은 헬레니즘 숭배자들에 대해 강한 거부감을 드러냈다. 유대인은 헬레니즘을 제한적으로 수용하였다.[33] 골드슈타인과 콜린스 모두 안티오코스 4세를 문제의 중심으로 보았다.

이상에서 살펴본 마카비서의 하시딤 본문을 연구한 학자들의 주장에는 몇 가지 보완되어야 하는 문제가 있다.

첫째, 콜린스가 이미 인정한 바와 같이, 마카비상하의 순서를 현재 그대로 따른다면, 두 본문 모두 마카비 혁명은 안티오쿠스 4세가 공포한 칙령 때문에 발생하였다고 보도한다. 그 반대가 아니다.

따라서, 혁명의 주원인은 안티오코스 4세의 유다 제의에 대한 공격으로 촉발되었다고 보는 편이 더 타당하다. 바로 이점에서 안티오코스 4세는 혁명의 주인공이 아니다. 그의 역할은 혁명의 시작 원인에 불과하다. 또한 헬라제의에 대한 적대적 태도 역시 마카비 혁명의 유일한 요인이 아니라는 것은 예루살렘성전 탈환 이후에도 계속 되었다는 사실을 통해 입증된다. 마카비 혁명은 기원전 164년 성전 정화 이후에도 오랫동안 계속되었다. 마카비하 14장을 보면, 하시딤과 마카비 군대는 수전절 이후에도 계속해서

---

[33] J. J. Collins, "Cult and Culture," in *Hellenism in the Land of Israel*, Eds. J. J. Collins and G. E. Sterling, eds. (Notre Dame IN: Univ. of Notre Dame Press, 2001), 38-61.

셀루시드 군대와 무력 투쟁을 하였다는 것을 암시한다. 즉, 이 본문은 하시딤이 성전의 재봉헌과 유다 종교 관습의 회복 이후에도 물러나지 않았음을 보여준다. 그들은 예루살렘성전 탈환과 재봉헌에 만족하지 않았다. 따라서, 유대인들이 헬라 문화와 헬라 제의를 구분했다는 콜린스의 이론을 받아들일 수 없다. 오히려 유대인들은 문화와 종교를 구분하지 않았다. 또한 유대인들은 문화와 제의 개념도 분리하지 않았다.

둘째, 마카비 혁명이 본질적으로 계급 갈등에서 비롯되었다는 것을 증명하기 위해서는 마카비 군대에 가담한 자들의 계급적 특성을 살펴볼 필요가 있다.

마카비 군대의 가장 뚜렷한 특징 중 하나는 군대가 여러 곳에서 일련의 성공적인 게릴라전을 벌일 만큼 소규모였다는 것이다. 마카비 군대는 분명히 작은 무리였다(마카비상 3:17). 따라서, 소규모의 군대 조직은 도저히 어떤 한 계급을 대표할 수 없다. 결국, 마카비 군대와 거기에 가담한 하시딤의 구성요소를 정확히 안다는 것은 사실상 불분명하다. 다만 한 가지 확실한 사실은 하시딤이 제사장 계급과 매우 밀접한 관계를 맺고 있었다는 점이다. 하시딤은 지방 제사장 가문 출신의 마타티아스와 그의 아들들에게 가담하였다.

셋째, 학자들은 마카비 혁명이 처음에 종교적인 문제로 발생하였지만, 경제적인 이유와 관련이 있다는 점을 부각시키지 않고 있다.

안티오쿠스 4세는 마카비 군대가 승리를 거두기 시작하자 장군 리시아스(Lysias)를 보내어 진압을 시도하였다. 기원전 165년, 리시아스는 유다 영토에 이방인을 이주시키고, 대제사장직을 최고 입찰자에게 팔고, 성전에 공물을 부과하려는 음모를 꾸몄다(마카비상 3:36; 마카비하 11:2-4). 이처럼 예견된 토지 분배와 인두세는 마카비 혁명의 촉매제가 되었음에 틀림없다.

유대인들은 이런 경제 정책들이 어떤 피해를 초래할지 예견하였다. 또한 리시아스는 유다를 향해 진군해 내려올 때 에돔과 블레셋 군대도 합류하였다. 이때 마카비서는 시리아군과 해안가 주민 사이에서 유대인 노예무역 계약이 있었다는 것을 기록하고 있다(마카비상 3:41; 마카비하 8:11).[34] 만약 시리아 총독 리시아스의 이런 계획이 혁명군을 자극했다면, 그들의 봉기는 순수한 종교적인 이유뿐만 아니라, 경제적 이유로 인해 촉발되었을 가능성이 매우 높다.

한편, 유다 마카비우스는 몰수한 무역 대금과 노획물을 과부, 고아, 노인에게 균등하게 분배했다(마카비하 8:28, 30). 유다의 이런 행동은 계급적 이유로 단정할 수 없지만, 대중으로부터 지지를 얻기 위한 정치적 행위로 볼 수 있다. 하시딤은 이런 복합적 요인으로 촉발된 마카비 혁명에 가담하였다.

마카비 군대의 전투는 성전을 재봉헌하고, 유대인의 생활방식을 재정립하는 것뿐만 아니라, 경제적 이익을 위해 셀루시드와 결탁한 주변 세력에 대항하는 것도 목표로 삼았음을 말해준다. 유다와 하시딤은 경제적 수탈과 착취에 대해 '종교'의 이름으로 저항하면서 팔레스타인 국경의 권력 구조를 대체할 순간을 포착하였다.

---

[34] "그러자 그 지방의 상인들이 이 소문을 듣고 이스라엘인들을 노예로 사려고, 아주 많은 은과 금과 족쇄들을 가지고 그들의 진영으로 갔다. 시리아 군대와 필리스티아인들 땅의 군대도 그들과 합세하였다."

5. 하시딤, 엣세네, 쿰란 공동체

요세푸스[35] 와 대플리니,[36] 그리고 필로[37] 등이 남긴 고전 자료에 언급된 '엣세네'는 쿰란사본의 발굴 이후 새로운 국면을 맞이하게 되었다. 쿰란문서의 초기 연구자들은 쿰란 공동체와 엣세네파를 동일시하였다[38]. 학자들은 고전 자료에 언급된 엣세네파와 쿰란문서에 비친 쿰란 공동체의 유사성을 찾아냄으로써 두 집단을 동일시하고자 하였다. 이 동일시 작업의 후속작업으로 초기 쿰란학자들은 엣세네파 운동의 기원을 마카비 시대의 하시딤에서 찾고자 하였다.

위에서 살펴보듯이 많은 학자이 하시딤을 반헬라주의자, 종교 열광주의자로 규정한다. 이들은 알렉산더 발라스가 유다 마카비우스의 형제 요나단을 대제사장으로 임명한 기원전 152년까지 하시딤은 마카비 군대에 가담하였을 것으로 추정한다.[39] 이들은 사독계 제사장이 아니었던 모데인 출신의 요나단이 대제사장직에 임명된 것을 '찬탈'이라고 생각하였다. 마카비 가문의 대제사장직 찬탈은 하시딤 내부의 분열을 일으켰다. 일부 하시딤은 계속해서 마카비 가문에 충성을 다하였고, 반면 하시딤 중에서 마카비 군대에서 나온 이들도 생겨났다고 본다.

초기 쿰란학자들의 이론은 계속 진화해갔다. 대표적으로 슈테그만

---

35 『자서전』 1:10-12, 『유대전쟁사』 2:119-161, 『유대고대사』 18:11, 18-22.
36 Natural History 5.15 § 73. T. S. Beall, *Josephus' Description of the Essenes illustrated by the Dead Sea Scrolls* (Cambridge: Cambridge University Press, 1988), 1에서 재인용.
37 Every Good Man is Free 12-13 § 75-91, Hypthetica 11.1-8. T. S. Beall, *Josephus' Description of the Essenes* illustrated by the Dead Sea Scrolls, 1에서 재인용.
38 예: G. Vermes, F. M. Cross, M. Black, A. Dupont-Sommer.
39 Martin Hengel, *Judaism and Hellenism: Studies in their Encounter in Palestine during the Early Hellenistic Period* (Eugene, OR: Wipf and Stock Publishers, 2003), 224.

(H. Stegeman)은 '의의 스승'을 소위 제사장 과도기(intersacerditum, 기원전 159-152년)의 대제사장이라고 추정하며 주장한다.

> 의의 스승에 충실하였던 집단이 엣세네파를 창건하고 쿰란에 자리를 잡았다. 다수는 거짓의 사람(the Man of Lie)에 충실하였고, 결국 바리새파 운동을 창시하게 되었다.[40]

이러한 쿰란-엣세네 이론은 일반적으로 고고학적, 고문학적, 지리적, 문학적 검토를 통하여, 고전 자료에 등장하는 엣세네파와 쿰란 공동체를 동일시하고, 자료에 나오는 정보를 통합하려고 한다. 그 결과, 마카비 혁명 시대의 '하시딤'과 고전문학의 '엣세네파' 그리고 쿰란 공동체는 연대기적으로 단일 궤도에 놓이게 된다.

쿰란-엣세네 이론에 반대하는 주장이 머피-오코너(Murphy-O'Connor)에 의해 제기되었고, 데이비스의 지지를 받았다. 머피-오코너는 엣세네파 운동을 바벨론 포로 직후로 추적할 수 있다고 주장한다.[41] 엣세네파 운동은 기원전 2세기 중엽 의의 스승의 등장으로 인해, 추종파와 아닌 자들 사이에서 내부 갈등을 겪게 되었다.

데이비스는 쿰란 공동체가 소유했던 문헌 중, 에녹1서와 희년서가 의의 스승 등장 이전의 초기의 광범위한 엣세네파 운동을 대변한다고 본다.[42] 머

---

40 H. Stegeman, *Die Entstehung der Qumrangemeinde* (Bonn: Rheinische Friedrich-Wilhelms-Universität, 1971); F. G. Martinez, "The Dead Sea Scrolls," in *The People of the Dead Sea Scrolls*, F. G. Martinez and J. T. Barrera, eds. (Leiden: Brill, 1995), 78에서 재인용.

41 J. Murphy-O'Connor, "An Essene Missionary Document? CD II, 14-VI, 1," *Revue Biblique* 77 (1970): 201-229.

42 P. R. Davies, *Behind the Essenes: History and Ideology in the Dead Sea Scroll* (Atlanta, GA: Scholars Press, 1987), 107-134.

퍼-오코너와 데이비스의 이론은 쿰란 공동체의 기원을 하시딤에서 찾지 않고, 오히려 더 광범위한 엣세네파 운동에서 찾는다. 매우 오랜 역사를 지닌 엣세네파가 후에 분열되고, 일부가 쿰란 공동체가 된다.

한편, '그로닝엔 가설'(Groningen hypothesis)은 쿰란 공동체와 엣세네파를 동일시하지 않는다는 점에서 머피-오코너와 데이비스의 논지와 유사하다. 하지만, 그로닝엔 가설을 제시한 마르티네즈(García Martinez)와 반 데 부데(A.S. van der Woude)는 엣세네파의 바벨론 기원설을 거부하고, 팔레스타인 기원설을 제시한다.[43] 이들은 팔레스타인의 묵시 집단을 엣세네파 운동의 모체라고 본다.

그로닝엔 가설은 쿰란 공동체가 요한 히카누스 통치 시대(기원전 134-104년)에 의의 스승의 지도력 하에서, 엣세네파 운동 내부의 내적 갈등의 결과로 태동되었다고 본다. 그러나 그로닝엔 가설은 몇 가지 질문에 대답해야 한다.

첫째, 팔레스타인 묵시 운동이 기원전 3세기 말, 2세기 중엽에 실제로 활발하였는지를 질문해야 한다.

둘째, 이 묵시 운동의 속성이 쿰란 공동체 내에서 적극적으로 유지되었는지를 질문해야 한다.

지금까지 쿰란사본의 저자 집단에 대한 많은 논의가 있어 왔다. 특히, 쿰란 공동체와 엣세네파의 관계에 대해서 많은 추론이 있었다. 1950-60년대

---

43 Martinez, F. Garcia, and Adam S. van Der Woude, "A 'Groningen' Hypothesis of Qumran Origins and Early History," *Revue de Qumran* 56 (1990): 521-541.

의 초기 쿰란학자들은 현존하는 모든 자료를 하나로 통합하여, 연대기적 틀을 제시하고자 하였다. 이 학자들은 하시딤을 반헬라주의자로 규정하고, 이후 이들이 요나단의 대제사장직 찬탈 이후 유다 주류 사회에서 스스로 고립되어 살게 되었다고 추론한다.

하지만, 하시딤을 언급하는 마카비상하의 세 구절에서 보듯이, 하시딤이 유대의 종교를 유지하려는 목적만을 위해서 마카비 혁명에 가담하였는지는 불분명하다. 종교적 요인은 많은 다른 요인 중의 하나에 불과하다. 종교적 요인은 대중의 주목을 끌기 위한 좋은 명목상의 요인이었을 것이다.

다른 관점에서 마카비서의 하시딤과 쿰란 공동체와 엣세네파를 한 궤도 선상에서 연결하려면, 머피-오코너와 다른 학자들이 제시하는 것처럼 하시딤이 마카비 혁명 훨씬 이전부터 존재했다는 것을 인정해야만 한다. 어떤 집단이 혁명과 함께 즉각적으로 생성될 수는 없기 때문이다.

마카비상 2:42에서 하시딤이 마카비 군대에 가담하였다는 보도를 보면, 이 집단은 기원전 167년의 안티오쿠스 4세의 칙령 이전, 그리고 마카비 혁명 이전에 형성된 것으로 추정할 수 있다. 하시딤의 기원이 열방, 구체적으로 셀루시드제국에 저항하는 집단으로 형성되었는지는 알 수 없다.

위에서 보았듯이, 쿰란 공동체의 기원을 엣세네파 운동의 내부 갈등에서 비롯된 것으로 추정하는 학자들도 있다. 예컨대, 마르티네즈는 그들의 갈등의 원인을 "달력과 축제 주기 문제, 그리고 성전, 제의, 백성과 사물의 정결과 관련한 성서의 율법을 이해하는 특별한 방식" 때문이라고 본다.[44]

---

[44] F. G. Martinez, *The People of the Dead Sea Scrolls*, 11.

6. 결론

이상에서 마카비서에서 하시딤을 언급하는 세 구절을 검토하였다.

첫째, 하시딤은 안식일에 싸우기를 거부한 '많은 이들'(마카비상 2:29-38)과 동일한 집단이 아니라는 결론에 도달하였다.

캠펜의 언어학적 연구에 덧붙여서, '많은 이'는 안식일에 싸우기를 거부한 반면, 하시딤은 안식일에 전투를 벌인 마카비 군대에 가담하였다는 분명한 사실에 집중하였다.

둘째, 하시딤은 서기관 집단과 동일시 할 수 없다는 결론에 도달하였다.

구약성서의 서기관 역할을 검토해보면, 서기관의 주된 역할은 군사업무가 아니라 행정업무다. 무엇보다도 하시딤 가설은 하시딤이 알키모스와 평화 협정을 체결하였던 평화주의자였고, 따라서 마카비 군대와 결별하게 되었다고 본다. 하지만, 이 가설은 마카비상 7장과 마카비하 14장을 비교해보면 불분명하기 때문에, 하시딤이 반헬라주의자이며, 오로지 종교적 이유로 혁명에 가담하였다고 보는 하시딤 가설은 지지할 수 없다. 마카비 혁명은 성전 재봉헌이라는 최초의 목적을 이룬 후에도 계속되었고, 하시딤이 계속해서 가담했다는 보도가 있다는 사실을 기억해야 한다.

셋째, 하시딤 연구는 마카비 혁명의 속성과 밀접하게 연결된다.

지금까지 학자들은 마카비 혁명이 '계급 갈등'(체리코버)이나 '내전'(비커만)이라고 보았다. 혹은 마카비 혁명의 원인으로 '제의와 문화 사이에서 유대인의 이중적 태도'(콜린스)를 제시하였다. 하지만, 이 모든 이론은 불확실하게 남아 있다. 먼저, 마카비 혁명은 계급 혁명으로 규정할 수 없다. 하시딤이 어떤 사회계층에 속했는지 어떤 정보도 없다. 하시딤이 제사장 마타티아스와 연합을 하였다는 점과 그들이 리시아스의 배치와 재배치 계획에 영향을 받았다는 사실을 볼 때, 이들은 '소작농'이나 '도시 서민'보다는 프티부르주아로 보인다.

이런 추정은 사회경제학적 측면에서 보다 상세하게 검토할 필요가 있다. 또한, 마카비 혁명은 셀루시드 군대와 주변국 세력이 매우 심각하게 개입했다는 점에서 내전이 결코 아니다. 콜린스는 마카비 혁명의 원인을 안티오쿠스 4세의 칙령이 아니라 유다 사회 내부에서 찾고자 하는 학자들과 달리, 셀루시드 왕 안티오쿠스 4세의 역할을 강조한다. 콜린스는 마카비 혁명을 종교적 반란으로 규정한다. 그러나 마카비서에서 보듯, 이 혁명은 종교적 요인만이 아니라 정치경제적 요인을 수반한다. 현대사회에서 지구 곳곳에서 보듯이, 현대사회의 지구 곳곳에서 보듯이, '종교'는 실제로 종교가 목적이 아닌 정치 집단이 손쉽게 전용하는 슬로건이다.

넷째, 쿰란사본 발굴 이후, 마카비서의 하시딤은 쿰란 공동체와 동일하거나 쿰란 공동체의 선조 정도로 간주되는 경향이 있다.

하지만, 하시딤과 쿰란 공동체 사이의 역사적 연결고리는 매우 약하다는 결론을 내린다.

참고문헌

Bartlett, J. R. *1 Maccabees*. Sheffield: Sheffield Academic Press, 1998.

Beall, T. S. *Josephus' Description of the Essenes illustrated by the Dead Sea Scrolls*. Cambridge: Cambridge University Press, 1988.

Black, M. *The Scrolls and Christian Origins: Studies in the Jewish Background of the New Testament*. BJS 48; Chico: Scholars Presss, 1961.

Collins, J. J. and Sterling, G. E. (eds.) *Hellenism in the Land of Israel*. Christianity and Judaism in Antiquity Series, vol. 13; Notre Dame: University of Notre Dame Press, 2001.

Davies, P. R. "*Hasidim* in the Maccabean Period," in *Sects and Scrolls: Essays on Qumran and Related Topics*. Atlanta, GA: Scholars Press, 1996.

Derfler, S. L. *The Hasmonean Revolt: Rebellion or Revolution*. Ancient Near Eastern Texts and Studies, vol. 5; New York: The Edwin Mellen Press, Ltd., 1989.

Feldman, L. H. "Hengel's *Judaism and Hellenism* In Retrospect," *Journal of Biblical Literature*. 96/3 (1977), 371-82.

_____. "How Much Hellenism in Jewish Palestine?" *Hebrew Union College Annual*. 57 (1986), 83-111.

Goldstein, J. *1 Maccabees: A New Translation with Introduction and Commentary*. The Anchor Bible, 41. Garden City, NY: Doubleday, 1976.

Grabbe, L. *An Introduction to First Century Judaism*. Scotland: T & T Clark Ltd., 1996.

Hengel, M. *Judaism and Hellenism*. Philadelphia: Fortress Press, 1974.

Kampen, J. *The Hasideans and the Origin of Pharisaism: A Study in 1 and 2 Maccabees*. SBL Septuagint and Cognate Studies Series, 24. Atlanta, GA: Scholars Press, 1988.

Martinez, F. G. and Barrera, J. T. *The People of the Dead Sea Scrolls: Their Writings, Beliefs and Practices*. Leiden; New York: E.J. Brill, 1995.

Millar, F. "The Background to the Maccabean Revolution: Reflection on Martin Hengel's 'Judaism and Hellenism'" *Journal of Biblical Literature.* 22 (1978), 1-21.

Morgenstern, J. "The HasidimWho Were They?" *Hebrew Union College Annual.* 38 (1967), 59-73.

Sievers, J. *The Hasmoneans and their Supporters from Mattathias to the Death of John Hyrcanus I.* South Florida Studies in the History of Judaism, 6. Atlanta, GA: Scholars Press, 1990.

제9장

4Q위-에스겔(Pseudo-Ezekiel)에 나타난 에스겔 전승의 재해석[1]

1. 서론

에스겔은 여러 가지 면에서 이스라엘 후기예언자 중에서 독특한 예언자이다. 그는 성서에 나타난 예언자들 중 유일하게 이스라엘 밖 바벨론 땅에서 소명을 받은 예언자이다. 에스겔은 잘 알려진 성전과 제의에 대한 환상 외에도, 여타 환상과 상징적 행위들을 통해 유대교와 기독교에 지대한 영향을 미쳤다.[2]

에스겔서가 초대 기독교에 미친 영향은 희랍과 로마 교부들의 글을 통해

---

[1] 이 글은 다음의 논문을 다시 실은 것이다. 이윤경, "4Q위-에스겔(Pseudo-Ezekiel)에 나타난 에스겔 전승의 재해석," 「성경원문연구」 36호 (2015), 116-134.

[2] Henk Jan de Jonge, ed. *The Book of Ezekiel and its Influence* (England: Ashgate, 2007). 그러나 디만트(Dimant)는 에스겔의 영향이 직접적이지 않고 간접적으로 나타나고 있음을 지적한다. 헬라어로 된 외경과 신약성서는 에스겔서를 한 절도 직접 인용하지 않고 있다. 필로 역시 단지 일곱 번 에스겔서를 인용한다. 그럼에도 불구하고, 디만트는 벤 시라나 후대 랍비문헌에서 에스겔서의 영향은 간접적이지만 절대적으로 나타나고 있음도 지적한다. Devorah Dimant, "The Apocalyptic Interpretation of Ezekiel at Qumran," *Messiah and Christos: Studies in the Jewish Origins of Christianity*, I. Gruenwald, S. Shaked and G. G. Stroumsa, eds. (Tübingen: J.C.B. Mohr [Paul Siebeck], 1992), 31-51.

서 간접적으로 확인된다. 그런데 이들의 인용은 성서 에스겔서의 직접 인용이 아니라, 외경 에스겔(Apocryphon of Ezekiel)을 인용한 것으로 보인다. 외경 에스겔의 존재에 대해서 알려주는 몇 가지 증거본문들이 있다.[3]

이외에도 요세푸스의 에스겔이 두 개의 작품을 남겼다는 기록을 통해서도, 정경 에스겔서 외의 에스겔 저작 즉, 외경 에스겔의 존재를 추정해 볼 수 있다.[4]

이렇듯 에스겔의 후대 유대교와 기독교에 미친 영향이 널리 알려진 반면, 에스겔이 신약 시대 직전 즉, 흔히 중간기라 불리는 시대에 미친 영향에 대해서는 잘 알려지지 않고 있다.

---

[3] Epiphanius of Salamis, Panarion (64.70.5), Clement of Alexandria, Paedagogus (1.9.84), Chester Beatty Papyrus 185, Tertullian's De carne Christi 23, Stichometry of Nicephorus, 1 Clement 8:3, Apocalypse of Peter 4:7-9. Benjamin G. Wright, "Talking with God and Losing his Head: Extrabibilcal Traditions about the Prophet Ezekiel," in *Biblical Figures Outside the Bible*, M. E. Stone and T. A. Bergren, eds. (Harrisburg, PA: Trinity Press International, 1998), 290-315. R. Bauckham, "The Parable of the Royal Wedding Feast (Matthew 22:1-14) and the Lame Man and the Blind Man (Apocryphon of Ezekiel)," *Journal of Biblical Literature* 115 (1996), 471-488. B. G. Wright, "Qumran Pseudepigrapha in Early Christianity: Is 1 Clem. 50:4 a Citation of 4QPseudo-Ezekiel (4Q385)?" in *Pseudepigraphical Perspectives: Proceedings of the Second International Symposium of the Orion Center for the Study of the Dead Sea Scrolls and Associated Literature, 12-14 January, 1997*, E. G. Chazon and M. E. Stone, eds. with the collaboration of Avital Pinnick (Studies on the Texts of the Desert of Judah 31; Leiden: Brill, 1999), 91-120.

[4] 『유대고대사』 10.79. 이런 연유로 메나헴 키스터(Menahem Kister), 리차드 바우크햄(Richard Bauckham), 벤자민 라이트(Benjamin G. Wright)와 같은 학자들은 초대교부들이 인용하는 외경 에스겔과 쿰란의 위-에스겔이 동일한 문서의 이본이라고 추정을 하였다. 벤자민 라이트의 알렉산드리아의 클렌멘트의 위경 에스겔 인용에 대한 상세한 설명에 관해서는 다음 책을 참조하라. Richard Bauckham and James Davila, eds., *Old Testament Pseudepigrapha: More Noncanonical Scriptures* (Cambridge: Wm. B. Eerdmans, 2013),380-392.

이를 위해, 본 논문에서는 쿰란문서 중 4Q위-에스겔(Pseudo-Ezekiel)을 통해, 에스겔서가 어떻게 쿰란 공동체에 의해 해석되고, 인용되었는지를 살펴보고자 한다. 이 주제를 위해 먼저 쿰란 제4 동굴에서 발견된 위-에스겔 문서에 대해 살펴보고, 다음으로 정경 에스겔서과 비교하여 어떤 내용들이 직접 인용되고 변용되는지를 분석하고자 한다. 이 과정을 통하여 4Q위-에스겔의 정경 에스겔서 재해석에 나타난 신학적 경향성을 고찰하고자 한다.

2. 4Q위-에스겔(Pseudo-Ezekiel)

한때 제4 동굴에서 나온 준성서(parabiblical) 본문들 중 4Q383 및 4Q385-390라는 기호로 분류된 문서들은 통칭하여 위-에스겔(Pseudo-Ezekiel)로 알려졌다. 그 이유는 4Q385-391의 원래 편집자였던 스트루그넬(John Strugnell)과 디만트(Devorah Dimant)가 이 문서들을 위-에스겔로 분류하였기 때문이다.[5] 4Q위-에스겔로 알려진 문서는 대략 225여개 정도의 조각들(fragments)로 이루어져 있으며, 그 중의 절반 정도는 동물의 가죽위에, 나머지 절반 정도는 파피루스 위에 기록되어 있다.[6]

그 크기는 다양하지만, 대부분이 매우 작은 사이즈에 불과하다. 학자들은 이 문서들 중 몇몇 문서들은 서로 겹치는 내용임을 파악하였다.[7]

---

5   John Strugnell and Devorah Dimant, "4QSecond Ezekiel," *Revue de Qumran* 13 (1988), 45-58. 디만트는 초기 글에서는 이 문서들을 '제2에스겔'(Second Ezekiel)이라고 불렀으나, 후에 '위-에스겔'(Pseudo-Ezekiel)이라고 통칭하여 부른다.

6   파피루스 문서는 4Q384와 4Q391 뿐이다.

7   예를 들면 4Q385, 4Q387, 4Q388, 4Q389는 서로 겹치는 부분이 있으며, 4Q385,

그러나 디만트는 후속 연구를 통하여 이 조각들 중 일부만이 위-에스겔로 분류될 수 있고, 나머지는 위-모세 혹은 외경이나 예레미야에 관한 산문체 작품으로 분류할 수 있다고 자신의 원래 주장을 수정하였다.[8] 즉, 디만트는 4Q385-390은 하나의 작품이 아니라, 적어도 세 개의 작품으로 구성되어 있다고 주장한다.[9]

그러나 디만트는 그녀의 DJD(Discoveries in the Judaean Desert) 시리즈 제30권 출판을 통하여 다시 한 번 수정된 의견을 제시하였다. 여기에서 디만트는 4Q385-390 문서를 두 개의 다른 본문으로 구분한다.[10] 먼저 디만트는 네 개 혹은 다섯 개의 문서를 위-에스겔로 분류한다(4Q385, 4Q386, 4Q385b, 4Q388, 4Q385c[미확정]). 그리고 나머지 문서들은 예레미야 외경(Apocryphon of Jeremiah)으로 분류한다(4Q383, 4Q385a, 4Q387, 4Q388a, 4Q389, 4Q390, and 4Q387a). 4Q391 문서는 DJD 시리즈 제 19권에 먼저 출판되었는데, 이 문서 중 몇몇 부분은 위-에스겔로 분류되었다.

디만트의 이런 후속 분류에 대하여, 바크홀더(Ben Zion Wacholder)는 4Q384-391을 아예 '제2 에스겔-예레미야'로 부르자고 제안한다.[11]

4Q386, 4Q388 역시 중복되는 부분이 있다. 마지막으로 4Q385와 4Q387 역시 비슷한 부분을 보여준다.

[8] Devorah Dimant, "New Light from Qumran on the Jewish Pseudepigrapha: 4Q390," in *The Madrid Qumran Congress: Proceedings of the International Congress on the Dead Sea Scrolls, Madrid, 18-21 March, 1991*, Julio Trebolle Barrera and Luis Vegas Montaner, eds. (Leiden; New York: Brill; Madrid: Editorial Complutense, 1992), 405-448.

[9] 즉, 위-에스겔(Pseudo-Ezekiel), 예레미야 외경(Apocryphon of Jeremiah), 위-모세(Pseudo-Moses)의 세 작품으로 본다. 그러나 디만트는 DJD 30에서는 '위-모세' 항목을 버리고, 예레미야 외경으로 분류한다.

[10] *Qumran Cave 4, XXI: Parabiblical Texts, Part 4, Pseudo-Prophetic Texts*, by Devorah Dimant (DJD 30. Oxford: Clarendon, 2001).

[11] Ben Zion Wachholder and Martin G. Abegg, *A Preliminary Edition of the Unpublished Dead Sea Scrolls: The Hebrew and Aramaic Texts from Cave Four, Fascicles Three* (Washington, D.

그럼 논의 대상이 되어 온 문서들의 면면을 살펴보자. 4Q384에 대한 입장은 학자들 간에 상이하다. 바크홀더는 4Q384를 위-에스겔서라고 간주하지만,[12] 디만트는 4Q384를 예레미야 외경으로 본다.[13] 4Q387a의 경우, 디만트는 초기에 위-에스겔로 분류했다가,[14] 나중에는 예레미야 외경으로 분류했다.[15] 그러나 가르시아 마르티네즈(Garcia Martinez)는 4Q387a를 위-모세로, 4Q387b를 예레미야 외경으로 분류한다.[16]

반면 와이즈(M. Wise), 아벡(M. Abegg), 쿡(E. Cook)은 4Q387을 위-에스겔

C.: Biblical Archaeology Society, 1995), 221-226. 바크홀더는 이런 주장의 근거로, 이 문서들이 이스라엘인들이 포로로 잡혀간 곳인 이집트(예레미야)와 바벨론(에스겔) 둘 다 언급하고 있음을 지적한다. 바크홀더는 4Q384-391 문서는 포로기와 포로 후기 이스라엘 역사에 대한 새로운 진술이며, 이 진술은 예레미야와 에스겔이라는 위대한 두 예언자 전승을 혼용한다는 점에서 '4Q위-에스겔-예레미야'로 부르는 것이 더 타당하다고 주장한다.

12 바크홀더 주장의 근거는 4Q384 20:4에 나오는 בנציבים (Nisibis)이다. 이 장소는 에스겔과 연결되는 장소로 탈무드에서는 탄나이트 랍비인 유다 벤 바티라의 고향으로 나온다. 또한 4Q384 9:1의 בספר מחלקות העתים(in the Book of the Divisions of the Times)는 희년서와 연결고리를 제시한다. Ben Zion Wacholder, "Deutero Ezekiel and Jeremiah (4Q384-391): Identifying the Dry Bones of Ezekiel 37 as the Essenes," in *The Dead Sea Scrolls: Fifty Years after their Discovery*, 1947-1997, L. H. Schiffman, E. Tov, eds. (Jerusalem: Israel Exploration Society, 2000), 445-461.

13 D. Dimant, "New Light from Qumran on the Jewish Pseudepigrapha-4Q390," in *The Madrid Qumran Congress: Proceedings of the International Congress on the Dead Sea Scrolls, Madrid, 18-21 March, 1991*, Julio Trebolle Barrera and Luis Vegas Montaner, eds. (Leiden; New York: Brill; Madrid: Editorial Complutense, 1992), 409-413. 디만트가 4Q384를 외경 예레미야로 분류하는 이유는 4Q384 7:2에 언급된 '다브네' 때문이다. 다브네는 이집트에 있는 도시로 예레미야 예언자와 관련된 것으로 성서에서 언급하고 있다.

14 John Strugnell and Devorah Dimant, "4QSecond Ezekiel," *Revue de Qumran* 13 (1988), 45-58.

15 DJD 30, 173-200.

16 F. G. Martinez and E. J. C. Tigchelaar, eds. *The Dead Sea Scrolls Study Edition* (Leiden: Boston: Brill; Grand Rapids, MI: Eerdmans, 2000).

(Pseudo-Ezekielc)로 분류하고, 에스겔 38:22의 평행본문으로 본다.[17]

4Q390의 경우, 바크홀더와 아벡은 위-모세로 분류하지만,[18] 스미스(Smith)와[19] 디만트는[20] 4Q390을 예레미야 외경으로 분류한다. 마지막으로 논의가 되는 문서는 4Q391이다. 4Q391은 파피루스에 기록된 것으로 다양한 크기의 78개의 조각들로서, 그 중 대부분은 그 크기가 매우 작다.[21] 대부분이 파편 상태로 남아있기 때문에 4Q391의 전체적인 내용을 파악하는 것은 매우 어렵지만, 에스겔서 40-48장에 나오는 미래의 예루살렘성전에 대한 환상을 언급하는 것으로 파악된다. 이런 이유로 디만트는 4Q391을 위-에스겔서 중 가장 오래된 문서로 분류한다.[22]

그러므로 결국 학자들이 이견 없이 위-에스겔로 인정하는 문서는 4Q385, 4Q386, 4Q388 정도임을 알 수 있다.[23] 본 논문의 논의를 위해 이 세 문서에 대해 좀 더 자세히 살펴보고자 한다.

---

[17] M. Wise, M. Abegg, Jr., and E. Cook, *The Dead Sea Scrolls: A New Translation* (San Francisco: Harper Collins, 1996), 354.

[18] Ben Zion Wachholder and Martin G. Abegg, *A Preliminary Edition of the Unpublished Dead Sea Scrolls*.

[19] M. Broshi and others, in consultation with J. VanderKam, *Qumran Cave 4.XIV, Parabiblical Texts*, Part 2 (DJD 19; Oxford: Clarendon, 1995). 137-152.

[20] 4Q390에 대한 디만트의 입장에 대해서는 "New Light from Qumran on Jewish Pseudepigrapha – 4Q390," in *The Madrid Qumran Congress: Proceedings of the International Congress on the Dead Sea Scrolls, Madrid 18-21 March, 1991*, J. T. Barrera and L. V. Montaner, eds. (Editorial Complutense – Madrid, 1992), 405-448과 DJD 30, 235-254를 참조.

[21] Benjamin G. Wright, "The Apocryphon of Ezekiel and 4QPseudo-Ezekiel," in *The Dead Sea Scrolls: Fifty Years after their Discovery, 1947-1997*, L. H. Schiffman, E. Tov, eds. (Jerusalem: Israel Exploration Society, 2000), 468.

[22] Dimant, "4Q386 ii-iii: A Prophecy on Hellenistic Kingdoms?" *Revue de Qumran* 18 (1998), 511-29. 참조.

[23] Benjamin G. Wright, "The Apocryphon of Ezekiel and 4QPseudo-Ezekiel," 464, 각주 7, 8 참조. 4Q385 1-5, 12, 24=4QPsEzek^a; 4Q386 i-iii=4QPsEzek^b; 4Q387 5(?), 7(?), 8(?)=4QPsEzekc(?); 4Q388 8=4QPsEzek^d; 4Q391=4QPsEzek^e

1) 4Q385(4QPseudo-Ezekiel^a)

4Q385는 여섯 개의 연속되는 단(columns)으로 구성되어있고, 그중에서도 frgs. 2와 3은 정경 에스겔서를 통해 이미 잘 알려진 '마른 뼈 환상'(겔 37:1-14)을 담고 있다. 이 '마른 뼈 환상'은 다른 몇몇 위-에스겔 문서에서도 반복되고 있는 것으로 보아, 쿰란 공동체가 중요하게 여겼던 환상임을 짐작할 수 있다(4Q386 i, 4Q388 7:2-7). 4Q385 frg. 6은 이스라엘의 구원의 때를 재촉하는 주제를 다루고 있다. Frg. 6은 메르카바 환상의 개정본이라 할 수 있다. 디만트는 이 문서의 서체(script)를 근거로 저작연대를 기원전 50-25년경으로 추정한다.[24]

2) 4Q386(4QPseudo-Ezekiel^b)

4Q386은 한 개의 큰 조각(fragment)과 두 개의 작은 조각으로 구성되어 있다. 그 중에서도 frg. 1 i-iii은 4Q위-에스겔 중에서 가장 큰 단락으로 밑단 부분은 소실되고, 세 개의 연속 단의 윗부분만 남아 있다.[25] 첫 단은 '마른 뼈 환상'을 담고 있다. 이 '마른 뼈 환상'은 4Q385 2와 4Q388 8과 약간의 본문상의 변형을 제외하고는 거의 동일한 내용으로 겹치고 있다.[26] 두 번째와 세 번째 단은 이스라엘 백성의 마지막 운명과 구원과 평화로운 삶에 대해 기록하고 있다.

---

[24] DJD 30, 8.
[25] DJD 30, 8.
[26] Devorah Dimant, "4Q386 ii-iii: A Prophecy on Hellenistic Kingdoms?" *Revue de Qumran* 18/4 (1998), 511-29.

마지막으로 이집트와 바벨론 간의 전쟁에 대한 언급이 있다. 4Q386 세 번째 단은 바벨론에 대해 다루고 있다. 문맥상 두 번째 단에 나오는 이집트 신탁의 연속으로 계속되는 열방신탁으로 볼 수 있다. 라이트(Benjamin G. Wright)는 에스겔 29:17-20과 30:20-26에서 이집트를 무너뜨리는 도구로 바벨론을 사용한다는 내용을 상기시킴으로써, 4Q386 두 번째 단과 세 번째 단의 관계를 설명하고자 한다.[27] 디만트는 4Q386의 후기 하스모니안 혹은 초기 헤로디안 서체로 보아 저작연대를 기원전 1세기의 후반부로 추정한다.

3) 4Q388(4QPseudo-Ezekiel^d)

이 문서는 일곱 개의 조각으로 구성되어 있다. 4Q388은 너무나 조각나서, 현존하는 몇 행을 갖고 전체적인 내용을 파악하기는 힘들다. 그럼에도 불구하고, 디만트는 4Q388 frgs. 2-7을 다른 위-에스겔서 문서들에 비추어 재구성함으로써, 이 문서가 다른 4Q위-에스겔 문서들에서 찾아 볼 수 없는 전쟁에 대한 내용들을 담고 있음을 밝혀냈다. 디만트는 이 전쟁은 4Q385b와 4Q386 1 ii-iii에서 언급된 이집트와의 전쟁에 대한 암시라고 본다.[28] 4Q388 frg. 7은 '마른 뼈 환상'을 담고 있다(=4Q385 2와 4Q386 1 i). 디만트는 서체를 근거로 이 문서의 연대를 기원전 50-25년경으로 추정한다.

---

[27] Benjamin G. Wright, "The Apocryphon of Ezekiel and 4QPseudo-Ezekiel," 466.
[28] DJD 30, 77.

3. 에스겔서의 주요 환상에 대한 4Q위-에스겔의 개작(rewriting)

4Q위-에스겔 문서는 그 남겨진 상태와 크기가 다양하기에 정확하고 상세한 내용을 속속들이 다 알기는 힘들다. 그럼에도 불구하고 4Q위-에스겔 문서들은 그 형식에 있어서 어떤 공통점을 보여주고 있다. 그 공통점은 하나님과 에스겔 예언자 사이의 대화라는 형식으로 모든 문서가 이루어져 있다는 점이다.

이 점 외에도 정경 에스겔서와 4Q위-에스겔은 일정 정도의 상관관계를 유지하고 있다. 즉, 위-에스겔서는 인자(בן אדם)와 같은 특징적인 용어 외에도, 에스겔서의 직접적이고도 가장 대표적인 영향을 명시하는 대표적인 문학적, 신학적 모티프를 개작하고 있다는 점이다. 4Q위-에스겔서의 대표적인 개작은 '마른 뼈 환상'과 '병거 환상'이다. 4Q위-에스겔이 정경 에스겔서의 이 유명한 환상들을 어떻게 서술하는지를 분석함으로써, 쿰란 공동체의 신학적 경향성을 추론해보고자 한다.

1) '마른 뼈 환상'

4Q위-에스겔에서 에스겔 37:1-14의 '마른 뼈 환상'은 세 군데에서 반복적으로 언급된다(4Q385 2, 4Q386 1 i 1-9, 4Q388 8 3-7). 본 논문에서는 세 가지 텍스트 중 '마른 뼈 환상'을 가장 세밀하게 보도하고 있는 4Q 386 1 i을 보고자 한다. '마른 뼈 환상'은 유대교와 기독교 모두에게 널리 퍼졌던 신학적 모티브였다. 그러나 4Q위-에스겔의 발견으로 인해, 우리는 가장 오래된 '마른 뼈 환상'에 대한 가장 오래된 이본(異本)을 보게 되었다. 이 본

문의 내용은 아래와 같다.

4Q386 frg. 1 col. i(=4Q385 2; 4Q388 8)

(1) [야웨여, 나는 당신의 이름을 사랑하는 많은 자]들을 이스라엘에서 보았습니다.

(2) [그리고 그들은 의의 길을 걷고 있습니다. 그리고 언제 이 일들이 일어날 것입니까? 그리고] 어떻게 그들은 그들의 선함에 대해 보상을 받게 될 것입니까?

(3) [그리고 야웨께서는 나에게 말씀하셨다. "나는] 이스라엘 자손들이 보게 할 것이요 (다음과 같은 것을) 알게 할 것이다.

(4) [나는 야웨이다. vacat 그리고 그는 말했다. "인자여,] 뼈들에게 예언하라.

(5) [그리고 말하라. 너희는 뼈들과 그것의 뼈들을 연결하라. 그리고] 관절과 그것의 관절을. 그리고 그렇게

(6) 되었다. [그래서 그가 두 번째로 말하였다. "예언하라 그리하면 힘줄이 그것들 위에 자랄 것이다.] 그리고 그것들은 피부로 덮일 것이다.

(7) [그것들 위에. 그리고 그렇게 되었다. 그리고 그는 두 번째로 말하였다. 예언하라, 그리하면] 힘줄이 그것들 위에 자랄 것이다.

(8) [그리고 그것들 위에 피부로 덮일 것이다. 그리고 그렇게 되었다. 그리고 그는 다시 말하였다. 예언하라] 사방에서 (부는) 생기를 향하여

(9) 하늘의 그리고 하늘의 바람이 그들 안에 불 것이며, 그리고 그들은 살 것이다. 그리고 그는 큰 무리의 사람들과 함께 일어설 것이다.

(10) [그리고 그들은 그들을 살게 만든 만군의 야웨를 축복할 것이다. vacat

위-에스겔서의 '마른 뼈 환상'은 하나님과 예언자 간의 대화 가운데 위치하고, 정경 에스겔서 37:1-14의 요약본으로 볼 수 있다.[29] 비록 4Q386 1 i의 하단이 남아 있지 않아서,[30] 전체적인 내용을 행별로 비교, 분석하는 것은 불가능하지만, 정경의 '마른 뼈 환상' 및 그 내용과 비교해 볼 때 몇 가지 중요한 차이점을 찾아볼 수 있다. 디만트는 정경 에스겔서와 4Q386 1 i의 차이점을 개략적으로 네 가지 점에서 설명한다.[31]

첫째, 위-에스겔서는 에스겔서 37장에서 막연하게 언급된 미래를 종말론적 사건으로 대치한다.

둘째, 위-에스겔서는 정경에서 이스라엘 전체 백성의 운명에 대해 말하는 것과는 달리, 이스라엘의 의로운 자에게만 국한되는 한정적 계시가 된다. 이 두 번째 관점과 연결해서,

셋째, 4Q위-에스겔은 부활을 경건한 개인에 대한 보상으로 본다.

넷째, 부활은 구체적인 축복문으로 나타난다.

디만트가 언급한 4Q386의 특징 중 눈여겨 살펴 볼 핵심어는 바로 '종말'과 '부활'이다. 이 핵심어를 4Q386 frg. 1의 본문에서 구체적으로 살펴보자.

먼저, 정경 에스겔서와 4Q386 1 i를 비교해보면, 에스겔서 37장에서는 마른 뼈가 재생되는 과정을 음향효과를 가미하는 등의 생생하고 구체적인

---

[29] Monica Brady, "Biblical Interpretation in the 'Pseudo-Ezekiel' Fragments(4Q383-391) from Cave Four," Matthias Henze, ed., *Biblical Interpretation at Qumran* (Grand Rapids, MI: William B. Eerdmans Publishing Company, 2005), 105.

[30] 디만트는 4Q386 1 i의 사라진 하단은 4Q385 2로 보충할 수 있다. 즉, 4Q386 1 i과 4Q385 2는 연속물로 볼 수 있다. Dimant, "4Q386 ii-iii," 521.

[31] DJD 30, 33-34.

방식으로 묘사(겔 37:7, "소리가 나고 움직이더니")한다면, 4Q386은 마른 뼈가 회복되는 구체적인 과정을 생략한 채, 정경 에스겔서에는 없는 구절인 "그리고 그렇게 되었다"(ויהי כן)라는 성취 공식구로 맺고 있다.

이 공식구는 창세기 1장의 창조 장면에서 반복구로 사용되는 공식구이다. 이 공식구를 통해, 4Q위-에스겔은 이스라엘의 회복을 단순히 미래에 일어날 사건이 아니라, 이미 '성취'된 사건이라는 시간적, 신학적 인식을 드러내고 있다. 4Q386의 저자 공동체인 쿰란 공동체는 '약속과 성취'라는 옛 전승을 자신들의 현재 상황에 적용시키고, 이로써 마지막 때에 있는 자신들이 신의 종말론적 약속을 성취한 당사자임을 천명하고자 한 것으로 보인다.[32]

쿰란 공동체가 자신들의 시대를 종말론적 시간으로 인식했는지를 분명하게 보여주는 증거는 4Q386 1 i의 첫 세 행에서 구체적으로 찾아 볼 수 있다. 이 첫 세 행은 정경 에스겔 37장과 비교시 가장 큰 차이점을 보여주는 부분이다.

2행에서 독자는 정경에는 나오지 않는 에스겔 예언자의 "어떻게 그들은 그들의 선함에 대해 보상을 받게 될 것입니까(ישתלמו)?"이런 질문을 듣게 된다. 이 질문은 4Q386 본문의 성격을 특징적으로 보여준다. 이 질문을 통하여, 쿰란 공동체에게 또 이 시대의 유대인들에게, 에스겔의 '마른 뼈 환상'은 이미 부활 개념으로 발전되었고, 한 걸음 더 나아가 부활 개념은 하나님을 사랑하는 자에 대한 '보상'이라는 개념으로 자리 잡았다는 증거본문을 찾아볼 수 있다(비교, 마카비하 12:43-46).

히브리어 שלם이 단순히 법적 의미에서 손해배상의 의미를 넘어서서, 종

---

32 쿰란 공동체가 자신들이 종말에 살고 있다는 시대 인식은 종파 문서 곳곳에서 확인된다. 예를 들면, 4QMMT, 1Q28a, 11QMelchizedek, 4QFlorilegium, 1QpHab, 4QpPs 등.

말론적 환상에서 '보상'의 의미로 사용된 예는 이미 구약의 이사야에서 찾아볼 수 있다. 이사야는 '겸손한 자'에게 주어질 야웨의 보상은 '평강'(사 57:19)이라고 언급한다.[33]

4Q386을 통해 확인되는 바와 같이, 신구약 중간시대와 그 이후 시대에 종말론적 시간 개념과 보상으로서의 부활이라는 개념은 확고하게 결합된다. 스트루그넬과 디만트가 지적했듯이, 4Q385 frg. 3 3-5과 4에스라 4:33, 6:59, 24:3, 그리고 (아마도) 요한계시록 6:9-11에 보면, '종말론적 시간' 기대와 의인에 대한 '보상'이라는 주제가 평행해서 나타난다.[34] 이처럼 4Q386에 나타나는 이 두 개의 평행하는 모티프는 후대에 유대교와 기독교 모두에 강력한 영향을 미쳤음을 확인할 수 있다.

그러므로 에스겔서 37장의 '마른 뼈 환상'이 포로된 이스라엘의 귀환과 회복이라는 주제에 대한 상징적 의미를 담고 있다면, 4Q386 1 i의 의 '마른 뼈 환상'은 좀 더 묵시문학적이고, 종말론적이면서, 동시에 개인 차원에서 일어나는 부활 개념으로 확장되었음을 볼 수 있다.

이러한 개념의 확장을 고려할 때, '하나님을 사랑하는 의로운 자들에 대한 보상'으로서 부활 개념은 쿰란 공동체와 그 공동체가 놓인 구체적인 정치적, 시대적 상황에서부터 나온 것으로 짐작할 수 있다.[35] 4Q위-에스겔의 부활 개념은 후대 유대교와 기독교 전통에 영향을 미친 에스겔서 37장

---

33 이 용례에 대해서는 다음을 참조하라. Philip J. Nel, "שלם," William A. VanGemeren, ed., *New International Dictionary of Old Testament & Exegesis*, vol. 4 (Grand Rapids, MI: Zondervan, 1997), 131.

34 John Strugnell and Devorah Dimant, "4QSecond Ezekiel," 56-57, 특히, 57, n. 18.

35 디만트는 4Q386 1 ii-iii의 본문은 안티오쿠스 4세와 그 직후의 정치적, 사회적 상황을 시대적 배경으로 한다고 주장한다. 즉 기원전 170-140년경이다. Dimant, "4Q386 1 ii-iii," 511-29.

에 대한 종말론적 묵시문학의 원형 역할을 했다고 볼 수 있다.[36]

2) '병거 - 보좌'(מרכבה) 환상

구약성서에 메르카바(הבכרמ)는 일반적으로 군사 기구, 즉 병거를 지칭하는 의미로 나타난다. 예를 들어, 이사야 66:15에서는 병거의 가장 일반적인 의미에 기대어 병거는 야웨의 강림 기구로 나타난다(cf. 렘 4:13; 합 3:8). 그런데 메르카바는 구약성서에서 이미 단순히 탈 것의 개념이 아닌 움직이는 '보좌'의 개념과 결합한다.

예를 들어, 시편 68편은 출애굽에서부터, 시내 산 여정과 이 시기동안 일어났던 사건들을 연대기적으로 서술하는데, 이 시편 기자는 "하나님의 병거가 천천이요 만만이라 주께서 그 중에 계심이 시내 산 성소에 계심 같도다."(시 68:17)라고 찬양한다.

그러나 '병거-보좌'의 이중적 의미가 다른 어느 본문보다 가장 세밀하게 드러나는 곳은 에스겔이다. 에스겔에서 메르카바의 개념은, 병거 바퀴 안에 생명체의 영이 그 가운데 거하게 되고(겔 1:20), 그 병거는 천상 보좌를 떠받들고 있다(겔 1:26). 그러므로 구약성서 내에서 이미 메르카바는 히브리어의 문자적 의미인 '병거' 혹은 '탈 것'이라는 의미에서 더 나아가 '보좌'의 의미를 내포하고 있음을 정경 에스겔서가 보여주고 있다.

이 '병거-보좌' 환상은 쿰란 공동체가 남긴 문서에서도 빈번하게 등장한

---

36 '마른 뼈 환상'을 언급하는 초대 기독교 문헌은 베드로 외경 4:7-8과 바나바 복음 12:1, 4:3 등이 있다. 여기에 관해서는 M. Kister, "Barnabas 12:1; 4:3 and 4QSecond Ezekiel," *Revue Biblique* 97 (1990), 63-67과 Richard Bauckham, "A Quotation from 4QSecond Ezekiel in the Apocalypse of Peter," *Revue de Qumran* 15 (1992), 437-445를 참조.

다. 4Q위-에스겔 외에도, 쿰란문서 중 4Q400-407(4QShirSabbh)[37]에는 "바퀴가 움직일 때, 거룩한 천사들은 뒤로 간다. 그들은 영광스러운 바퀴들 안에서 불과 같은 모양으로 나타난다."와 "그리고 그들은 사람 같은 손이 등 뒤로, 그들의 날개 아래에 붙어 있다."와 같은 메르카바에 대한 언급이 나온다. 또한 4Q286-290(4QBerakhot)[38] 등의 문서에서도 '병거-보좌' 환상이 나타난다. 4Q385 frg. 6본문을 직접 살펴봄으로써 정경 에스겔서의 '병거-보좌' 환상과 비교해 보자.

4Q385 frg. 6

(1) 그리고 [..]의 백성들은 ... 일 것이다.

(2) 선한 마음과 기[쁜 영혼으로]

(3) 잠깐 동안 숨어 있을 것이다.

(4) 쪼개는 채로 [...]

(5) 에스[겔이] 본 그 환상은

(6) 병거의 밝음과 네 마리 생물. 한 생물은 [...]

(7) 뒤로,. 그리고 둘 씩 둘 씩 (짝을 지어) 각각의 생물이 걷고, [그] 두 발 그 [그] 두 발[은 ...]

---

[37] 4QShirSabb과 후대 랍비 문헌에 나타난 '병거-보좌' 환상에 대해서는 J. M. Baumgarten, "The Qumran Sabbath Shirot and Rabbinic Merkabah Traditions," *Revue de Qumran* 12 (1988), 199-213을 참조하라. 또한 Carol A. Newsom, "Merkabah Exegesis in the Qumran Sabbath Shirot," *Journal of Jewish Studies* 38 (1987), 11-30을 참조하라.

[38] 구체적으로 frg. 1 col. ii. Bilha Nitzan, "The Merkabah Descriptions in 4QBerakhot," *Proceedings of the Eleventh World Congress of Jewish Studies* (Jerusalem: World Union of Jewish Studies, 1994), 87-94.

(8) [...] 호흡 있고, 그들의 얼굴은 서로 [서로] 연결되어 있다. 그리고 [...]

(9) 얼[굴의 하나는 사자요, 하나는] 독수리, 하나는 송아지, 하나는 인간의 (얼굴)이요 그리고 거기에는 사람의 [손이]

(10) 생물의 등에 연결되어 있고, [그들의 날개들]에 들러붙어 있고, 그 바[퀴들은]

(11) 그 생물들이 움직일 때 바퀴와 바퀴는 서로 연결되어 있고, 그 바퀴의 양면으로부터 [불이 흘러나오고 있었다]

(12) 그 숯 가운데에 숯불 같은 생물이 있다.

(13) 바[퀴들] 그리고 그 생물들과 바퀴들. 그리고 [그들의 머리 위로 궁창 같은 것이] 있었다.

(14) 놀랄만한 [얼음과] [궁창으로부터 나오는] 소리가 있었다.

4Q385 frg. 6은 그 내용상 1-4행 이하의 두 단락으로 나누어 볼 수 있다. 1-4행은 남아있는 글자가 얼마 되지 않아 그 원래의 문장을 재구성하기가 쉽지 않다. 5-15행은 '병거-보좌' 환상의 내용으로 이루어져 있다. 두 번째 단락은 약간의 변형이 있지만, 기본적으로 정경 에스겔서 1장의 순서를 따르고 있다. 즉, 먼저 메르카바와 네 생물을 소개하고, 각각의 생물의 외형을 묘사한다. 생물을 소개한 후에 바퀴에 대해 언급한다.

다음으로 숯불과 같은 바퀴의 모습을 묘사한다. 마지막으로 그 네 생물들의 머리 위로 놓인 궁창과 소리에 대해 언급한다. 그럼에도 불구하고, 4Q385 frg. 6은 정경 에스겔서 1장을 단순히 요약적으로 반복만 하지는 않는다. 4Q위-에스겔은 정경 에스겔서 1장에 대한 세밀한 묘사에 있어서 약간의 순서를 치환하는 것 외에도,[39] 정경 에스겔서와 차이점을 분명히 보여주고 있다.

정경 에스겔서 1장과 비교하여 4Q385 frg. 6의 특징적인 것은 무엇보다도 4Q위-에스겔이 '메르카바'(מרכבה)를 분명하게 언급한다는 점이다. 통상적으로 에스겔서 1장과 10장을 '메르카바 환상'이라고 칭하지만, 이 용어는 에스겔서 자체에는 나타나지 않는다. '메르카바 환상'이라는 용어는 벤시라서 49:7을 통해 알려진 것으로 인지되어왔다. 그러나 4Q385 frg. 6을 통해 이미 기원전 마지막 1세기 무렵 에스겔서의 '병거-보좌' 환상은 '메르카바 환상'으로 불렸음을 알 수 있다.

4Q385 frg. 6의 가장 중요한 특징은 첫 3행에서 이사야 26:20("내 백성아 갈지어다 네 밀실에 들어가서 네 문을 닫고 분노가 지나기까지 잠깐 숨을지어다.")을 인용하고, 연이어 이를 '메르카바 환상'과 결합하고 있다는 점이다. 인용된 이사야 26:20은 원래 텍스트에서 앞 구절인 19절의 "주의 죽은 자들은 살아나고 그들의 시체들은 일어나리이다 티끌에 누운 자들아 너희는 깨어 노래하라 주의 이슬은 빛난 이슬이니 땅이 죽은 자들을 내놓으리로다."와 연결하여 패망한 이스라엘 국가의 회복을 은유적으로 표현한 것으로 학자들은 주로 해석한다.

그런데 후대 전승은 에스겔 37:1-14과 이사야 26:19-20을 연결하여 개인의 부활과 그에 대한 찬양으로 변용한다. 예를 들어, 구전 전승인 바벨론 탈무드 산헤드린은 에스겔의 개입으로 소생하게 된 자가 생기를 얻자마자

---

39 디만트는 4Q385 frg. 6는 네 가지 생물을 묘사할 때, 얼굴보다 손을, 또 바퀴보다 숯불을 먼저 언급하고 있음을 지적하였다. D. Dimant and J. Strugnell, "The Merkabah Vision in Second Ezekiel (4Q385 4)," *Revue de Qumran* 14 (1990), 345.

하나님께 찬양을 한다(b. Sanh. 92a).[40] 그러나 탈무드의 에스겔 37장과 이사야 26장의 연결은 이미 4Q위-에스겔에서 일어난 것임을 4Q385 frg. 6에서 찾아볼 수 있다.

이렇듯 '메르카바 환상'이 단순한 천상 보좌에 대한 환상적 묘사가 아니라, '부활'이라는 주제와 결합됨으로써, 4Q위-에스겔 텍스트는 종말론적 묵시문학의 성격을 띠게 된다.[41] 이 점은 위-에스겔서가 후대의 랍비 문학과 초기 기독교 문서에서 에스겔서가 왜 묵시문학적 문서의 원형으로 광범위하게 차용되었는지를 알려주는 명백한 증거가 된다.

4Q385 frg. 6의 문학적 특징에 대해, 브루크(George J. Brooke)는 이 문서를 정경 에스겔서 1장의 '병거-보좌' 환상에 대한 요약으로 볼 수도 있지만, 다른 각도에서 보면 에스겔서 1장을 좀 더 명확하게 하고자 하는 것으로도 볼 수 있다고 주장한다.[42]

디만트는 4Q385 frg. 6은 에스겔 1장에 나오는 '병거-보좌' 환상의 재서술이라고 본다. 재서술이라 함은 에스겔서 1장을 분명 기본 텍스트로 하지만, 4Q위-에스겔은 정경 에스겔서 1장과 아울러 10장의 환상적 요소도 보여주고 있기 때문에, 단순한 동어반복이라기보다는 개정으로 볼 수 있다는 것이다.[43]

---

[40] Philip C. Schmitz, "The Grammar of Resurrection in Isaiah 26:19a-c," *Journal of Biblical Literature* 122 (2003), 148에서 재인용.

[41] DJD 30, 20.

[42] George J. Brooke, "Ezekiel in Some Qumran and New Testament Texts," in *The Madrid Qumran Congress: Proceedings of the International Congress on the Dead Sea Scrolls, Madrid, 18-21 March, 1991*, Julio Trebolle Barrera and Luis Vegas Montaner, eds. (Leiden; New York: Brill; Madrid: Editorial Complutense, 1992), 317-337.

[43] D. Dimant and J. Strugnell, "The Merkabah Vision in Second Ezekiel (4Q385 4)," 346.

4. 에스겔서에 대한 4Q위-에스겔의 묵시문학적 종말론적 해석

이상에서 4Q위-에스겔 문서 중 대표적인 정경 에스겔서를 원형으로 하는 '마른 뼈 환상'과 메르카바 환상을 살펴보았다. 이 두 환상을 통해, 4Q 위-문서는 기본적으로 에스겔서 37장과 1장을 모델로 삼고 있지만, 분명히 새로운 개념적 변형을 시도하였음을 알 수 있다.

4Q386 1 i의 '마른 뼈 환상'은 에스겔서 37장에서는 찾아 볼 수 없었던 "어떻게 그들은 그들의 선함에 대해 보상을 받게 될 것입니까?"

이런 질문을 삽입한다.

또한, 4Q385 frg. 6은 부활과 메르카바 환상을 하나로 연결하고 있는 것으로 보인다. 이러한 4Q위-에스겔의 신학적 특징은 이 문서의 문학적 장르를 고려함으로써 더욱 분명해진다. 그런데 장르적 측면을 고려할 때, 4Q위-에스겔은 정경 에스겔서를 단순히 기계적으로 반복하거나, 복사하지 않고 있다는 점에 주목해야 한다.

쿰란문서에는 여러 다양한 양식의 성서본문에 대한 재서술이 나타난다. 대표적인 성서본문의 재서술 양식은 쿰란문서 중 페샤림(פשרים)이 있다.[44] 쿰란 학자들은 페샤림을 크게 세 가지 형태로 분류한다.

(1) 지속적 페세르(continuous pesher)

(2) 주제별 페세르(thematic pesher)

(3) 독립된 페세르(isolated pesher)

---

[44] 쿰란 페샤림에 대한 개론서로는 J. H. Charlesworth, *The Pesharim and Qumran History: Chaos or Consensus?* (Grand Rapids, MI: William B. Eerdmans, 2002)을 참조하라.

그러나 4Q위-에스겔은 페샤림과 같은 주석서가 아니다.[45] 즉 어떤 특정 장의 각 절에 대한 주해가 아니라는 점에서 하박국 페세르(1QpHab)나 나훔 페세르(4QpNah)와 같은 지속적 페세르가 아니며, 어떤 특정 주제에 대한 해석적 주해가 아니라는 점에서 11Q멜기세덱과 같은 주제별 페세르도 아니다. 또한 성서의 렘마(lemma)가 증거본문으로만 사용되는 독립된 페세르(예: 1QS 8:13-16)도 아니다.

한편, 4Q위-에스겔은 성전문서(11QTemple)와 같은 완벽한 개작(rewriting)으로 볼 수도 없다. 브래디(Brady)는 위-에스겔의 장르를 단순한 풀어쓰기(paraphrase) 혹은 정경 에스겔서의 요약판으로 보아야 한다고 주장한다.[46] 나아가 브래디는 바크홀더가 밝힌 바대로 위-문서에서 성서 구절을 언급하는 것은 "동시대의 문제를 묘사하고, 미래를 예언하기 위한 수단"[47] 정도의 역할로 제한되는 것으로 보아, 궁극적으로는 저자의 저술 의도를 개진하는 것을 목적으로 하고 있다고 주장한다.[48]

---

45 쿰란문서에서는 호세아, 미가, 스바냐, 나훔, 하박국, 시편 페샤림이 있다. 에스겔 페샤림은 발견되지 않았다.
46 모니카 브래디는 정경 예언서와 쿰란의 준성서(parabiblical) 예언서의 상관관계를 일곱 유형으로 정리한다. (1) 예레미야나 에스겔과 연관된 장문의 성서 본문을 바꿔 말하기(paraphrasing) 혹은 개정하기(reworking), (2) 예레미야나 에스겔에서 유래한 좀 더 단문의 본문을 개정하기, (3) 예레미야, 에스겔, 혹은 다른 예언자들에게 공통으로 나타나는 언어나 테마를 사용하기, (4) 예레미야와 에스겔만 연관된 용어나 언어 사용하기, (5) 성서본문에 나타난 예언자와 유사한 방식으로 하나님과 다른 인물 간의 대화 형식으로 재료를 제시하기, (6) 다른 예언서의 작은 단위 본문을 개정하기, (7) 오경 본문이나 테마 특별히 성서 예언자들이 선택한 테마를 포함시키기. Monica Brady, "Biblical Interpretation in the 'Pseudo-Ezekiel' Fragments(4Q383-391) from Cave Four," in *Biblical Interpretation at Qumran*, Matthias Henze, ed. (Grand Rapids, MI: William B. Eerdmans Publishing Company, 2005), 95.
47 Ben Zion Wacholder, "Deutero Ezekiel and Jeremiah (4Q384-4Q391)," 445-461.
48 Monica Brady, "Biblical Interpretation in the 'Pseudo-Ezekiel' Fragments(4Q383-391) from Cave Four," 106.

4Q위-에스겔의 문학적 장르를 고려할 때, 바크홀더의 주장이 가장 타당한 것으로 보인다. 4Q위-에스겔은 여타의 쿰란 페샤림과 같은 특징을 보여주지 않는다. 오히려 4Q위-에스겔의 에스겔 인용은 시대적 상황에 가장 부합되기에 인용된 것으로 보인다. 바로 이런 점을 고려해 볼 때, 4Q위-에스겔에는 묵시문학적이면서도 역사적인 본문으로 보아야 한다.[49]

에스겔서의 '마른 뼈 환상'과 '병거-보좌 환상'은 모두 임박한 종말을 강조하기 위한 문학적 장치의 역할을 한다. 쿰란 공동체의 임박한 종말의 식은 다른 문서에서도 찾아 볼 수 있지만, 4Q위-에스겔 문서 안에서 보다 분명하게 나타난다.

4Q위-에스겔 중 정경 에스겔을 부분적으로 짧게 인용하면서, 묵시문학적 개작과 해석의 성격을 강하게 드러내고 있는 4Q386 frg. 1 col. ii 본문을 살펴보자.

4Q386 frg. 1 col. ii

(1) [...] 그리고 그들은 내가 야웨임을 알게 될 것이다. vacat 그리고 그는 나에게 말하였다. "보라

(2) 인자어, 이스라엘의 땅을!" 그리고 나는 말했다. "저는 보고 있습니다. 야웨여. 그리고 보소서! 그것이 황무하나이다!

(3) 그리고 언제 당신은 그들을 모으시겠나이까?" 그리고 야웨가 말씀하셨다. "벨리알의 자손들이 내 백성을 억압하려고 계획하고 있다.

(4) 그러나 나는 그를 허락하지 않을 것이고 그의 권세는 오래가지 못할 것

---

[49] Ben Zion Wacholder, "Deutero Ezekiel and Jeremiah (4Q384-4Q391)," 450.

이며, 더러운 자의 후손은 남지 못할 것이다.

(5) 그리고 포도나무로부터 새포도주가 나지 못할 것이며, 벌이 꿀을 만들지 못할 것이다. vacat 그리고

(6) 나는 악한 자를 멤피스에서 죽일 것이며, [나는 내 자손을 멤피스에서 이끌어 낼 것이며, 나는 그들의 남은 자에게로 돌아갈 것이다.

(7) 그들이 '평화와 질서가 있었다.'라고 말했듯이 그들은 말할 것이다. '그 땅은

(8) 옛날에 그랬던 것처럼 될 것이다.' vacat 그러므로 나는 그들을 향하여 진노를 발할 것이다.

(9) 하늘의 [네] 모퉁이로부터

(10) 삼키는 불처럼

(11) [...] [...]"

4Q386 1 ii 텍스트는 언뜻 보기에 에스겔서에서 본 구절들이 여러 행에 걸쳐 보이지만, 전체적으로 볼 때, 에스겔서의 어느 한 부분을 그대로 옮기지는 않고 있다. 그러나 행별로 자세히 분석해 볼 때, 특별히 1-3행은 에스겔 37장의 단어와 구절들을 여러 군데에서 인용하거나 전제하고 있음을 볼 수 있다.

1행의 "그들은 내가 야웨임을 알게 될 것이다."는 에스겔 37:13의 "너희가 나를 여호와인줄 알리라."를 주어의 인칭을 2인칭 복수형에서 3인칭 복수형으로 변형한 것 외에는 기본적으로 동일한 메시지를 전달하고 있다. 2행의 '이스라엘의 땅' 역시 에스겔 37:12에서 동일하게 언급되고 있다. 3행에서 에스겔이 야웨에게 던진 "언제 당신은 그들을 모으시겠나이까?"

제9장 4Q위-에스겔(Pseudo-Ezekiel)에 나타난 에스겔 전승의 재해석   279

라는 질문은 에스겔 37:1-14의 전체 주제를 요약적으로 묻는 것이라고 할 수 있다.

호게터프(Albert L. A. Hogeterp)는 이 질문을 에스겔 37:11의 "우리의 뼈들이 말랐고 우리의 소망이 없어졌으니 우리는 다 멸절되었다."에 대응하는 것으로 분석한다.[50]

4Q386 1 ii 3-6행의 '벨리알,' '멤피스,' '악한 자' 그리고 '더러운 자'에 대한 언급은 구체적인 역사적 사건을 염두에 두고 있는 것처럼 보인다. 예를 들어, 디만트는 이 부분을 역사적 사실에 대한 언급으로 보고, 이를 통해 4Q위-에스겔의 저작연대를 추정할 수 있다고 본다.

디만트는 3행의 '벨리알의 자손'을 안티오쿠스 에피파네스 4세라고 보며, 6행의 '멤피스의 악한 자'를 멤피스 성전의 이집트인 대제사장 중의 하나라고 본다.[51] 또 디만트는 7행의 평화의 시대 역시 역사적 전거로 보아서, 하스몬 왕조의 시몬(143-134 BCE) 혹은 요한 힐카누스(134-104 BCE) 무렵으로 추정한다.[52]

그런데 4Q386 1 ii의 문학적 특징은 1-3행뿐만 아니라 이어지는 행 전체를 고려하여 판단할 필요가 있다. 4Q386 1 ii 3-6행은 기본적으로 에스겔 30:13-19의 이집트를 향한 열방신탁에 기초를 두고 있고, 이어지는 7행 이하는 에스겔 38-39장의 '곡과 마곡 신탁'을 전제로 하고 있다. 그렇다면 4Q386 1 ii는 세 단락으로 구분된다. 즉, 위에서 본 것처럼, 첫 단락(1-3행)에서 이스라엘의 회복을 에스겔과 하나님의 질문 형식으로 구조를 세우고,

---

50 Albert L. A. Hogeterp, "Resurrection and Biblical Tradition. Pseudo-Ezekiel Reconsidered," *Biblica* 89 (2008), 66.
51 DJD 30, 57. Devorah Dimant, "4Q386 ii-iii: A Prophecy on Hellenistic Kingdoms?" *Revue de Qumran* 18 (1998), 523, 525.
52 Dimant, "4Q386 ii-iii," 527.

이 '질문-응답' 구조 속에서 '마른 뼈 환상'의 주요 요지를 새롭게 요약적으로 구성한다.

다음으로 두 번째 단락(3-6행)에서는 에스겔서의 이집트 열방신탁에 빗댄 상징어를 통해 구체적인 역사적 대적을 밝히고, 마지막으로 세 번째 단락(7행 이하)은 4Q위-에스겔 저작이 상정하고 있는 시대 상황을 '마곡의 곡'이라는 묵시문학적 대적으로 치환한다.

이런 방식으로 4Q386 1 ii는 이 텍스트의 저작 공동체가 처한 현실을 단순한 현재적인 역사적 사건이 아니라, 묵시문학적 종말론이라는 곧 다가오는 미래의 시간적 사건으로 대치(代置)한다. 이점에서 4Q386 1 ii는 디만트가 본 구체적 역사적 사건에 국한되는 것이 아니라, 분명 역사적 배경을 전제로 하지만, 현실을 초월하여 묵시문학적 종말론을 이미 내포한 텍스트로 보는 편이 더 타당하다고 본다.

이처럼 4Q위-에스겔 문서는 정경 에스겔서의 대표적 환상들을 수용하면서 동시에 자신들의 시대적 상황에 부합되도록 재해석하여 개작하고 있다. 4Q위-에스겔의 저작 공동체는 자신들이 '벨리알의 자손'의 시대 하의 황무한 땅에서 억압을 당하고 있지만, 곧 하나님의 개입이 일어날 것이며 하나님의 진노로 인하여 역사의 흐름은 역전되리라는 기대를 갖고 있다.

5. 결론

본 논문은 유대교와 기독교 양자에서 신학적 개념 발전에 지대한 영향을 끼친 에스겔서가 신구약 중간시대 문헌인 쿰란문서 중 4Q위-에스겔 문서에서 어떻게 재해석되고 있는지를 살펴보고자 하였다.

첫째, 4Q위-에스겔 문서는 우선 정경 에스겔서의 대표적 환상인 '마른 뼈 환상'을 의로운 개인의 부활 사상, 특히 의인의 보상으로 주어지는 부활 개념으로 변용하고 있음을 확인하였다.

둘째, 후대 유대문학에서 널리 차용된 '병거-보좌 환상'은 이사야 26:19-20과 병합되어 단순한 천상보좌 묘사를 넘어서서 '부활' 주제와 결합되고 있음을 보았다. 이로써 '마른 뼈 환상'과 '병거-보좌 환상'은 동일하게 '부활'이라는 주제에 수렴하게 되고, 이로써 4Q위-에스겔 문서는 정경 에스겔서 변용에 있어서 통일성을 유지하게 된다.

셋째, 4Q위-에스겔 문서는 에스겔 37장(마른 뼈 환상)과 38-39장(마곡의 곡 환상)과 30장(이집트 열방신탁)을 연결하여 분명 역사적 현실을 전제로 하지만, 단순히 그들이 처한 당대의 현실적 문제에 갇히지 않고, 다가오는 미래에 하나님의 역사 개입을 확신하는 묵시문학적 종말론적 세계관을 드러내고 있음을 확인할 수 있다.

참고문헌

Bauckham, R. "A Quotation from 4QSecond Ezekiel in the Apocalypse of Peter," *Revue de Qumran*. 15 (1992), 437-445.

Bauckham, R. "The Parable of the Royal Wedding Feast (Matthew 22:1-14) and the Lame Man and the Blind Man (Apocryphon of Ezekiel)," *Journal of Biblical Literature*. 115 (1996), 471-488.

Boadt, L. "The Dramatic Structure of Ezekiel 37,1-14: The Vision of the Dry Bones Revived," *Palabra, Prodigio, Poesía*. (2003), 191-205.

Brady, M. "Biblical Interpretation in the 'Pseudo-Ezekiel' Fragments (4Q383-391) from Cave Four," in *Biblical Interpretation at Qumran*. Matthias Henze, ed. Grand Rapids, MI: William B. Eerdmans Publishing Company, 2005, 88-109.

Brooke, George J. "Ezekiel in Some Qumran and New Testament Texts," in *The Madrid Qumran Congress: Proceedings of the International Congress on the Dead Sea Scrolls, Madrid, 18-21 March, 1991*. Julio Trebolle Barrera and Luis Vegas Montaner, eds. Leiden; New York: Brill; Madrid: Editorial Complutense, 1992, 317-337.

Dimant, D. "The Merkabah vision in 'Second Ezekiel' (4Q385 4)," *Revue de Qumran*. 14 (1990), 331-348.

Dimant, D. "New Light from Qumran on the Jewish Pseudepigrapha: 4Q390," in *The Madrid Qumran Congress: Proceedings of the International Congress on the Dead Sea Scrolls, Madrid, 18-21 March, 1991*. Julio Trebolle Barrera and Luis Vegas Montaner, eds. Leiden; New York: Brill; Madrid: Editorial Complutense, 1992, 405-448.

Dimant, D. "The Apocalyptic Interpretation of Ezekiel at Qumran," in *Messiah and Christos: Studies in the Jewish Origins of Christianity*. I. Gruenwald, S. Shaked and G. G. Stroumsa, eds. Tübingen: J.C.B. Mohr [Paul Siebeck], 1992, 31-51.

Dimant, D. "4Q386 ii-iii: A Prophecy on Hellenistic Kingdoms?" *Revue de Qumran*. 18

(1998), 511-529.

Dimant, D. *Qumran Cave 4. XXI: Parabiblical Texts, Part 4: Pseudo-Prophetic Texts.* DJD XXX; Oxford: Clarendon, 2001.

Hogeterp, A. L. A. "Resurrection and Biblical Tradition. Pseudo-Ezekiel Reconsidered," *Biblica.* 89 (2008), 59-69.

Pearson, Brook W. R. "Dry Bones in the Judean Desert: the Messiah of Ephraim, Ezekiel 37, and the Post-Revolutionary Followers of Bar Kokhba," *Journal for the Study of Judaism in the Persian, Hellenistic and Roman Period.* 29/2 (1998), 192-201.

Schmitz, Philip C. "The Grammar of Resurrection in Isaiah 26:19a-c," *Journal of Biblical Literature.* 122 (2003), 145-149.

Strugnell, J. and Dimant, D. "4QSecond Ezekiel," *Revue de Qumran.* 13 (1988), 45-58.

Wachholder, Ben Zion and Abegg, Martin G. A. *A Preliminary Edition of the Unpublished Dead Sea Scrolls: The Hebrew and Aramaic Texts from Cave Four, Fascicles Three.* Washington, D.C.: Biblical Archaeology Society, 1995, 221-226.

Wacholder, Ben Zion. "Deutero Ezekiel and Jeremiah (4Q384-4Q391): Identifying the Dry Bones of Ezekiel 37 as the Essenes," in *The Dead Sea Scrolls Fifty Years after Their Discovery 1947-1997.* L. H. Schiffman, E Tov, eds. Jerusalem: Israel Exploration Society, 2000, 445-461.

Wright, Benjamin G. "Qumran Pseudepigrapha in Early Christianity: Is 1 Clem. 50:4 a Citation of 4QPseudo-Ezekiel (4Q385)?" in *Pseudepigraphical Perspectives: Proceedings of the Second International Symposium of the Orion Center for the Study of the Dead Sea Scrolls and Associated Literature, 12-14 January, 1997.* E. G. Chazon and M. E. Stone, with the collaboration of Avital Pinnick, eds. Studies on the Texts of the Desert of Judah 31. Leiden: Brill, 1999, 91-120.

Wright, Benjamin G. "The Apocryphon of Ezekiel and 4QPseudo-Ezekiel," in *The Dead Sea Scrolls: Fifty Years after their Discovery, 1947-1997.* L. H. Schiffman, E Tov, eds. Jerusalem: Israel Exploration Society, 2000, 462-480.

제10장

벨리알과 사탄에 대한 역사적 개념 변천 연구[1]

1. 서론

우리나라 사람들은 '귀신'이라는 말을 많이 사용한다. '귀신같이 안다,' '귀신 곡할 노릇이다'와 같은 말은 일상생활에서 흔하게 말하기도 하고, 듣기도 하는 말이다. 그런데 우리나라 기독교인들 역시 일이 잘 안 풀리거나 힘든 일을 겪게 되면 으레 '시험 당한다'거나, '마귀가 들었다'라고 표현한다.

예수의 기적 사화 중 많은 부분이 축귀와 연관이 있고,[2] 예수의 공생애를 기록한 복음서에는 '사탄'에 대한 언급이 여러 군데에 나타난다.[3] 여하간,

---

[1] 이 글은 다음의 논문을 다시 실은 것이다. 이윤경, "벨리알과 사탄에 대한 역사적 개념 변천 연구,"「한국기독교신학논총」76 (2011), 5-54.
[2] 거라사 축귀(막 5:1-20; 눅 8:26-39), 가버나움 회당 축귀(막 1:21-28; 눅 4:31-37) 사건 외에도 수없이 많은 축귀사화가 있다. 예수의 축귀 기적사화에 대한 연구로는 다음 논문을 참조하라. 장병일, "복음서에 나타난 귀신"「기독교사상」1963년 6월호 (1993), 94-99.
[3] 예수는 공생애 시작 전 사탄의 시험을 받았다(마 4:1-11; 막 1:12-13). 예수는 베드로를 향해 사탄이라고 불렀다(마 16:23; 막 8:33). 가룟유다의 배반행위는 사탄의 소행이다(눅

우리 기독교인들은 사탄, 마귀, 귀신, 악마와 같은 단어를 일상다반사로 사용한다.

그렇다면, 기독교인들이 말하는 이들의 기원은 어디에서부터 유래하여, 어떻게 오늘날 기독교인들이 말하는 '사탄'으로 수렴되었는가?

본 논문은 이런 질문으로부터 출발한다.

구약에는 사탄과 유사한 존재들이 등장한다. 예를 들어, 구약에는 '멸하는 자'(המשחית)(출 12:23), '멸하는 천사'(מלאך המשחית)(삼하 24:16; 대상 21:14-17), '거짓말하는 영'(רוח שקר)(왕상 22:22), '악한 영'(רוח רעה)(삿 9:23) 등이 등장한다.

본 논문은 이러한 사탄과 유사 단어들 혹은 어구들 중에서 '벨리알'과 '사탄'을 중심으로, 먼저 이 단어들이 구약 안에서 어떻게 표상되는지 살펴보고, 다음으로 이 단어들이 신구약 중간시대 문헌인 위경과 쿰란문서에서 어떻게 역사적으로 개념화되었는지, 그 변화를 추적해보고자 한다.

2. 구약성서에 나타난 귀신/벨리알/사탄

구약에는 신구약 중간시대 뿐만 아니라 신약 시대에 이르기까지 여전히 등장하는 악한 존재들이 있는데, 그 중 대표적인 것은 귀신(악귀)/벨리알/사탄이다. 본 논문에서는 먼저 이 세 용어의 각각의 용례와 특징들을 찾아보고자 한다.

22:3; 요 13:27).

1) 귀신/악귀(שׁדים/שׁד)

구약에서 שׁד은 복수형으로 두 번 나타나는데(신 32:17; 시 106:37), 우리말 성경 개역개정은 각각 '귀신'과 '악귀'로 달리 번역한다.[4] 히브리어 שׁדים은 아카드어 šēdu(m)의 차용어로서, 아카드어에서는 본래 수호신과 악신 모두를 의미한다.[5] 구약에서는 악신의 의미로만 사용되고 있다. 신명기 32:17에서는 조상들이 알지 못했던 새로운 신들에게 제사지내는 이스라엘 백성들의 모습을 묘사하고 있으며, 시편 106:37에서도 악신에게 인신제사를 지내는 모습을 비판하고 있다.

즉, 두 경우 모두에서 שׁדים은 이방제사와 관련되며, 희생제사의 대상이다. 그러므로 구약에서 שׁדים은 초월적인 악령이나 악마를 지칭하기 보다는, 당시 이스라엘 주변인 가나안 지역에서 이방인들이 섬기던 이방 신들을 지칭하는 보통명사임을 알 수 있다.

2) 벨리알(בליעל)

신약성서 고린도후서 6:15에 "그리스도와 벨리알이 어찌 조화되며 믿는 자와 믿지 않는 자가 어찌 상관하며"라는 표현이 있다. 그런데 구약성서에서는 '벨리알'이 고유명사로 번역된 경우가 단 한군데도 없다. 구약성서에서 히브리어 벨리알은 총 26회 등장한다.[6] 일반적으로 학자들은 '벨리알'

---

4 개역한글은 '마귀'(신 32:17)와 '사신'(시 106:37)으로, 표준새번역은 '신'(신 32:17)과 '악귀'(시 106:37)로, 공동번역개정판은 두 군데 모두 '귀신'으로 통일하여 번역한다.

5 L. Koehler and W. Baumgartner, *The Hebrew and Aramaic Lexicon of the Old Testament*, vol. 2 (Leiden: Brill, 2001), 1417.

6 신 13:14; 15:9; 삿 19:22; 20:13; 삼상 1:16; 2:12; 10:27; 25:17; 삼하 20:1; 22:5; 왕상

이라는 히브리어를 'beli'(בלי, 없는)와 'ya'al'(יעל, 가치)의 합성어로서, 그 뜻은 '가치 없는'이라고 본다.[7]

구약에서 벨리알은 문맥에 따라 다르게 번역된다. 대개 벨리알은 '부정적인 태도' 혹은 '악한 생각을 가진 자들'을 지칭하는 말로 나타난다. '불량배(잡배)'로 번역된 곳이 13군데 나타난다(신 13:13; 삿 19:22; 20:13; 삼상 10:27; 25:17, 25; 30:22; 삼하 20:1; 왕상 21:10, 13; 대하 13:7; 잠 6:12; 16:27). '악하다/나쁘다/망령되다/불의하다'로 쓰인 곳은 9군데(신 15:9; 삼상 1:16; 2:12; 삼하 22:5; 시 18:4; 41:8; 101:3; 잠 19:28; 나 1:11)이다. '악인/사악한 자'로 번역된 곳은 3군데(삼하 16:7; 23:6; 나 1:15[8])이다.

그러나 사무엘하에서 벨리알은 악한 인간을 지칭하는 말로 사용되지만, 나훔에서는 벨리알이 의인화된 모습으로 언급되고 있다.[9] 개역개정은 욥기 34:18에서 벨리알을 특이하게 '무용지물'로 번역한다.[10]

특별히 주목할 구절은 사무엘하 22:5과 시편 18:4(MT 18:5)에서 벨리알이 '죽음' 및 '지하세계'와 관련된다는 점이다.[11] 사실 이 두 구절은 모두

21:10, 13; 대하 13:7; 욥 34:18; 시 18:5; 41:9; 101:3; 잠 6:12; 16:27; 19:28; 나 1:11; 2:1.

7 L. Koehler and W. Baumgartner, *The Hebrew and Aramaic Lexicon of the Old Testament*, 133.

8 MT 2:1에 해당한다. "악인이 진멸되었으니 그가 다시는 네 가운데로 통행하지 아니하리로다 하시니라."

9 스토이델은 나훔 1:15이 구약에서 유일한 의인화된 벨리알의 모습이라고 지적한다. A. Steudel, "God and Belial." in *The Dead Sea Scrolls Fifty Years After Their Discovery: Proceedings of the Jerusalem Congress, July 20-25, 1997*. Eds. L. H. Schiffman, E. Tov and J. C. VanderKam (Jerusalem: Israel Exploration Society in cooperation with The Shrine of the Book, Israel Museum, 2000), 333.

10 개역은 '비루하다'로, 표준새번역은 '쓸모없는 인간'으로, 공동번역은 '인간폐물'로 벨리알을 번역한다.

11 B. Otzen, "Beliyyaa'al." in *Theological Dictionary of the Old Testament*. Eds. G. J. Botterweck and H. Ringgren, vol. 2 (Grand Rapids, MI: William B. Eerdmans Publishing Company,

다윗의 일생을 배경으로 하고 있으며, 히브리어 본문상 단 한 단어만 차이가 있는 구절이다.[12] 죽음/지하세계와의 연관은 벨리알이 신구약 중간시대에 의인화된 어둠의 세력으로 등장하는 단초를 제공한다. 이 문제는 아래 '쿰란문서에 나타난 벨리알' 단락에서 쿰란문서의 본문을 통해 살펴보고자 한다.

이상의 번역의 예를 살펴볼 때, 구약성서에서 벨리알은 추상적이며 초월적인 악의 인격화된 모습, 혹은 악의 두령, 혹은 악한 충동의 인격화된 모습으로는 나타나지 않는다.

또한 벨리알은 신적인 요소가 전혀 내재하지 않기 때문에, 신과 대면하거나 대립하지 않는다. 벨리알은 구체적인 불량배, 사악한 행위를 지칭하는 말로 나타난다. 간단하게 말해서, 벨리알은 아직 악마가 아니다.

3) 사탄(שטן)

사탄은 히브리어 שטן의 음역으로서, 구약성서에 여러 번 등장한다. 그런데 사탄이라는 단어가 어떻게 번역되고 있는지가 우리의 관념에 영향을 미치기 때문에, 번역의 예들을 살펴볼 필요가 있다.

70인 역은 히브리어 שטן을 대게 διάβολος 로 번역한다. 헬라어 διάβολος는 διαβάλλω라는 동사에서 파생한 명사로서 '비방자, 원수, 악마'를 뜻한다. 70인 역에서 히브리어 שטן을 διάβολος로 번역하지 않고, 사탄(σατάν)으

1975), 134.
[12] 삼하 22:5 "사망의 물결이 나를 에우고 불의의 창수가 나를 두렵게 하였으며." 시편 18:4(MT 18:5) "사망의 줄이 나를 얽고 불의의 창수가 나를 두렵게 하였으며." 개역개정 번역은 동사를 각각 '에우고'와 '얽고'로 다르게 번역하였지만, 히브리어 원어는 동일하다.

로 번역한 경우는 세 번 있다(왕상 11:14, 23a, 25b).[13] 한글성서에는 히브리어 שטן을 '사탄'이라는 고유명사로 번역하는 구절들(예: 욥 1-2장; 슥 3:1, 2; 대상 21:1[14]; 시 109:6[15])도 있고, '대적'(accuser)이라는 보통명사로 번역한 구절들(예: 민 22:22, 32; 삼상 29:4; 왕상 5:4[16]; 11:14, 25)도 있다.

먼저 שטן이 보통명사의 형태로 쓰인 곳은 사무엘상 29:4, 열왕기상 5:4; 11:14의 경우이다. 이 구절들에서 사탄은 솔로몬과 군사적으로 적대관계에 있는 인간 대적자(에돔)를 지칭한다. 비교하여, 민수기 22장의 발람 이야기에서 '여호와의 사자'도 사탄으로 등장한다. 이때 사탄은 분명 인간 대적자 이상의 모습이다. 그런데 문제는 이 부분이 한글성서에서는 정확하게 드러나지 않고 있다는 점이다.

개역개정은 민수기 22:22, 32을 "여호와의 사자가 그를 막으려고(לשטן) 길에 서니라"고 번역함으로써, לשטן을 '막으려고'라는 동사 형태로 번역한다. 영역 KJV와 RSV는 'an adversary'라는 명사로 번역하고, NJB(New Jerusalem Bible)는 한글 번역처럼 동사 형태인 'to bar'로 번역한다. 이런 번역상의 모호함에도 불구하고, 여호와의 사자가 사탄의 역할을 하는 것으로 보아, 천상적 존재임을 알 수 있다.

한편, שטן이 '사탄'이라는 고유명사로 번역된 대표적인 본문인 욥기와

---

13 H. 비이텐하르트, "사탄," 『기독교사상』 1983년 8월호, (서울: 대한기독교서회, 1993) 244에서 재인용.
14 역대상 21:1의 שטן을 고유명사로 번역하는 것은 시대착오적 번역이며, 오히려 보통명사인 '대적자'(adversary)로 번역하는 것이 옳다고 주장하는 학자들이 있다. Peggy L. Day, *An Adversary in Heaven: śāṭān in the Hebrew Bible* (Atlanta, GA: Scholars Press, 1988), 127-45; Marvin E. Tate, "Satan in the Old Testament," *Review and Expositor* 89(1992), 464-466.
15 대개의 영어 역본(RSV, NIV, NJB 등)은 'Satan'이라는 고유명사 대신, 'accuser'로 번역한다. KJV은 'Satan'으로 번역한다.
16 MT 5:18로, 개역개정은 '원수'로 번역한다.

스가랴에서 사탄은 천상적 존재로서, 하나님 앞에서 '대적하는 자'의 역할을 한다. 즉, 사탄은 하나님의 통제 하에 놓여있고, 하나님의 허락을 받아 의인에게 대적하는 역할을 한다. 한편 역대상 21:1은 사무엘하 24장에서 다윗이 인구조사를 시행함으로 인해 하나님의 큰 재앙을 초래한 것을 사탄의 계략으로 묘사한다.

여기에서 사탄은 하나님의 허락을 받지 않고, 다윗을 충동하여 인구조사를 실행하게 한다. 분명 여기에서도 사탄은 천상적 존재로 등장한다. 시편 109:6의 "악인이 그를 다스리게 하시며 사탄이 그의 오른쪽에 서게 하소서"의 경우에는 사탄이 천상적 존재인지, 아닌지 여부가 불분명하다. 그러나 이어 나오는 시편 109:7a에서 "그가 심판을 받을 때에 죄인이 되어 나오게 하시며"라는 구절과 함께 고려한다면, 시편 109:6의 '사탄' 역시 '대적자' 혹은 '고발자'의 역할을 하는 천상적 존재임을 알 수 있다.

이상의 구약성서에서 '사탄'의 용례를 살펴볼 때, 가장 눈에 띄는 사실은 창세기 3장의 뱀은 사탄과 전혀 무관하다는 점이다.[17] 구약에서 사탄은 대체로 천상적인 존재로 나타나며, 그 주된 역할은 '대적'하는 일임을 알 수 있다.

이 점에서 헬라어 διάβολος로 번역된 것은 타당하다고 볼 수 있다. 또한 구약은 선의 신과 악의 신, 빛의 신과 어둠의 신으로 양립되는 두 신이 세상을 지배하는 원리라고 믿는 조로아스터교의 사상과는 분명하게 차이가 있다. 구약에서 벨리알/사탄은 세상을 지배하는 또 하나의 원리가 아니라, 하나님의 통제 하에 놓인 천상적 존재에 불과하다.

---

17 로마서 16:20 '평강의 하나님께서 속히 사탄을 너희 발아래에서 상하게 하시리라'는 구절은 바울과 아마도 당시 유대인들에게 뱀의 유혹은 곧 사탄의 유혹이었다는 개념이 이미 신약 시대 이전에 확립되어있었음을 방증한다.

3. 에녹서와 희년서에 나타난 사탄/마스테마

포로기를 지나 신구약 중간시대 유대인들 사이에서는 구약에 나타난 사탄과 벨리알과 같은 악한 세력과 나아가 악의 기원에 대한 관심이 고조되었다. 신구약 중간시대 문헌 중에서 권위를 인정받고 널리 읽혔던 대표적인 문서는 에녹서와 희년서이다. 이 두 작품은 당시 유대인들이 악한 세력의 존재와 악의 기원 문제를 구약 안에서 찾았다는 것을 보여준다.[18]

이들은 악의 기원을 창세기 6:1-4에서 찾거나, 혹은 구약에서 아직 완전한 인격체로 등장하지 않았던 귀신/벨리알/사탄에서 기원을 찾는다. 에녹서는 창세기 6:1-4의 '하나님의 아들들'(בני־האלהים)을 타락한 천사(파수꾼)들과 동일화하고,[19] 희년서는 '사탄'이 어떤 식으로 개념적 발전을 이루었는지를 예시한다. 먼저 연대기적으로 더 이른 시기의 문헌인 에녹서부터

---

[18] 이 두 문서의 위상과 영향력은 신약 시대에 이르기까지 지속되었다는 것은 이들 문서가 신약문서에도 인용되고 있다는 사실을 통해서 확인된다. 유다서 1:14은 에녹이 종말을 예견하는 예언자의 역할을 수행하고 있다고 언급하는데 이는 창세기 본문에서는 전혀 찾아볼 수 없는, 에녹서의 영향이다. 또한 베드로후서 2:4과 유다서 1:6의 '범죄한 천사들'과 '자기 처소를 떠난 천사들'이라는 언급 역시 에녹서의 타락한 천사들의 이야기에서 기원한 것이다.

[19] 창세기 6:1-4의 '하나님의 아들들'을 타락한 천사로 파악하는 에녹전승의 기원을 이사야 14:12의 "너 아침의 아들 계명성이여 어찌 그리 하늘에서 떨어졌으며"에서 찾는 학자도 있다. G. R. Driver, *Canaanite Myths and Legends* (Edinburgh, 1956), 22-23. 에녹전승은 유다서 1:6, 베드로후서 2:4에서 보다시피 기독교 전통에 그대로 계승되었다. 창세기 6:1-4이 초기 유대문헌에서 어떻게 수용되고 재해석되었는지에 대한 연구는 다음 책을 참조하라. Archie T. Wright, *The Origin of the Evil Spirits: The Reception of Gen 6.1-4 in Early Jewish Literature* (Tübingen: Mohr Siebeck, 2005). 이런 에녹서의 창세기 6:1-4 읽기가 초기 유대교와 기독교에 어떤 영향을 미쳤는지에 대한 연구는 다음 책을 참조하라. Annette Y. Reed, *Fallen Angels and the History of Judaism and Christianity: The Reception of Enochic Literature* (New York: Cambridge University Press, 2006).

살펴보자.[20]

1) 에녹서의 '타락한 천사'와 '사탄'

쿰란문서 발견 전에 에녹서는 이디오피아어 역본으로만 작품 전체가 전해진 문서였다. 그러나 쿰란에서 아람어 단편이 발굴됨으로써 새롭게 주목을 받게 되었다. 이디오피아어역 에녹서는 전체 5부로 구성되어있다. 파수꾼들의 책(1-36장), 비유의 책(37-71장),[21] 천문의 책(72-82장), 꿈과 환상의 책(83-90장), 에녹의 편지(91-108장)이다.

이 중 1-36장의 '파수꾼들의 책'(The Book of the Watchers)은 창세기 6:1-4의 이야기를 극대화한 책이다. 특히, 본 논문의 주제와 관련하여, 에녹서 6-11장에 기록된 타락한 천사들의 행적과 거인의 탄생은 초기 기독교가 아담의 타락을 원죄교리의 단초로 삼는 것과 뚜렷하게 구별되는 방식으로 악의 기원을 설명하고 있다는 점에서 주목할 만하다.

에녹서는 창세기 6:1-4의 하나님의 아들들을 타락한 천사들로 파악한다. 이들 파수꾼들이라고 불리는 200명의 타락한 천사들은 땅에 내려와(6:6), 인간의 딸들과 결합하여 거인들을 낳았다(15:11). 에녹서에서 이들 파수꾼들인 타락한 천사들은 인격화된 초월적 악의 세력으로 등장한다. 타락한 천사들 중 우두머리격인 아사엘과 세미하자는 각각 인간들에게 각종 기술들과 성범죄를 전수하는 자들로 등장한다.

---

20 에녹서가 희년서보다 더 이른 시기의 작품인 근거는 다음과 같다. (1) 에녹서는 364일 태양력 체계를 시간의 근간으로 삼고, 희년서는 이를 근거로 7년, 7주년, 49 희년을 내러티브의 구성틀로 삼는다. (2) 에녹서는 타락한 천사들에 대해 이야기하며, 희년서 4:15-16은 이 이야기에 대해 알고 있다.

21 이 부분이 쿰란에서는 전혀 발견되지 않고, 대신 '거인의 책'이 들어있다.

그런데 에녹서에는 이들 타락한 천사들 외에 사탄이 등장한다.[22] 사탄이 등장하는 구절 모두를 살펴보자. 선한 천사들인 미가엘, 라파엘, 가브리엘, 브누엘이 '사탄들'을 내쫓는다(40:7). 에녹은 손자 노아에게 '사탄들'이 심판에 놓이게 될 것이라고 말해준다(65:6). 그 이유는 타락한 천사들이 사탄에 복종하여, 지상의 사람들을 타락시키고 불법을 자행하였기 때문이다. 그 결과 이들은 타오르는 화로에 내던져지는 운명에 처하게 되었다(54:6).

징벌의 천사가 심판의 장소에서 사탄을 고문하는 기구를 준비하고 있다(53:3). 그런데 여기에서 눈여겨 볼 점은, 에녹서 65:6ff에서 에녹이 노아에게 최후심판에 대해 언급하는 대목에서 '사탄들'을 타락한 천사들과 동일시하는 부분이다.

에녹의 말을 직접 인용하여 보자.

> 마른 대지에 사는 모든 피조물에 대하여 이것이 그들의 최후라는 주님의 명령이 내렸다. 그것은 그들이 천사들의 모든 비밀과 사탄들의 모든 불법과 그들의 모든 비밀의 힘과 마술을 쓰는 자들의 모든 힘과 악령을 쫓아내는 모든 힘과 온 땅에 있는 주물로 된 우상을 만드는 자의 힘을 알았기 때문이다. 또 은이 어떻게 하여 땅의 먼지에서 생기며 연금속은 어떻게 하여 시상에서 생기는가도 알았다.[23]

에녹은 '사탄들의 모든 불법'이라는 말을 통해 온갖 기술들을 인간에게 전수한 타락한 천사들을 지칭하고 있음이 분명하다. 이상의 언급들을 통해

---

22 에녹서에서 사탄은 복수형으로 등장하기도 한다(40:7). 에녹서에서 사탄이 언급된 곳은 총 4회이다(40:7; 53:3; 54:6; 65:6).
23 번역은 『외경위경전서』 제 4권 (성인사, 1980), 265.

서 볼 때, 타락한 천사들은 사탄의 하수인이며, 천상적 존재임을 알 수 있다. 그러므로 에녹서에서 사탄은 구약의 '사탄'의 주된 기능인 '고발자'의 기능을 더 이상 하지 않고 있다. 이들은 고발자보다는 오히려 고발을 당하는 자들로 언급된다. 또한 '사탄들'이라는 복수형태는 아직 유대인들이 '사탄'이라는 단 하나의 고유명사적 존재로 인식하지 않았음을 입증한다.

한편, 에녹서는 타락한 천사들의 후손인 거인들(네피림)은 지상에 온갖 악행을 저지르는 장본인들로 등장한다. 자신들의 아버지들이 세상에 기술들을 전수하는 방식으로 간접적 불법을 자행하였다면, 이들은 더욱 더 직접적으로 세상을 공격하고, 싸움을 일으키고, 파괴한다. 이 거인들이 죽게 되자, 이들의 사체들로부터 악한 영들이 나오게 된다. 이 악한 영들 역시 사람들을 진멸해 나간다(15:11-16:1).

그러나 에녹서는 이 악한 영들을 구체적으로 사탄이라고 부르지는 않는다. 알렉산더는 쿰란문서의 악마를 지칭하는 여러 용어들[24] 중에서 '사생 아들의 영들'(רוחות ממזרים)(4Q510 1 4-8; 4Q511 2 ii 2; cf. 11Q11 2:3-4; 1QHa 24:3; 4Q444 1 i 8)이라는 말의 어원은 에녹서의 거인들의 탄생에서 유래한다고 본다.[25]

에녹서에서 '사탄들'이라고 불리는 타락한 천사들과 그들의 후손인 거인들로부터 나온 악한 영들은 아직 고유명사의 '사탄'이 아니다. 아직 이들은 특정한 단수의 악한 천사 혹은 악한 천사장이 아니라, 천상기원의 악한

---

[24] 쿰란문서 중 악마 용어의 목록이라고 불리는 4Q510 1 4-8에는 마스킬이 '파멸의 천사의 영들,' '사생아들의 영들,' '악마들,' '릴리트,' '실수투성이들,' '비명을 지르는 자들'을 내쫓는 축사가 나온다.
[25] Philip S. Alexander, "The Demonology of the Dead Sea Scrolls Source." in *Dead Sea Scrolls After Fifty Years*. Eds. Peter W. Flint, and James C. VanderKam, vol 2 (Leiden: E J Brill, 1999), 337-341.

존재를 지칭하는 일반 명사로서 등장한다. 에녹서에서 사탄은 완전히 천사도 아니며, 완전히 인간도 아닌, 그렇지만 분명히 천상기원의 영적인 존재로 나타난다.

2) 희년서의 '마스테마'

희년서는 창세기 1장부터 출애굽기 12장의 정경 본문을 '임재의 천사'(the Angel of Presence)가 모세에게 구술하는 식으로 쓰인 문헌이다. 이 문헌은 정경의 내용을 거의 충실하게 따르지만, 저자의 과감한 첨가와 필요한 경우에는 삭제(예를 들어, 족장들의 실수)도 불사하는 스타일이 특징적이다. 희년서 저자의 과감한 첨가 중 특별히 주목할 사항은 정경에는 나타나지 않는 두 존재인 벨리알과 마스테마의 등장이다.

그런데 희년서에는 벨리알보다 마스테마가 압도적으로 더 많이 등장한다. 벨리알은 단 두 곳에서 등장한다.

첫 번째는 모세가 벨리알의 구름이 이스라엘 백성을 조종하여 하나님 앞에서 조소하거나, 의로운 길에서 벗어나는 일이 없게 해 달라고 기도하는 장면이다(1:20).

두 번째는 '벨리알의 아들들'이라는 어구가 무할례자를 지칭하는 장면이다(15:33).

희년서의 특징 중 하나로 열거되는 마스테마의 등장을 깊이 있게 살펴볼 필요가 있다. 구약성서에서 사탄의 파생어인 משטמה는 호세아 9:7-8[26]에서 유일하게 등장한다. 우리말 성서(개역, 개역개정, 표준새번역)는 이 단어를 '원한'으로,[27] 영어성서는 'hostility'로 번역하고 있다. 이 단어에는 어떤 형태로든 악의 인격화된 모습은 아직 들어있지 않다. 그런데 신구약 중간시대 문헌인 희년서에서 마스테마는 구약성서의 사탄이 악마적 성향을 지닌 인격체의 모습으로 변형되어 등장하기 시작한다. 희년서에서 마스테마가 등장하는 곳은 다음과 같다.

(1) 10:7-13 노아시대에 하나님과 마스테마의 대화 장면이다. 마스테마는 사람들을 타락, 멸망, 미혹시키기 위하여 세상에 남겨질 것을 요청한다. 하나님은 그들 중 10분의 일을 남도록 하고, 나머지는 모두 심판의 장소에 매어 달도록 하였다.

(2) 11:5, 11 아브람의 고향 우르에서 마스테마는 사람들을 선동하여 타락, 불법을 자행하고, 멸망하게 한다. 또, 까마귀와 새를 보내 지상에 뿌려진 씨앗을 쪼아 먹게 하여 땅을 멸망시키고, 인간들이 고생한 열매를 휩쓸게 하였다.

(3) 17:16; 18:12 아브라함에게 외아들 이삭을 희생제사로 바치라는 명령은 하나님의 직접적이고 자발적인 명령이 아니라, 욥의 시험처럼 마스테마

---

26 "형벌의 날이 이르렀고 보응의 날이 온 것을 이스라엘이 알지라 선지자가 어리석었고 신에 감동하는 자가 미쳤나니 이는 네 죄악이 많고 네 원한이 큼이니라 에브라임은 나의 하나님과 함께 한 파수꾼이며 선지자는 모든 길에 친 새 잡는 자의 그물과 같고 그의 하나님의 전에는 원한이 있도다."

27 공동번역은 '거스르다'는 동사 형태로 번역한다. "이스라엘은 알아라. 벌 내릴 날이 다가왔다. 죄지은 만큼 당할 날이 다가왔다. 너희가 목줒까지 악이 차올라 하느님을 거스르기만 하는구나. '이 어리석은 예언자야, 신들린 미친 녀석아!' 하면서 에브라임은 예언자의 천막을 노리며 길목 곳곳에 덫을 놓고 하느님의 성전에서마저 거스르는구나."

의 시험이었다.

(4) 19:28 리브가가 야곱을 축복하면서 "마스테마의 영혼들이 너와 너의 자손을 벗어가게 하여, 이제부터 영원에 이르기까지 너의 하나님이 계시는 곳으로부터 멀어지는 일이 없기를" 기도한다.
(5) 48:2, 9, 12, 15, 17 하나님의 부르심을 받은 모세가 미디안에서 다시 이집트로 돌아오는 도중 마스테마가 등장한다. 마스테마는 이집트를 구원하기 위해 모세를 살해하려고 한다. 또한 마스테마는 이집트의 마술사들을 돕고, 이집트의 군대가 이스라엘 백성을 추격하도록 충동하였다. 그러나 마스테마는 결국 결박되었다.
(6) 49:2 마스테마의 온 군대가 이집트의 모든 맏물을 죽이기 위하여 파견되었다.

희년서에서 마스테마는 모든 악한 영들의 두령으로 나타난다. 마스테마는 하나님께 인간을 유혹하는 임무를 다할 수 있도록 그의 영들을 전멸시키지 말 것을 요청한다(10:18). 하나님은 마스테마에게 그의 영들의 십분의 일을 남겨두고, 나머지 십분의 구는 심판 때까지 한 곳에 묶어둔다. 희년서에서 마스테마는 구약의 적대자 사탄보다 다양하게 역할을 한다. 아브람의 고향 우르에서 사탄은 사람들이 불법을 자행하고, 타락하게 하며, 농사를 망가뜨린다.

또한 욥기에서 사탄이 욥을 시험할 수 있도록 요청했던 것처럼, 마스테마는 아브라함을 시험할 수 있도록 하나님께 요청한다. 또한 이집트로 돌아가던 모세를 죽이려고 했던 자도 야웨가 아니라 마스테마였으며,[28] 이집

---

28 출애굽기 4:24 이하에는 야웨가 모세를 죽이려고 하자, 모세의 아내 십보라는 아들에게

트의 마술사와 바로의 마음을 강퍅하게 한 것도 마스테마의 역할이었다.

한편, 희년서에서 벨리알은 악한 무리의 영적 주인으로 나타난다는 점에서 마스테마와 동일한 기능을 하고 있다(15:33). 희년서는 창세기와 출애굽기에서 우리가 이해할 수 없었던 문제들, 예를 들어 왜 우르 사람들은 우상숭배를 하였는지, 왜 아브라함은 이삭을 희생제사로 바쳐야 하는 시험을 당하였는지, 왜 하나님은 모세를 죽이려고 했는지 등의 문제들에 대해서 하나님이 아닌 마스테마를 개입시킴으로써, 이원론적 세계관으로 해결책을 제시하는 듯 보인다. 그러나 희년서는 하나님과 마스테마를 동격으로 삼지 않고, 하나님의 통제 하에서 움직이는 악의 존재로서만 마스테마를 허용한다.

4. 쿰란문서에 나타난 벨리알과 마스테마

쿰란문서에 나타난 악마(demon)에 대한 연구는 비록 개별 문서 연구의 부수사항으로 언급된 경우는 있지만, 거의 진행되지 않은 상태이다. 이 점에서 필립 알렉산더의 연구가 눈에 띈다.[29] 그는 페르시아의 영향으로 창세기 6:1-4의 파수꾼에 대한 신화가 기록되었으며, 이 신화는 당시 유대인들의 광범위하고 점증하는 악마에 대한 믿음을 반영하고 있다고 주장한다. 알렉산더는 제2성전 시대 악마의 존재에 대한 믿음이 쿰란 공동체만의 전유물이 아니라, 일반적 현상이었을 것이라고 본다.

할례를 행하여 그를 살려내는 이야기가 나온다.
29 Philip S. Alexander, "The Demonology of the Dead Sea Scrolls Source," 331-353.

그러나 그는 쿰란 공동체의 악마론은 신약의 악마론과 매우 유사성을 보인다는 점에서 주목할 필요가 있다고 본다. 그러나 알렉산더의 연구는 쿰란문서의 악마 용어와 관련된 신학적 주제(정/부정, 축귀)를 다루는데 집중하고 있다.

쿰란문서에는 어두움의 천사들(Melchiresha), 벨리알, 마스테마, 사탄 등의 이름으로 악한 세력이 등장하는데 이들 중 가장 빈도수가 높은 것은 벨리알과 그 다음은 마스테마이다.[30]

본 논문은 '벨리알'과 '마스테마'에 집중함으로써, 구약에 나타난 이 용어들이 제 2성전후기에 어떻게 변화되어 사용되었는지를 살펴보고자 한다.

1) 악신(שד/שדים)

'악신'(שד/שדים)이라는 단어는 구약에도 나타나며, 쿰란문서에서도 사용되는 단어이기에 간략하게 비교차원에서 살펴보자. 이 단어는 아람어 도빗서(4Q196-197)에 5회 등장하며, 안식일의 노래(5Q510-511), 위경 시편(11Q11 i 3), 아람어 축귀문서(4Q560) 등에 등장한다. 그런데 쿰란문서에서 이 단어의 용례는 구약에서 주로 '이방 신'을 지칭하던 것과 거리가 있으며, 또한 랍비문학이나 현대 히브리어에서 악마(demon)를 총칭하는 שד의 용례와도 구별된다.

구약의 용례와 달리, 아람어 축귀문서나 안식일의 노래에서 שד/שדים은 이방 신을 지칭하기 보다는 영적인 존재로 나타난다. 위경 시편의 경우 שד

---

30 The Dead Sea Scrolls Electronic Library on CD-Rom (Brill, 2007)으로 검색한 결과, 사탄은 5회, 벨리알은 89회, 마스테마는 19회 등장한다.

는 질병을 유발하는 악신으로 등장하고, 치유의 천사인 라파엘을 부름으로써 치유된다. 유사하게 아람어 도빗서에서 שׁד는 신방에 든 신랑을 연속해서 죽이는 악신으로 등장한다.

2) 벨리알

쿰란문서에서 벨리알은 총 98회 등장하는데, 그 중 한 문서에 벨리알이 5회 이상 언급되는 문서는 다음과 같다. CD(6회), 1QS(5회), 1QM(12회), 1QH(11회), 4QCatena A(9회), 11QMelch(6회)이다. 이 문서들은 모두 쿰란 공동체의 저작으로 여겨지는 작품들이다. 이것은 쿰란 공동체의 사고와 신학체계에서 벨리알이 차지하고 있는 무게를 입증하는 것이다. 이렇듯 중요한 벨리알에 대한 연구는 이미 1960년대 말에 폰 데 오스텐-자켄(von der Osten-Saken)의 연구로부터 시작되었다.[31]

그의 연구는 공동체 규율 문서의 '두 영의 소고'(1QS 3:13-4:26)와 전쟁문서(1QM)에 집중되었다. 이 두 문서에서 벨리알은 하나님이 악을 위해 창조한 피조물로 등장한다(1QM 13:11; 1QS 3:25). 이것은 에녹서가 천사들 중 일부가 타락하였고, 이들을 통하여 악이 세상에 들어오게 되었다고 보는 것과 대조적인 사상이다.

본 논문에서는 이 두 문서를 제외한 나머지 문서들 즉, 다메섹문서(CD), 감사찬양시(1QH), 성서주석집(4QCatena A)와 멜기세덱(11QMelch)에 나타난 벨리알의 모습을 통해서 쿰란 공동체의 벨리알 개념을 살펴보고자 한다.

---

31 P. von der Osten-Sacken, *Gott und Belial: Traditionsgeschichtliche Untersuchungen zum Dualismus in den Texten aus Qumran* (Studien zur Umwelt des Neuen Testaments 6; Göttingen: Vandenhoeck & Ruprecht, 1969).

다메섹문서(CD)에서 벨리알은 '어둠의 아들들'의 지도자로서, 하나님만큼이나 인간의 삶에 깊이 개입하고, 인생을 좌지우지하는 존재로 등장한다. 그래서 다메섹문서는 쿰란 공동체가 매년 열리는 언약갱신 축제 때마다 벨리알의 위험에 대해 선포하며, 벨리알과 그의 하수인들을 저주하고, 공동체 회원들은 '아멘, 아멘'으로 화답할 것을 규정하고 있다.

스토이델(A. Steudel)은 다메섹문서에서 벨리알이 역사의 주요 단계마다 등장한다고 주장한다.[32] 즉, 주요 단계마다 벨리알과 그의 하수인들(גורלו)[33] 은 경건한 자들을 비틀거리고, 넘어지게 한다. 이때 벨리알이 의인들을 걸려 넘어지게 하는 세 가지 덫이 있는데, 이것은 바로 '간음, 재물, 성전모독'(CD 6:10-11)이다. 그럼에도 불구하고, 벨리알은 하나님과 동등한 대응세력이 아니라, 하나님의 심판의 도구에 불과하다는 것을 쿰란문서는 분명히 하고 있다(CD 8:2; 19:14; cf. 1QS 4:12).

각 단이 '내가 주 당신을 찬양하나이다'(אודכה אדוני)라는 구절로 시작되는 감사찬양시(1QH)에서 벨리알은 고유명사로 10회, 형용사로 1회(12:10) 등장한다. 감사찬양시는 다메섹문서와 마찬가지로 악의 무리를 이끄는 우

---

[32] A. Steudel, "God and Belial." in *The Dead Sea Scrolls Fifty Years After Their Discovery: Proceedings of the Jerusalem Congress, July 20-25, 1997.* Eds. L. W. Schiffman, E. Tov and J. C. VanderKam (Jerusalem: Israel Exploration Society in cooperation with The Shrine of the Book, Israel Museum, 2000), 334-335. 스토이델은 4QMidrEschat(4Q177) 10:8-13에 나오는 벨리알의 통치시기에 대한 언급을 통해, 쿰란 공동체는 벨리알이 적어도 인류 역사의 일정 시기를 지배하는 세력으로 이해하였음을 보이고자 한다.

[33] 구약에서 גורל은 제비뽑기, 제비뽑기로 분배된 땅을 의미하지만, 쿰란문서에서 이 단어의 용례는 훨씬 더 확대된다. 쿰란문서에서 גורל은 구약의 용례 외에도 "결정, 결정으로 임명된 직분이나 의무, 결정이 규제하는 공동체, 군대의 단위를 지칭하기도 한다. 특별히 의인과 악인의 운명을 구분하는 '범주'의 의미로 사용되는 것이 흥미롭다." W. A. VanGemeren (ed), *New International Dictionary of Old Testament Theology and Exegesis*, vol. 1 (Grand Rapids, MI: Zondervan), 842.

두머리로서 벨리알이 다스리는 시대가 있다고 본다(11:19-36). 그 후 '하늘의 만군'(צבא השמים)과 벨리알의 무리 사이에 종말론적 전쟁이 벌어진다(11:35).[34]

결국, 벨리알과 그 무리들은 최후심판에 처해지고, 공동체는 구덩이(שחת)와 스올 아바돈(שאול אבדון)으로부터 구출되고, 영원히 높임(הרים עולם)을 받게 된다. 감사찬양시는 마지막 종말전쟁 이후 죽은 자들의 몸이 일어날 것이라는 부활 사상을 드러내고 있다(14:34-35).

감사찬양시와 유사한 벨리알에 대한 종말론적 심판이 성서주석집(4QCatena A, 4Q177)에서도 나타난다.[35] 성서주석집에서 벨리알이 등장하는 곳은 두 군데의 성서주석이다. 각각 시편 17:1[36]과 시편 6:4-5(MT)[37]의 해석(פשר)부분이다. 성서주석 집은 두 시편을 모두 종말론적으로 해석한다.

---

[34] 감사찬양시의 종말론적 색채에 대한 학자들 간의 논의가 있다. 예를 들어 니켈스버크(Nickelsburg)는 단순한 현재의 고통으로부터의 구원만을 이야기하는 것이 아니라고 보지만, 로린(Laurin)은 감사찬양시는 제목 그대로 쿰란 공동체에 가해진 고통으로부터 헤어나게 됨을 감사하고 찬양하는 것으로 본다. 콜린스(Collins)는 감사찬양시는 비종말론적 언어로 쓰인 과거와 현재와 종말론적 언어로 미래 구원을 이야기하는 이중성이 있다고 본다. 자세한 논의는 다음 책을 보라. Maxwell J. Davidson, *Angels at Qumran: A Comparative Study of 1 Enoch 1-36, 72-108 and Sectarian Writings from Qumran* (Sheffield: JSOT Press, 1992), 190.

[35] F. G. Martinez & E. J. C. Tigchelaar, *The Dead Sea Scrolls Study Edition* (Leiden: Brill, 1997). 우리말 번역 『사해문서』, 강성렬 역 (파주: 나남출판사, 2008)은 스토이델 판을 사용한다[Annette Steudel, *Der Midrasch zur Eschatologie aus der Qumrangemeinde (4QMidrEschata,b): Materielle Rekonstruktion, Textbestand, Gattung und traditionsgeschichtliche Einordnung des durch 4Q174 ("Florilegium") und 4Q177 ("Catena A") repräsentierten Werkes aus den Qumranfunden.* Leiden: Brill, 1994.] 스토이델은 4Q177을 '종말론적 미드라쉬'로 분류한다.

[36] "여호와여 의의 호소를 들으소서 나의 울부짖음에 주의하소서 거짓 되지 아니한 입술에서 나오는 나의 기도에 귀를 기울이소서"(개역개정).

[37] "나의 영혼도 매우 떨리나이다 여호와여 어느 때까지니이까 여호와여 돌아와 나의 영혼을 건지시며 주의 사랑으로 나를 구원하소서"(개역개정 시편 6:2-3).

첫째, 시편 17:1의 해석 부분은 스바냐 3:4을 직접 인용하지 않지만 에둘러 인용하면서 벨리알에게 반역하는 자들에게 다가올 축복을 말하며, 호세아 5:8을 바로 이어서 인용함으로써 이 해석을 확증한다 (4QCatena A 3:4-13).

둘째, 시편 6:4-5은 마침내 벨리알을 물리치고 빛의 자녀들을 구원하는 것으로 해석한다(4QCatena A 4:8-16).

멜기세덱 문서(11QMelchi, 11Q13) 역시 종말론적인 해석의 형식을 갖추고 있다.[38] 이 문서는 열 번의 희년 주기별로 그 희년 주기에 일어날 일들에 대해서 서술하고 있다. 이 서술 양식 속에 성서본문을 인용하고, 종말론적으로 해석한다.

현존하는 멜기세덱 문서는 열 번째 희년 주기에 관한 것을 보존하고 있다. 열 번째 희년주기의 대속죄일에 포로된 멜기세덱의 기업[39]인 빛의 자녀들은 구원을 받을 것임을 성서본문의 해석을 통하여 말하고 있다(2:7). 예를 들어, 시편 82:2의 "너희가 불공평한 판단을 하며 악인의 낯 보기를 언제까지 하려느냐"에 대한 해석으로 멜기세덱은 벨리알과 그에 속한 무리들로부터 빛의 자녀들을 구원할 것이다(2:11-15).

멜기세덱은 벨리알과 대치되는 천상존재로서 심판 날에 벨리알의 군대와 싸우는 천사장의 역할을 한다는 점에서 전쟁문서(1QM)에 나타나는 미가엘(17:6-8)과 동일하며, 공동체 문서(1QS)에 나타나는 빛의 군주와 동일 인물로 간주할 수 있다. 이 일은 이사야 52:7의 "시온을 향하여 이르기를

---

[38] 멜기세덱은 쿰란문서에서 11Q13외에도 창세기 위경(1QGenApo)과 안식일의 노래 (4Q401)에서도 나타난다. 안식일의 노래에서 멜기세덱은 천사장으로 등장한다.
[39] 2:5에서는 'מנחלת מלכי צדך'으로, 2:8에서는 'גויל מלכי צדך'으로 표현되고 있다.

네 하나님이 통치하신다"의 해석을 통하여서 확증된다. 즉, 멜기세덱은 계약을 세우고, 다수의 길을 따르지 않는 의의 자녀들인 시온의 백성들을 벨리알로부터 구원할 것이다(2:15-18).

이상의 쿰란문서에 나타난 벨리알은 구약의 벨리알과 분명 달라져있다. 개별 쿰란문서의 벨리알을 역사적 발전의 개념으로 세분화하는 것은 무리가 있다고 본다. 구약에서 거의 모든 경우 일반명사 혹은 형용사적 의미로 사용된 벨리알이 쿰란문서에서는 공통적으로 종말론적 세계관을 배경으로 등장한다. 즉, 벨리알은 마지막 시대에 악한 무리의 우두머리로서, 빛의 자녀들을 억압하는 천상적 존재로 등장하고, 결국 마지막 종말전쟁을 통하여 최후심판에 처해진다.

3) 마스테마

쿰란문서에는 '사탄'이라는 단어가 총 5회 등장한다(1QSb 1:8; 1QH^a 4:6; 45:3; 4QDibHam^a 17:13; 11QPs^a 19:13-16). 그러나 사탄보다는 어원학적으로 사탄에서 파생한 '마스테마'가 훨씬 더 많이 등장한다. 마스테마는 총 21군데에서 나타난다. 그 문서들은 다음과 같다. CD 16:5; 1QS 3:23; 1QM 13:4, 11; 4QCatena A 9:5; 4QpsJub^a 1:8; 2 i 9; 2 ii 6, 13, 14; 4QD^e 6 ii 18; 4 ii 6; 4QBer^a 7 a ii, b-d 2; 4QapocrJer C-b 2 iii 4; C-e 1 11, 2 I 7; 4QBeatitudes 19:4; 6QpapHymn 9:1; 11QapocrPs 2:4.

이들 문서들 중에서, 앞뒤 문맥이 거의 훼손된 4QBeatitudes(4Q525) 19:4와 6QpapHymn(6Q18) 9:1을 제외한 나머지 문서들에 나타난 마스테마의 용례를 보면, 구약성경 호세아와 동일하게 마스테마가 '적대감'(hostility)이라는 일반명사로 사용된 경우는 단 한 번 밖에 없다(4Q177 2:13).

이 경우를 제외하고, 위에 제시한 문서들에 나타난 마스테마의 용례 중 가장 빈도수가 높은 것은 바로 '천사 마스테마'(מלאכי/מלאך המשטמה)이다(CD 16:5; 1QM 13:11; 4QpsJub^a 1:8; 2 ii 6; 4QD^e 6ii 18; 4QD^f 4 ii 6; 4QapocrJerC^b 2 iii 4; 4QapocrJer C^b 1:11; 2 i 7; 4Q495 12:3). 다음으로는 '군주 마스테마'(שר משטמה)로 서, 3회 나타나고(4QpsJub^a 2 i 9; 2 ii 13, 14; 11QapocrPs 2:4), 이 중 2회가 위경 희년서이다.

'천사 마스테마'라는 표현은 마스테마의 기원이 천상임을 암시하고 있다. 에녹서에서 타락한 천사들과 사탄들을 동일시하였던 것처럼, 쿰란문서들은 마스테마를 구약의 욥기에서처럼 천상에서 기원하여, 사람을 대적하는 기능을 하고 있다고 보았다. 연장선상에서, '군주 마스테마'는 악한 세력의 인도자요 대표자로서 나타난다.[40] 즉, 쿰란문서에서 마스테마는 희년서에서 이미 보았듯이 단순히 일반명사가 아닌, 악마적 성향을 지닌 천상 기원의 인격화된 형상의 고유명사로 등장한다.

한편 '악한 의도'(מחשבת משטמה)라고 번역할 수 있는 경우가 3회 등장하는데(1QM 13:4; 4Q286 frg. 7 ii 2; 6:2), 이때 마스테마는 연계형 מחשבת와 함께 쓰인 경우이다. 이 경우, 히브리어 משטמה는 '마스테마'라는 고유명사보다는 '악한'이라는 의미로 사용된다.

이와 유사하게, 마스테마가 다른 연계형 명사와 연결된 경우는 1QS 3:23의 '마스테마의 통치'(ממשלת משטמתו)이다. 그러나 이 경우는 형용사적 용례보다는 주권적 통치의 수령자라는 의미로 사용된다는 점에서 '천사 마스테마'

---

40 쿰란문서에서 마스테마와 벨리알은 거의 동질적인 기능을 수행하고 있다(예: CD 16:3-6, cf. 희년서 15:33).

나 '군주 마스테마'와 같은 용례의 연장선상에서 사용된 경우로 볼 수 있다.

5. 결론

신구약 성서에는 많은 악마적 존재들이 등장한다. 그런데 신구약에 나타나는 악한 존재들은 분명 유사한 듯하지만 다르다.

본 논문은 구약에는 신약에서 분명하게 악한 영적 존재로 등장하는 귀신이나 벨리알과 사탄의 존재가 단순한 일반명사 이상으로 등장하는 경우가 매우 드물다는 것에 착안하여, 역사적으로 이 개념들이 어떻게 변천해왔는지를 살펴보고자 하는 의도에서 출발하였다. 이를 위하여, 본 논문은 먼저 구약본문에 나타나는 귀신/벨리알/사탄의 용례를 분석하고, 이 개념들이 신구약 중간시대 문헌들 속에서는 어떻게 전승되고, 변화되었는지를 추적해보고자 하였다.

본 논문은 단순한 일반명사로서 등장하던 사탄의 존재가 신구약 중간시대의 대표적 문헌인 에녹서에는 천상기원의 사탄으로, 희년서에는 사탄의 파생어인 마스테마로 등장하며, 악한 영적 존재로서 보다 더 다양하게 활동하고 있음을 제시하였다. 나아가 이 두 문서보다 후대 문서인 쿰란문서에서는 이들 악한 존재가 종말론적 세계관 속에서 등장하는 것을 제시하였다.

본 논문은 그 기원에 있어서는 이름과 역할이 달랐던 귀신/벨리알/사탄이 역사적으로 개념의 변천을 겪으면서, 하나의 이름과 개념으로 수렴되고, 마침내 본질에 있어서 인격화된 악한 영적 존재로 상정되기에 이르게 된 과정을 문서들을 통해서 확인하였다. 무엇보다도 이 악한 존재들은 신구약 중간시대를 거치면서 종말론적인 신학적 세계관과 맞물리면서 현실화된 종말적 심판의 구체화된 대상으로 등장한다.

즉, 쿰란사본은 종말 때에 하나님이 모든 부정적 영들(나쁜 영들, 악한 천사, 벨리알, 마스테마)을 최후 심판에 처하게 할 것이라는 종말론적 희망사항을 강력하게 제시한다.

결국, 구약과 신약에 나타나는 악한 존재들을 신구약 중간시대 문헌을 읽지 않고 본다면 개념상의 불연속성이 나타날 수밖에 없지만, 이 불연속성은 단순히 정경으로 받아들여진 두 성서 상의 불연속성뿐이지, 기독교인들을 포함한 유대인들의 문학적, 신학적, 종교적 역사 속에서는 지속적으로 발전하고 있었던 개념이었음을 제시하였다.

참고문헌

H. 비이텐하르트. "사탄."「기독교사상」1983년 8월호, 243-256.
배제민. "하나님과 뱀과 사탄."「기독교사상」1971년 2월호, 131-145.
외경위경편집부.『외경위경전서』제 4권. 서울: 성인사, 1980.
제프리 버튼 러셀.『데블: 고대로부터 원시 기독교까지 악의 인격화』. 서울: 김영범 역. 르네상스, 2006.
Alexander, Philip S. "The Demonology of the Dead Sea Scrolls Source," in *Dead Sea Scrolls After Fifty Years*. Eds. Peter W. Flint, and James C. VanderKam, vol 2, Leiden: E J Brill, 1999, 331-353.
Awwad, J. "Satan in Biblical Imagination," *Theological Review*. 26/2(2005), 111-126.
Davidson, Maxwell J. *Angels at Qumran: A Comparative Study of 1 Enoch 1-36, 72-108 and Sectarian Writings from Qumran*. Sheffield: JSOT Press, 1992.
Eshel, E. "Mastema's Attempt on Moses' Life in the 'Pseudo-Jubilees' Text from Masada," *Dead Sea Discoveries*. 10/3 (2003), 359-364.
Lichtenberger, Hermann. "Spirits and Demons in the Dead Sea Scrolls," in *Holy Spirit and Christian origins*. Eds. Graham N. Stanton, Bruce W. Longenecker & Stephen Barton. Grand Rapids, MI: Eerdmans, 2004, 14-21.
Mach, M. "Demons," in *Encyclopedia of the Dead Sea Scrolls*. Eds. L. H. Schiffman and J. C. VanderKam. Oxford: Oxford University Press, 2000, vol. 1. 189-192.
Martinez, F. G. & Tigchelaar, E. J. C. *The Dead Sea Scrolls Study Edition*. Leiden: Brill, 1997-1998.
마르티네즈, F. & 티그셀라아르, E.『사해문서 1, 2, 3, 4』. 강성렬 역. 서울: 나남출판사, 2008.
Otzen, B. "Beliyyaa'al." in *Theological Dictionary of the Old Testament*. Eds. G. J. Botterweck and H. Ringgren, vol. 2, Grand Rapids, MI: William B. Eerdmans Publishing

Company, 1975. 131-136.

Reed, Annette Y. *Fallen Angels and the History of Judaism and Christianity: The Reception of Enochic Literature*. New York: Cambridge University Press, 2006.

Steudel, A. "God and Belial." in *The Dead Sea Scrolls Fifty Years After Their Discovery: Proceedings of the Jerusalem Congress, July 20-25, 1997*. Eds. L. W. Schiffman, E. Tov and J. C. VanderKam. Jerusalem: Israel Exploration Society in cooperation with The Shrine of the Book, Israel Museum, 2000, 332-340..

Stokes, Ryan E. "The Devil Made David Do It...Or "Did He?" The Nature, Identity, and Literary Origins of the "Satan" in 1 Chronicles 21:1." *Journal of Biblical Literature*. 128/1(2009), 91-106.

Stuckenbruck, Loren T. "Prayers of deliverance from the demonic in the Dead Sea scrolls and related early Jewish literature." in *Changing Face of Judaism, Christianity, and Other Greco-Roman Religions in Antiquity*. Eds. Ian H. Henderson and Gerbern S. Oegema. Gütersloh: Gütersloher, 2006, 146-165.

Wright, Archie T. *The Origin of the Evil Spirits: The Reception of Gen 6.1-4 in Early Jewish Literature*. Tübingen: Mohr Siebeck, 2005.

Wyatt, N. Numen. "The Concept and Purpose of Hell: Its Nature and Development in West Semitic Thought." *International Review for the History of Religions*. 56 (2009), 161-184.

제11장

묵시문학적 관점에서 본 쿰란문서의 '죽음과 부활' 이해[1]

1. 서론

성서에서 죽음에 대한 이해는 단순히 이 땅에서 인간의 생명이 소진하는 데서 끝나는 것이 아니라, 그 너머의 삶에 대한 이상(vision)으로 확대되는 특징이 있다. 그런데 대다수의 학자들은 구약성서에서 죽음 너머(life after death)에 대한 희망과 기대가 과연 있었는가 라는 질문에 대해서 대체로 회의적이다. 이런 현대 구약학자들의 회의적 태도는 사실 전혀 새로운 것이 아니다. 이미 예수 당시의 사두개인들은 부활사상이 오경에 언급되지 않는다는 것에 근거하여 부활을 부인하였다(행 23:6-8).

그렇다면 기독교 신앙의 핵심 중의 핵심이라 할 수 있는 부활 신앙의 근거가 구약에서 유래한 것이 아니란 말인가?

---

[1] 이 글은 이윤경, "묵시문학적 관점에서 본 쿰란문서의 '죽음과 부활' 이해," 「신학사상」, 139 (2009), 7-34에 실린 글을 자구 및 문장 수정 후 다시 실은 것이다.

어떤 학자들은 부활과 영생과 같은 사상은 히브리적 구약사상 아니라, 이집트나 바벨론 신[2] 혹은 조로아스터교[3]와 같은 외래종교의 영향이라고 보기도 한다.

본 논문은 현대 구약학자들의 구약성서 부활 개념에 대한 회의론과 외래종교 기원론에도 불구하고, 초대 기독교인들뿐만 아니라, 이미 예수 시대의 바리새인들이 강력하게 부활을 주장하였으며, 이 문제가 당시 유다 사회의 중요한 신학 논쟁 중의 하나였다는 흥미로운 사실에 주목함으로써 비롯되었다.

부활이나 영생과 같은 사상이 초대 기독교인들의 새로운 교리가 아니라, 늦어도 기원전 1세기 무렵 이미 큰 세력으로 자리 잡은 바리새파[4]와 같은 유대교 다수파의 굳건한 신학사상이었다는 것은 잘 알려진 사실이다. 이런 사실로 보아 구약성서는 이미 기원전 1세기 유대인들에게 '죽음 이후의 세계'에 대한 사상적 단초를 제시하였을 뿐 아니라, '부활과 영생'과 같은 해석학적, 신학적 전승으로 발전되어 나가고 있었음을 짐작할 수 있다.

---

2 바알, 오시리스, 다무스 등은 대표적인 '죽고 다시 사는' 고대 중동의 신들이다.

3 많은 학자는 '부활' 사상의 기원을 페르시아의 조로아스터교에서 찾는다. 조로아스터교의 경전 아베스타(Avesta) 해석집인 잔드(Zand) 7-9장은 세 번의 천년기가 끝나고 부활이 일어날 것이라고 말한다. 부활에 대한 페르시아 사상은 기원후 12세기에 편찬된 분다히쉰(Bundahišn)에 언급된 '부활과 불'에 의한 세상의 정화 이야기를 통해서도 확인된다. 이란의 영향을 주장하는 대표적 학자로는 Harris Birkeland, "The Belief in the Resurrection of the Dead in the Old Testament," *Studia Theologica* 3 (1949), 60-78의 논문을 참조하라.

4 바리새파의 기원에 대해서는 다음의 자료를 참조하라. J. Bowker, *Jesus and the Pharisees*, (Cambridge: Cambridge University Press, 1973); E. Rivkin, "Defining the Pharisees; The Tannaitic Sources," *Hebrew Union College Annual* 40-41 (1969-70), 205-49; L. Finkelstein, *The Pharisees: The Sociological Background of Their Faith*, 2 vols (Jewish Publication Society Of America, 1962); J. Neusner, *From Politics to Piety: The Emergence of Pharisaic Judaism* (Eugene: Wipf & Stock Publishers, 2003).

구약과 신약은 죽음과 죽음 너머의 삶에 대한 개념과 담론에 있어서 그 연속성과 불연속성이 분명히 있다. 그러나 구약과 신약 사이의 신학적 담론의 간극에도 불구하고, 부인할 수 없는 사실은 성서는 일관되게 '죽음과 죽음 너머의 세계'를 바라보고 있다는 점이다. 본 논문은 신구약을 잇는 '죽음과 부활'에 대한 신학적 전승사에는 해석학적, 담론적 연결고리가 있다고 보고, 그 연결점을 쿰란 묵시문학 문서들을 통해 살펴보고자 한다.

2. 묵시문학적 세계관을 통해서 본 '죽음과 부활' 이해

구약의 오경과 역사서는 에녹과 엘리야의 인생을 제외하고는 끊임없이 수많은 인생의 죽음을 이야기한다. 예언서는 이스라엘과 유다의 국가적 죽음을 반복하여 말하고 있다. 또한, 성문서 중 전도서는 인생이면 누구에게나 닥치는 죽음의 허무를 탄식한다(전 2:16; 3:19). 구약은 죽음에 대해서 매우 부정적이고, 오히려 두려운 대상으로 여긴다. 구약의 죽음에 대한 지배적 개념은 죽음은 생명의 끝이며, 죽은 자는 하나님을 찬양할 수 없으며(시 6:5), 스올[5]로 내려가는 상태라고 본다.

---

5 우리말 개역성경은 히브리어 스올(שׁאוֹל)을 때로는 음차(音借)하여 '스올'로, 때로는 '음부'로 번역한다. 개역개정판은 '스올'로 통일하여 음차한다. 70인역(LXX)은 스올을 '하데스'(ἅδης)로 번역한다. 영어 번역은 중세 영역본인 KJV(King James Version)과 AV(Authorized Version)은 스올을 '지옥'(Hell)으로 번역하였지만, 현대 영역본들(e.g. NKJV, NIV, NASV, NRSV, NAV)은 모두 'Sheol'로 음차한 다. 스올은 악한 자들의 심판의 공간으로서의 '지옥'이라는 개념보다는, 고대 이스라엘인들은 죽은 자의 장소인 스올을 지하세계로 생각하였다.

하지만, 구약에는 죽음 이후의 삶과 상태를 암시하거나 기대하는 구절들이 분명히 있다. 예를 들어 야곱의 시체를 미라로 만든 사실(창 50:1-3)은 분명 이집트의 부활 사상의 영향을 증명해주는 보도이다. 시편 탄원시는 절망과 탄식의 상황을 넘어서는 회복과 갱생기대로 급전환한다(시 22, 74편).[6] 또한, 엘리야와 엘리사 사화에는 죽은 자를 다시 살리는 이야기가 나온다(왕상 17장, 왕하 4장). 그러나 분명 이것은 일반적인 '부활'과는 거리가 먼 단순한 소생에 불과하다. 구약성서에서 죽음을 넘어서는 삶과 세계에 대해 본격적으로 논의하기 시작하는 것은 묵시문학이라고 볼 수 있다.

묵시문학의 기원이 '지혜'(Gerhard von Rad)인지 '예언'(D. S. Russell, Paul D. Hanson)인지, 또 묵시문학의 저자가 제사장 그룹(Stephen L. Cook)인지, 혹은 제사장 그룹에서 소외된 이상주의자(visionary) 집단인지(Hanson)에 대한 논의는 계속됐다.[7] 묵시문학적 종말론의 발생학적 상황에 대해서 전통적으로 학자들은 '위기상황'에서 요구되는 담론이었다고 본다.

예를 들어, 플뢰거(Otto Plöger)나 핸슨은 '인지 부조화'(cognitive dissonance)이론이나 '결핍'(deprivation) 이론에 근거하여, 묵시문학은 제사장-귀족 계급으로부터 소외된 예언자-환상가 그룹으로부터 나온 '저항문학'으로 본다.[8]

---

6 다후드는 시편과 우가릿어 평행구 비교 연구를 통해 구약성서는 우리가 종래 생각했던 것보다 훨씬 더 높은 수준의 영혼 불멸과 부활에 대한 기대가 있었다고 주장한다. 다후드는 예를 들어 시편 17:15 하반절을 '부활 때에'(내가 깰 때)라고 번역한다. 다후드의 주장에 대해서는 그의 시편주석을 참조하라. Mitchell Dahood, *Psalms* I (Anchor Bible; Garden City, NY: Doubleday, 1965).
7 묵시문학에 대한 총론을 위해서는 다음의 논문을 참조하라. 왕대일, "묵시문학 운동의 역사이해,"「기독교사상」1991년 2월호, 37-50. Robert R. Wilson, "From Prophecy to Apocalyptic Reflections on the Shape of Israelite Religion," *Semeia* 21 (1981), 79-95.
8 O. Plöger, *Theocracy and Eschatology*, trans. S. Rudman (Richmond, VA: John Knox Press, 1968); P. D. Hanson, *The Dawn Apocalyptic: The Historical and Sociological Roots of Jewish Apocalyptic Eschatology* (Philadelphia, PA: Fortress Press), 1975.

그러나 벌퀴스트(J. Berquist)는 묵시문학은 권력 계층과 비권력 계층의 대결 구도에서 나온 것이 아니라, 오히려 권력 계층 내부의 갈등의 산물이라고 본다. 그는 종속이론에 기대어, 묵시문학은 기존의 권력 집단에 속하기는 했지만, 중급 관리에 지나지 않았던, 주변부 엘리트 그룹이었던 '서기관' 내지는 '관료' 계급의 산물이라고 본다.[9]

결국, 플뢰거, 핸슨, 벌퀴스트는 모두 '갈등과 결핍' 이론에 근거하고 있다. 반면, 쿡은 포로 후기 묵시문학 운동이 페르시아 시대 유대령(Yehud)에서 그토록 광범위하게 일어나게 된 배경을 갈등이론으로 설명하는 것은 충분치 못하다고 본다.

쿡은 묵시문학을 '천년왕국'(millennial) 그룹의 문학운동의 일환으로 설명한다.[10] 그는 묵시문학이 일어나게 된 유대사회를 단순한 갈등이론이나 계급이론으로 설명할 수 없다고 본다. 토착민 그룹에도 주변부와 중심이 있었으며, 지배 계급에도 역시 주변부와 중심이 엄존하였으며, 피지배 계급 역시 주변부와 중심이 있었다고 분석한다.

이러한 분석은 오늘날 사회에 적용하더라도 부인할 수 없는 엄연한 사실이다. 그는 초기 묵시문학 본문들(겔 38-39장, 슥 1-8장, 요엘)을 분석함으로써, 묵시문학의 저자는 중앙의 제사장 집단이라는 결론을 내린다. 쿡의 이론은 묵시문학의 기원을 설명하는 다른 어떤 학자들의 설명보다 훨씬 더 분명하게 쿰란문서와 쿰란 공동체의 성격을 설명하는데 적확한 것으로 보인다.

---

9   J. Berquist, *Judaism in Persia's Shadow: A Social and Historical Approach* (Minneapolis, MN: Fortress Press, 1995), 7-9, 182-184.
10 스티븐 L. 쿡, 『예언과 묵시: 포로기 이후 묵시 사상에 대한 사회학적 연구』, 이윤경 역 (서울: 새물결플러스, 2016), 23-49.

케제만(E. Käzemann) 같은 학자는 "묵시문학은 기독교 신학의 어머니이다."[11]라고까지 말한다. 묵시문학의 세계에서 고대 히브리인들은 '시간의 끝'에 대한 사고, 즉 묵시문학적 종말론으로 나아가게 된다. 생명의 끝과 그 너머의 세계를 향한 열망이 부활과 영생이라는 개념으로, 세상의 끝과 그 너머의 미래에 대한 기대는 묵시문학적 종말론 개념으로 확대된다.[12]

'묵시문학적 종말론'(apocalyptic eschatology)이란 무엇인가?

핸슨은 '묵시문학적 종말론'은 포로 후기의 비관적 유대사회에서 하나님의 그의 백성을 향한 주권적 구원행위를 오직 '환상가들'(visionaries)에게만 계시하는 '종교적 관점'이라고 정의를 내린다.[13] 한편, 콜린스(J. J. Collins)는 '묵시문학적 종말론'은 한마디로 '미래에 대한 기대'라고 정의를 내린다.[14]

그런데 종말론에 대한 전통적인 정의는 일차적으로 'eschaton'이라는 문자의 어원학에 근거한다. 즉 종말론은 '세상과 역사의 종말에 관심'하는 것이다(Julius Wellhausen, Sigmund Mowinckel, van der Ploeg).

벨하우젠과 그의 추종자들 및 모빙켈은 종말론은 포로 후기 현상으로 국한짓는다.[15] 그러나 이러한 전통적인 종말론에 대한 정의에 반기를 들고,

---

11 E. Käzemann의 이 주장에 대해서는 *Journal for Theology and the Church* 6, Robert Funk, ed. (New York: Herder and Herder), 1969에 실린 그의 두 논문 "The Beginnings of Christian Theology"(17-46쪽)과 "On the Topic of Primitive Christian Apocalyptic"(99-133쪽)을 참조하라.

12 '묵시' 개념에 대해서는 여전한 논란에도 불구하고, 이미 1970년대에 콜린스가 내린 정의를 본 논문에서는 논의의 편의상 따르고자 한다. 고전적인 콜린스의 apocalyptic, apocalypse, apocalypticism에 대한 정의에 대해서는 다음 논문을 참조하라. "Apocalyptic Literature," in *Dictionary of New Testament Backgrounds*, Craig A. Evans and S. Porter, eds. (Downers Grove, IL: InterVarsity Press, 2000).

13 P. D. Hanson, *The Dawn of Apocalyptic*, 12-16.

14 J. J. Collins, "Apocalyptic Eschatology as the Transcendence of Death," *Catholic Biblical Quarterly* 36 (1974), 21-43.

15 S. Mowinckel, *He That Cometh*, tr. G. W. Anderson (Oxford: Blackwells, 1959).

종말론은 세상의 '끝'에 대한 관심보다는 오히려 세상과 역사의 종말 '너머'에 관심을 두고 있다는 주장이 제기되었다.

그런데 여기서 우리가 주목해야 할 바는 종말론의 궁극적 관심에 대한 상이한 입장 차이에도 불구하고, 양 진영의 학자들 모두 '세상과 역사의 종말'이라는 문구를 공통적으로 견지하고 있을 뿐만 아니라, 무엇보다도 가장 중요한 사실은 학자들이 '종말'(the end)에 대한 본질적 정의에 동의하고 있다는 점이다. 구약성서가 말하는 '종말'은 세상의 완전한 소멸이 아니라, 역사의 한 시기의 종말(the end of this period)이다. 즉, 종말론은 이 세대와 시기의 철저한 해체와 새로운 질서의 도래를 의미한다고 본다.

지금까지 구약학자들의 '죽음과 부활' 연구는 구약성서의 부활 개념의 존재 여부에 대한 양자택일식 검토와 포로 후기 예언서에 나타나는 부활 언급은 우리가 알고 있는 일반적 부활 개념이 아니라는 사실을 입증하는 데 집중됐다. 이런 상황에서 '죽음과 부활'에 대한 연구는 하나의 독립된 문학 장르로서의 묵시문학(apocalypse)과 종교적 사상과 사회구성체로서의 묵시주의(apocalypticism)라는 틀과는 유리된 채, 별개의 학문적 주제로 다루어져 왔다.

구약성서의 '죽음과 부활' 이해에 관한 연구는 이미 그때 존재했느냐, 아니냐의 문제로부터 이제 어떻게 하나의 해석학적 담론으로 전승되었는지를 살펴보는 단계로 나아가야 한다. 이 단계는 신구약을 잇는 쿰란문서의 묵시문학에 나타나는 '죽음과 부활' 이해에 대한 검토를 통해 이루어질 수밖에 없다. 이 단계에 관한 연구는, 사실 신약에 나타나는 부활 신앙이 묵시문학적 종말론이라는 세계관 속에서 이해되어야 한다는 점에서 더욱 절실히 요구된다.

본 논문은 시간의 끝이라는 종말론 개념과 하나님의 간섭이라는 묵시문학의 사상적 맥락에서 '죽음과 부활'의 개념을 살펴보고자 한다. 즉, 이제 우리는 묵시문학적 세계관 안에서 죽음과 죽음 너머의 세계를 바라보아야 한다.

3. 구약 초기묵시문학에 나타난 '죽음과 부활' 이해

본 논문은 쿰란 묵시문학의 근간을 이루는 구약성서의 초기묵시문학(proto-apocalyptic)의 '죽음과 부활'에 대한 언급을 먼저 간략하게 살펴보고자 한다.

핸슨은 종말론을 예언자적 종말론(prophetic eschatology)과 묵시문학적 종말론(apocalyptic eschatology)으로 구분한다.[16] 핸슨에 따르면, 이러한 구분은 내용상으로는 두 종류의 종말론 모두 이 세대의 질서의 종말을 언급함에도 불구하고, 그 내용을 담지하는 문학 양식의 차이로 인해 파생된다.

예언자적 종말론은 역사, 정치, 인간이라는 단순하면서도 이해 용이한 구도를 통해 현 질서의 종말을 언급하고 있는 반면, 묵시문학적 종말론은 우주적 신화(cosmic mythology)의 양식으로 현 질서의 종말과 새로운 질서의 도래를 추구한다.

비록 핸슨의 이러한 구분이 인위적이며, 20세기의 '비신화화' 신학의 영향으로 폄하한다 할지라도, 예언자적 종말론과 묵시문학적 종말론의 구분

---

16 P. D. Hanson, "Apocalyptic Literature", in *The Hebrew Bible and its Modern Interpreters*, eds. D. A. Knight and G. M. Tucker (Philadelphia, PA: Fortress, 1985), 465-488.

은 여전히 논의의 타당성이 있다. 즉, 예언자적 종말론에서 묵시문학적 종말론으로의 담론 전환은 단순한 문학 양식의 차이뿐만 아니라, 종말과 종말 너머 세계의 주체가 전환되고 있다는 점에서도 핸슨의 구분은 그 의의가 있다.

초기예언적 묵시록(사 24-27장; 56-66장; 겔 38-39장; 슥 1-8장; 요엘 등)과 예언서 몇 군데에 나타난 예언자적 종말론에 대해서는 많은 논의가 있었다.[17] 예를 들어, 호세아 6:2의 '이틀 후에 우리를 살리시며 셋째 날에 우리를 일으키시리니'라는 본문은 전통적으로 예수의 죽음과 부활에 대한 메시아 예언으로 해석되었지만, 학자들은 호세아 예언서의 원래 본문의 맥락에서 이 구절은 포로기 이후에 곧 다시 임할 하나님의 구원과 회복에 대한 메시지로 보아야 함을 지적하였다.

호세아 6:2의 본문이 기원전 8세기 이스라엘의 역사적, 정치적 사건을 배경으로 하는 것처럼, 이사야 25:8[18]과 26:19[19]과 에스겔 37장의 '부활' 언급 역시 그 본래 맥락에서 이스라엘 민족의 회복에 대한 기대로 이해해야 함을 학자들은 제안하였다. 이사야서 26:19은 하나님의 세계 심판에 대해서 언급하는 유명한 '이사야 소묵시록' 단락(사 24-27장)에 나타난다. 이사야 26:19의 '부활'은 모든 죽은 자들의 부활(general resurrection)이 아니라 '그들의 시체들'의 부활이다.[20] 즉 한정된, 구분된 죽은 자들의 부활을 말하고 있다.

---

17 연구사 및 주요 논점들에 대해서는 다음의 논문을 참조하라. B. C. Ollenburger, "If Mortals Die, Will They Live Again?" *Ex auditu* 9 (1993), 29-44.
18 "사망을 영원히 멸하실 것이라 주 여호와께서 모든 얼굴에서 눈물을 씻기시며 자기 백성의 수치를 온 천하에서 제하시리라 여호와께서 이같이 말씀하셨느니라"(개역개정).
19 "주의 죽은 자들은 살아나고 그들의 시체들은 일어나리이다 티끌에 누운 자들아 너희는 깨어 노래하라 주의 이슬은 빛난 이슬이니 땅이 죽은 자들을 내놓으리로다"(개역개정).
20 이 본문의 MT는 '너의 시체들'로, 시리아 역본은 '그들의 시체들'로 나오는데, 한글 성경은 시리아 역을 따르고 있다.

마찬가지로 에스겔 37장은 바벨론의 포로상태에 처한 이스라엘의 회복을 마른 뼈의 소생이라는 환상을 통해 제시하고 있다. 이 부활은 시체의 부활을 말하고 있지만, 분명한 것은 이스라엘의 회복을 제시하는 하나의 표상으로 '마른 뼈 환상'이 나타난다는 것이다.

이렇듯 예언자적 종말론은 종말 너머의 비전을 제시할 때, 그 비전은 개인의 부활을 의미한다기보다 분명 죽은 것과 같은 이스라엘의 갱생과 회복이라는 국가적 부활이었다. 구약의 예언서는 "새 하늘과 새 땅"(사 65:17)이라는 언급을 통해 새로운 세상과 질서에 대한 기대를 드러내고 있다.

반면, 묵시문학적 종말론은 이스라엘의 국가적 부활보다는 오히려 의롭고 경건한 개인(하시딤)의 부활에 집중한다. 다니엘서 12장은 고대 이스라엘인들의 역사 가운데 예언자적 종말론에서 묵시문학적 종말론으로 담론적 전환이 일어났음을 분명하게 증언하는 중요한 본문이다. 다니엘 12:3[21]은 우리말 성경에서 '깨어나다'로, 영어 성경에서는 'arise, awake'로 번역을 하지만, 본래 MT의 히브리어는 יקיצו('모이다')이다.

그러나 이미 고대 히브리인들이 이 문장을 부활의 의미인 '깨어나다, 일어나다'의 의미로 확대, 수용했음은 쿰란 다니엘 사본을 통해 확증된다. 4Q245 frg. 2는 히브리어 동사 יקומון('일어나다')를 사용한다. 이 한 가지 예를 통해서도 비록 많은 구약학자들이 구약성서에는 사후세계에 대한 기대나 소망이 거의 나타나지 않으며, 부활에 대한 기대는 전무하다고 보고 있지만, 기원전 2세기 무렵의 쿰란 다니엘서를 살펴볼 때, 이미 적어도 이 무렵 이스라엘인들은 우리가 상상하는 것 이상으로 사후세계와 부활에 대한

---

21 "땅의 티끌 가운데에서 자는 자 중에서 많은 사람이 깨어나 영생을 받는 자도 있겠고 수치를 당하여서 영원히 부끄러움을 당할 자도 있을 것이며"(개역개정).

소망을 담아 구약성서를 재해석해 내고 있었다는 것을 알 수 있다.

그렇다면 이제 '죽음과 부활'에 대한 개념이 어떻게 구약에서 신약으로 넘어가는지, 그 연결지점에 있는 쿰란 묵시문학 문서들을 통해 구체적으로 살펴보고자 한다.

4. 쿰란문서에 나타난 '죽음과 부활' 이해

1) 쿰란 공동체: 묵시문학적 공동체

크로스(F. M. Cross)가 쿰란 공동체를 '묵시문학적 공동체'로 간주한 이래[22] 많은 학자들이 쿰란 공동체의 종말론 사상을 쿰란문서를 통해서 확인하고자 하였다. 그러나 쿰란문서는 체계적이고 일관성 있는 종말론과 최후의 시간에 대한 확정적 일정에 대해서는 제시하지 않는다.

이런 이유로 스미스(M. Smith) 같은 학자는 종말론은 쿰란 공동체의 본질적이며 근본적인 구성요소가 결코 아니라, 개별 문서에 따른 개별사항에 불과하다고 본다.[23]

하지만, 대다수의 쿰란 학자들은 쿰란 공동체가 최후 심판이 임박한 마지막 때에 살고 있다는 시간 개념 속에 살고 있었다고 본다.

쿰란 공동체는 그들이 살고 있던 시대는 죄악의 시대이며, 의인에게는

---

22 F. M. Cross, *The Ancient Library of Qumran*, 3d ed. (Sheffield: Sheffield Academic Press, 1995), 55-70.

23 M. Smith, "What is Implied by the Variety of Messianic Figures," *Journal Biblical Literature* 78 (1959), 71.

시련과 유혹의 시대, 즉 마지막 때(אחרית הימים)라고 보았다.[24] 쿰란 공동체가 자신들이 종말의 때에 살고 있다는 의식은 '정해진 때'(מועד)라는 단어에 내포된 종말의식에서 더욱 분명하게 드러난다.

구약에서 이 단어의 용례는 종말론적 시간 개념보다는 '제의를 위해 정해진 시간'(출 9:5; 삼상 9:24)이나 '정해진 장소(회막)'를 지칭한다. 그런데 쿰란문서는 특별한 절기를 위해 정해진 때라는 אחרית הימים 단어에 '하나님이 이미 정하신 때'라는 종말론적 요소를 부여한다.

쿰란 공동체는 분명 종말론적 시간 개념[25] 속에서 자신들이 마지막 때에 살고 있다고 믿었다. 그런데 그들은 현존하는 역사와 세계의 대파국을 기대한 것이 아니라, 오히려 옛 질서의 완전한 해체와 새로운 질서의 도래를 기대하였다. 그러나 과연 쿰란문서가 죽음과 죽음 이후의 삶이나 영생 등에 대해서 얼마나 언급하는가에 대해서는 완전히 상반된 의견이 제시되고 있다.

하임 라빈(Chaim Rabin)은 쿰란문서는 광범위하게 죽음과 부활에 대해 언급하며, 이런 점을 고려할 때 바리새파의 작품이라고 주장한다.[26] 그러나 라빈의 입장과 대척점에 서 있는 입장의 학자도 있다. 로린(R. B. Laurin)은 쿰란문서에는 영혼 불멸이나 몸의 부활에 대한 언급이 전혀 없다고 주장한다.[27]

---

24 쿰란문서에 나타나는 이 개념에 대해서는 다음의 논문을 참조하라. A. Steudel, "אחרית הימים in the Texts of Qumran," *Revue de Qumran* 16 (1993), 225-246.

25 쿰란 공동체의 시간이해를 이야기할 때, 반드시 언급해야 되는 두 문서는 희년서와 제1에녹서이다. 이 두 문서는 쿰란 공동체의 시간이해의 근간을 이루는 중요한 문서이다. 이 두 문서에는 공통적으로 1년을 364일로 보며, 이것은 제사장의 스물여섯 반차와 맞물려 정확한 제의적 시간관을 제공하게 된다(제1에녹 18:14-16; 80:2-8; 희년서 2:9; cf. 1QM 2:1-2). 참고로, 역대상 24:7-18에는 스물넷 반차가 나오는데, 1QM 2:1-2에는 스물여섯 반차를 언급한다. 이 문제에 대해서는 다음 논문을 참조하라. Paul Winter, "Twenty-Six Priestly Courses," *Vetus Testamentum* 6/2 (1956), 215-17.

26 Chaim Rabin, *Qumran Studies* (London: Oxford University Press, 1957).

27 R. B. Laurin, "The Question of Immortality in the Qumran Hodayot," *Journal of Semitic*

비록 엣세네파와 쿰란 공동체가 동일한 공동체인지에 대해서는 많은 논의가 있지만,[28] 고대학자들이 엣세네파에 대해 언급한 내용들은 본 논문의 주제와 관련하여 도움이 된다. 요세푸스는 엣세네파는 최후 심판 때 의인은 영복(永福)을 악인은 영벌(永罰)을 받는다는 신피타고라스적 신앙을 갖고 있었다고 보도한다(유대전쟁 2.151-158). 요세푸스가 엣세네파의 사상을 헬라사상의 영향으로 보도하는데 반해, 초대교부 히폴리투스(Hippolytus of Rome)는 엣세네파는 몸의 부활을 믿고 있었다고 전한다.[29]

요세푸스와 히폴리투스가 엣세네파의 사후세계사상을 플라톤적인 '영혼불멸'(immortality) 사상과 '몸의 부활'을 이야기하는 유대 묵시문학 사상으로 각각 다른 기원으로 엣세네파의 종말론을 설명하지만, 둘 모두 엣세네파는 의인의 궁극적 보상은 '죽음을 초월한 세계'에 있다고 보도한다.

우리는 다니엘서 12:2에 나타나는 'לחיי עולם' (영원한 생명)에 대한 소망은 바울신학에서 헬라적인 '영혼불멸' 사상이 아니라, '몸의 부활' 개념으로

Studies 3 (1958), 144-145.
[28] 엣세네파와 쿰란 공동체의 상관관계에 대한 대표적인 두 입장은 슈테그만과 머피-오코너의 이론이다. 슈테그만은 엣세네파가 곧 쿰란 공동체라고 본다. 머피-오코너는 쿰란 공동체는 '의의 스승'에 대한 입장 차이로 인해 엣세네파에서 분리된 한 분파라고 본다. 쿰란 공동체의 기원에 대한 이론에 대해서는 다음 논문을 참조하라. 이윤경, "쿰란사본과 공동체 3: 쿰란 공동체는 누구였을까?" 「기독교사상」 2005년 3월호, 260-69. 한편, 이러한 역사적 관점보다, 문학적 관점에 기대어, 롤랑 베르그마이어는 엣세네파와 쿰란 공동체의 차이점을 문학적 자유와 역사의 차이로 설명한다. A. Steudel, "The Development of Essenic Eschatology," in *Apocalyptic Time*, A. I. Baumgarten, ed. (Brill: Leiden, 2000), 80에서 재인용.
[29] Refutatio omnium haeresium 9.27. É. Puech, "Immortality and Life after Death," in *The Dead Sea Scrolls: Fifty Years after their Discovery: Proceedings of the Jerusalem Congress, July 20-25, 1997*, L. H. Schiffman, E. Tov, J. C. VanderKam, G. Marquis, eds. (Jerusalem: Israel Exploration Society, in collaboration with The Shrine Of the Book, Israel Museum, 2000), 513에서 재인용.

발전된 것을 안다. 하지만, 우리는 바울신학을 바울의 창작이 아니라, 고대 이스라엘인들의 신학적 연속성이라는 차원에서 살펴보아야 한다. 즉, 우리는 쿰란문서를 통해 '죽음 너머의 세계'에 대한 관심이 '몸의 부활' 신학으로 발전해 나가는 과정을 추적해 볼 수 있다.

2) 쿰란문서에 나타난 '죽음과 부활'

쿰란문서 중 '부활'에 대해 언급하는 문서들을 살펴봄으로써, 쿰란 공동체의 '죽음과 부활'에 대한 사유를 살펴보자. 대부분의 쿰란학자들이 쿰란 이전의 작품으로 간주하는 아람어 문서인 4Q542(고핫 유언)는 사실 보존 상태가 좋지 못하여, 단지 1.5 칼럼만 남아 있다. 이 문서는 족장 고핫이 아들들에게 그들의 행위에 따라 의인은 영원한 축복을 받고, 악인은 영벌을 받는다는 것을 유언하는 내용이다.

고핫 유언 외에도, 족장이 주인공으로 등장하여 종말론적 최후에 대해 언급하는 문서가 또 있다. 족장 아므람이 주인공으로 등장하는 4Q548(아므람 환상)은 최후 심판 때에 의인과 악인이 각기 맞이하게 될 운명을 이야기한다. 의인(빛의 아들들)은 빛과 기쁨과 평화를 누리게 되나, 악인(어둠의 아들들)은 어둠과 죽음과 아바돈에 처하게 될 것이다.

이 두 문서 모두 의인과 악인의 삶은 차안(此岸)에서의 삶이 끝이 아니라, 그 너머의 피안(彼岸)의 삶이 있다는 의식을 전제로 하고 있다. 비록 두 문서 모두 의인이 받은 영원한 축복이 무엇인지 구체적으로 제시하고 있지는 않지만, 의인과 악인의 삶은 현 세상에서의 호흡이 끊어지는 물리적 죽음 너머로 이어진다는 의식을 전제한다.

이 두 유언문서의 종말론 사상과 유사한 양상의 종말론 사상이 나타나는 문서는 CD(다메섹 문서)이다. 이 문서는 의인들은 '영원히 살도록 예정되어 있으며 아담의 영광이 그들의 것이 될 것'(3:20)이라고 말한다. CD의 이 본문은 구체적으로 부활을 언급하지는 않지만, 어떤 형태로든 '영생의 삶'을 살게 될 것이라고 말한다.

이상의 문서에 나타난 종말론 사상이 '죽음과 부활'이라는 보다 발전된 묵시문학적 종말론으로 나타나는 문서는 4Q385(위경 에스겔)이다. 이 문서에서 쿰란 공동체는 에스겔 37장의 '마른 뼈 환상'의 본래적 의미를 포월(包越)하여, 이제는 의의 길을 걷는 이스라엘인들을 향한 보상으로서의 '부활'로 새롭게 해석해 낸다. 즉, 정경 에스겔서의 원래 문맥에서 '마른 뼈 환상'은 이스라엘 전체의 부활을 지칭하였다면, 쿰란 위경 에스겔에서는 개인의 부활을 의미한다.

위경 에스겔에 나타나는 의인의 무덤을 열고 그에게 새로운 삶이 허락될 것이라는 소망은 4Q521(메시아 묵시록)에서도 드러난다. 이 메시아 묵시록은 복음서의 원형으로 보이는 문서인데(특히, 마리아찬가), '하나님께서 죽은 자를 일으키신다'(2 ii 12)고 선언한다.

우리가 쿰란 공동체의 죽음과 부활에 포함하는 묵시문학적 종말론을 다루고자 할 때, 반드시 언급해야 할 문서는 1QH(감사시, 호다요트)이다. 이 쿰란 '감사시'는 최후전투와 그 후 최후 심판 때에 내릴 영벌과 보상에 대해 말해준다.

쿤(H. W. Kuhn)은 이 감사시에 나타나는 종말론은 '개인적 종말론'이며, '실현된 종말론'이라고 본다.[30] 즉 1QH는 죽은 뒤 의인들에게 약속된 천사들과의 친교를 현재에 이미 누리고 있음을 찬양한다(예: 1QH 11:19-22; 19:10-14 등)고 해석한다.

니켈스버그(G. W. E. Nickelsburg)는 쿰란 공동체는 '실현된 종말론' 의식을 갖고 있었다는 쿤의 의견에 동조한다. 니켈스버그에 따르면, 1QH에서 종말론은 더 이상 미래의 문제가 아니라, 이미 현존하는 실제라고 주장한다.[31]

니켈스버그와 쿤에 따르면, 쿰란 공동체는 공동체 입회를 죽은 자의 부활에 비유하였다고 본다.[32] 콜린스는 쿤의 이론을 더욱 정교화하여, 1QH 3:19-23은 '실현된 종말론'을 표현하는 증거 본문이라고 본다.[33]

---

30 H. W. Kuhn, *Enderwartung und Gegenwärtiges Heil: Untersuchungen zu den Gemeindeliedern von Qumran mit einem Anhang über Eschatologie und Gegenwart in der Verkündigung Jesu*, SUNT 4 (Göttingen: Vandenhoeck-Ruprecht, 1966); Emile Puech, "Resurrection: The Bible and Qumran," in *The Bible and the Dead Sea Scrolls: The Princeton Symposium on the Dead Sea Scrolls*, J. H. Charlesworth, ed. (Waco, TX: Baylor University Press, 2006), 272에서 재인용. Helmer Ringgren, *The Faith of Qumran Theology of the Dead Sea Scrolls* (Philadelphia, PA: Fortress Press, 1963).

31 니켈스버그는 이 주장을 제1에녹서 1-5장과 1QH 4:29-40을 비교 연구를 통해 증명하고자 한다. G. W. E. Nickelsburg, "The Qumranic Transformation of a Cosmological and Eschatological Tradition(1QH 4:29-40)," in *The Madrid Qumran Congress: Proceedings of the International Congress on the Dead Sea Scrolls Madrid 18-21 March, 1991* (Madrid: Brill, 1993), 649-659.

32 G. W. E. Nickelsburg, "The Qumranic Transformation of a Cosmological and Eschatological Tradition(1QH 4:29-40)," 657.

33 J. J. Collins, "Apocalyptic Eschatology as the Transcendence of Death," 35. 콜린스는 다니엘 12:3의 '많은 사람을 옳은 데로 돌아오게 한 자는 별과 같이 영원토록 빛나리라'는 문장에서 '별'은 단순한 비유가 아니라, 의인들이 천상존재에 합류하게 되는 상태를 말한다고 해석한다. 특별히 콜린스는 1QH 3:19-23, 1QS 4:6-8와 같은 쿰란문서를 그 예로 제시한다. 콜린스는 이런 고양과 합류의 사상적 담론에 근거한 쿰란 공동체에게 부활이나, 새 시대의 도래는 중요한 것이 아니었다고 주장한다. 콜린스는 쿰란 공동체에게 중요한 것은 '더 높은 수준의 삶의 영역'으로의 수직적(vertical), 공간적(spatial) 이동이었

그러나 푸에시(É. Puech)는 쿤과 그에 동조하는 학자들의 의견을 정면으로 반박한다.[34] 그는 이들이 1QH의 종말론을 개인적 부활로 축소하고, 실현된 종말론으로 환원시키고 있다고 비판한다.

푸에시는 1QH는 분명 최후 심판 때에 의인과 악인이 받게 될 상벌을 언급한다는 사실을 재강조한다. 푸에시는 1QH를 쿤이 제안한 '개인적 종말론'이 아니라, '집단적 종말론'(collective eschatology)을 전제로 하며, 이 틀 안에서 우주를 새롭게 하는 우주적 대재앙이 일어날 것이라고 선포한다고 본다.

쿰란 감사시에 나타나는 최후전쟁과 최후 심판의 도식은 다른 쿰란문서에서도 제시된다. 그런데 쿰란문서에서 최후전쟁은 이원론적 세계관을 전제로 하고 있다.

하자니(M. Hazani)는 묵시문학의 근간이 되는 이원론은 1) 이원론적 세계관과 2) 죽음을 극복하고자 하는 기대라는 두 가지 주제로 구성되어 있다고 본다.[35] 하자니는 이원론적 세계관을 존재론적 이원론과 공간적 이원론으로 좀 더 세밀하게 구분하여 설명한다. 먼저 존재론적 이원론은 하나님과 벨리알, 빛과 어둠과 같은 존재론적 대칭적 관계이다. 공간적 이원론은 차안과 피안의 세계로 구분하여 세계를 투영하는 사고체계이다.

존재론적, 공간론적 이원론에 나타나는 대립항은 서로 갈등과 충돌의 관계에 놓이게 되며, 결국 최후전쟁으로 치닫게 된다. 두 대립항 간의 최후전

다고 주장한다. 콜린스는 쿰란 공동체는 이러한 이동이 이미 그들 공동체 안에서 이루어졌음을 믿었다고 본다.

[34] Emile Puech, "Resurrection," 272.
[35] M. Hazani, "Apocalypticism, Symbolic Breakdown and Paranoia: An Application Of Lifton's Model to the Death-Rebirth Fantasy," in *Apocalyptic Time*, A. I. Baumgarten, ed. (Brill: Leiden, 2000), 28.

쟁의 한 양태는 묵시문학에서 차안의 세계와 이 차안의 세계 너머에 있는 피안의 세계를 향한 전쟁으로 묘사된다. 최후전쟁은 선이 악을 이기고, 영생이 죽음을 마침내 이기는 승리를 궁극적 목표로 삼는다.

1QH에는 벨리알과 하나님, 악의 존재와 천상의 선한 존재라는 존재론적 이원론과 공간적인 이원론이 나타난다.[36] 쿰란 감사시는 최후 심판 때 하나님의 검이 악한 자들을 영원히 멸하고, 의인은 '깨어날 것'이라고 말한다(col. 14). 그러나 최후전쟁에 대해서 쿰란문서 중 1QM(전쟁 문서)보다 더 상세하고, 방대하게 서술한 문서는 없다.

사실 고대 이스라엘인들이 남긴 많은 문서 중 1QM보다 더 상세한 전쟁 계획서(war manual)는 없다고 보아야 한다.

이 문서는 다니엘서 10-12장에 나타난 최후전쟁에 대한 주제를 확대 발전시켜(특히, cols. 13-14), 빛의 아들들이 어둠의 아들들에 대항하여 수행할 최후전쟁에 대해 상술(詳述)한다. 이 최후전쟁에서 빛의 아들들이 마침내 승리하게 되고, 적들은 영원히 아바돈의 불 속에 던져질 것이다.

1QM 역시 1QH와 마찬가지로 존재론적 이원론에 기초하여, 하나님 대 벨리알, 천상 군대 대 벨리알의 군대, 빛의 아들들 대 어둠의 아들들의 대결을 군사용어를 통해 구체적으로 묘사하고, 마침내 새로운 질서의 도래를

---

36 콜린스는 1QH의 묵시적 세계관은 이층 구조(two-story universe)로 이루어져 있다고 본다. 즉, 하늘과 땅이라는 공간적 이원론을 인정하지만, 그는 쿰란문서의 묵시문학적 종말론은 두 시대 이론(theory of two world ages)으로 볼 수는 없다고 말한다. 다시 말하자면 쿰란문서는 우주를 땅과 하늘의 이층 구조로 보고, 땅에 속한 자들이 천상의 인물들과 협력관계에 들어가는 것을 통해 죽음을 초월한다고 말한다[Collins, "Apocalyptic Eschatology," 37]. 그러나 이러한 콜린스의 주장은 묵시문학에 나타나는 문학적 장치로서의 공간적 이원론과 묵시문학적 종말론의 세계관을 혼동한 결과이다. 즉 공간적 이원론을 인지하면서도, 묵시문학적 종말론이 궁극적으로 추구하는 두 시대 개념을 부인할 필요는 없다.

꿈꾼다. 거기에서는 하나님의 검에 의해 깃딤과 앗수르와 열방의 군대가 더 이상 일어서지 못하게 되며, 대제사장의 지도하에 하나님의 백성은 찬양을 하게 될 것이다(col. 19).

1QM은 전쟁터에서 죽은 자들의 부활에 대한 구체적인 언급은 하지 않지만, 최후전쟁으로 악은 영원히 제거되고, 새로운 시대가 열릴 것을 기대한다. 결국, 1QM이 로마의 군대와 맞서는 상황에서 꿈꾸는 묵시문학적 종말은 하나님의 검에 의해 세워지는 새로운 힘의 질서와 체제로의 전환이다. 이런 1QM의 기대는 푸에시의 표현을 빌자면, 분명 '개인적 종말론'보다는 '집단적 종말론'으로 볼 수 있다. 그러나 이러한 분류는 쿰란문서에 나타난 종말론에는 타당하지 않다. 분명 구약성서에서 많은 학자들이 이미 지적했듯이, 예언적 종말론과 묵시문학적 종말론 사이에는 담론적 간극이 있으며, 그 간극은 '집단적 종말론' 대 '개인적 종말론'으로 표현할 수 있다.

예언서에서 이스라엘의 포로됨과 귀환은 이스라엘의 죽음과 부활로 표상되었으며, 다니엘서에서는 이스라엘 전체의 부활보다는 '의로운 현자'의 부활에 대한 기대로 표상되었다. 그러나 쿰란문서에서 이런 간결하고 명확한 구분이 불가능하다.

왜냐하면, 쿰란 공동체는 집단의식과 개인의식이 분명하게 구분되지 않기 때문이다. 엄격한 공동체 입회 과정을 거쳐 공동체의 일원이 되고, 구성원 개인은 더 이상 개인으로 존재하지 않고, 쿰란 공동체라는 하나의 거대한 단일체로서만 존재 가능하게 된다. 그들은 선택받은 자라는 선민의식으로 가득 차 있었으며, 공동체 밖의 자는 그가 비록 이스라엘인이라 할지라도 선택받지 못한 자라는 '집단 정체성'(group identity)을 갖고 있었다.[37]

---

37 1QM 1:2에 보면 쿰란 공동체는 이스라엘 12지파 중 '레위, 유다, 베냐민' 지파와 자신

이상에서 살펴보듯 쿰란문서는 족장들의 유언을 단순한 언약수준의 당부가 아니라, 종말에 있을 최후 심판의 궁극적 축복을 위한 전제로 '다시 쓰기'(rewriting)를 시도한다.

이런 구약 다시 쓰기를 통해, 쿰란 공동체는 구약 전승을 묵시문학적 종말론의 신학적 체계 안에서 재해석해 낸다. 쿰란 공동체는 이스라엘 민족 전체의 국가적 부활을 그리고 있는 예언서 전승을 의롭고 경건한 쿰란 공동체 회원 개인에게 주어질 궁극적 '보상'으로 재해석한다(4Q385, 4Q521 등). 최후 심판 때에 의인에게 주어질 보상으로서의 '부활' 개념은 1QH에서 더욱 분명하게 나타난다. 이 쿰란 감사시는 의인은 비록 흙과 먼지로 구성된 존재라 할지라도, 하나님의 선택받은 자이며, 예정된 자로서 '죽은 자의 시체는 먼지에서 일어나 영원한 보좌에 들어가게 될 것'(19:12)이라고 찬양한다.

쿰란 공동체는 자신들을 의인으로, 그들과 대적하는 외부세력은 그가 비록 혈족으로는 이스라엘인이라 할지라도, 악인으로 구분한다. 공동체에 속하지 않는 자는 '벨리알의 몫'에 속한 자들이라는 존재론적 이원론은 결국 최후전쟁에서 그 파국을 맞게 된다. 그러나 이 최후전쟁은 이 세상의 종말이 아닌, 새로운 질서와 역사의 시원(始原)을 열기 위한 불가피한 사건으로, 이 전쟁의 결과 쿰란 공동체는 '부활'의 삶을 누리게 된다.

들을 동일시한다. 이 세 지파 이외의 이스라엘인들은 비록 혈통으로는 이스라엘일지라도, 쿰란 공동체와 다른 길을 선택한 '어둠의 아들들'에 불과하다.

3) 쿰란공동묘지: 몸의 부활?

쿰란 공동체의 '몸의 부활'에 대한 믿음 여부는 쿰란문서를 통해서만 논의된 것은 아니다. 쿰란 공동체의 부활신앙은 키르베트 쿰란(Khirbet Qumran)의 동쪽으로 3-40미터 떨어진 곳에 위치한 공동묘지의 발굴과 함께 논의되고 있다.[38]

그림1 키르베트 쿰람과 공동묘지 위치도   그림2 동쪽 중앙묘지와 북쪽과 남쪽 공동묘지

---

[38] 그림 1, 2의 출처는 http://www.world-destiny.org/q1/CemeteryInfo.htm. 쿰란공동묘지가 하나인지 혹은 세 개인지에 대해서는 논의가 되어왔다. 좀 더 정확한 묘지 배치도는 푸에시의 다음 논문을 참조하라. "The Necropolises of "Khirbet" Qumran and Ain el-Ghuweir and the Essene Belief in Afterlife," *Bulletin the American Schools Oriental Research* 312(1998), 21-36. 드 보(de Vaux)는 대략 1100여구가 매장된 묘지만을 쿰란 공동체의 것으로 보았다. 라페루사즈(E. M. Laperrousaz)는 1200구로 보았다. 드 보는 키르베트 쿰란 동쪽에 위치한 묘지를 중심묘지로, 남쪽과 북쪽에 위치한 두 군데의 묘지를 부차적 묘지로 구분하였다. 이러한 드 보의 주장에 대해, 스테콜(S. H. Steckoll)은 지형학적으로 보아 키르베트 쿰란 동쪽에 위치한 '하나의 단일한 공동묘지'만 있다고 반박하였다. 자세한 사항에 대해서는 논문을 참조하라. Z. J. Kapera, "Some Remarks on the Qumran Cemetery," in *Methods of Investigation of the Khirbet Qumran Site*, M. O. Wise, N. Golb, J. J. Collins, & D. G. Pardee, eds. (NY: The New York Academy of Sciences, 1994), 97-113.

쿰란공동묘지에는 1100-1200여구가 매장된 것으로 알려졌다. 쿰란공동묘지는 이미 19세기 탐험가로부터 발굴이 시작되어, 쿰란문서 발견과 더불어 관심이 더욱 점증하였다. 1945년 쿰란문서의 발견 이후 쿰란공동묘지는 여러 다른 고고학자들에 의해 몇 차례에 걸쳐 더 발굴되었다.[39] 쿰란공동묘지를 발굴한 학자들은 무덤의 형태에 주목하였다.

듀퐁-소머(Dupont-Sommer)와 같은 학자는 소박하나, 질서정연하게, 동일한 패턴으로 매장된 쿰란공동묘지는 쿰란 공동체의 신학적, 종교적 특성을 드러내고 있다고 본다.

그는 쿰란공동묘지는 쿰란 공동체의 '가난한 자 정신'과 엄격한 공동체의 삶의 원칙과 평등성의 원리를 드러나고 있다고 본다.[40] 이외에도 쿰란공동묘지와 엣세네파의 연관성에 대한 격렬한 논의가 있었다.[41] 그러나 키르베트 쿰란 주위의 공동묘지를 발굴한 대부분의 학자들은 이 공동묘지의 매장형태와 정렬방식으로 보아, 이 공동묘지는 어떤 특정 종교집단의 것이 틀림없다는 데 동의한다.

본 논문의 주제와 관련하여 쿰란공동묘지에 대해 주목할 사항은 바로 쿰란공동묘지의 남-북 정렬방식이 어떤 의미를 내포하고 있는지에 대한 논의이다. 쿰란공동묘지의 무덤은 가족묘지가 아니라, 개인 무덤으로 각 무덤에는 한 명씩만 매장되었다. 또 시신의 위치는 발은 북쪽으로, 머리는 남

---

[39] 쿰란공동묘지 발굴사에 대한 간략한 보고는 J. Magness, *The Archaeology of Qumran and the Dead Sea Scrolls* (Cambridge: Eerdmans, 2002), 168-175; Z. J. Kapera, "Recent Research on the Qumran Cemetery," *Mogilany* (1995), 77-86을 참조하라. 드 보는 여러 차례의 탐사를 통해 43구의 무덤을 발굴하였다.

[40] Kapera, "Some Remarks," 101에서 재인용.

[41] 대표적으로 브로쉬(M. Broshi)는 쿰란공동묘지는 엣세네파의 것이라고 보며, 골브(N. Golb)는 엣세네파와는 전혀 무관한 것이며, 특별히 부러진 뼈, 사라진 신체 일부, 불탄 뼈 등으로 보아, 1차 유대전쟁 때 로마군대와의 전투 중 사망한 자들의 무덤으로 본다.

쪽으로, 얼굴은 동쪽을 향하여 있다. 각 무덤은 일정한 패턴을 유지한 채, 서 있게 배치되어 있다. 남-북으로 정렬된 쿰란공동묘지는 무슬림의 동-서 정렬방식과 확연하게 구분된다.

밀릭(Milik)은 남-북 정렬방식은 에녹전승에서 왔다고 본다.[42] 에녹전승에 따르면 낙원은 먼 북쪽에 위치하고, 바로 그곳에 하나님의 보좌가 있다.[43] 스토이델(A. Steudel) 역시 밀릭의 입장을 반복하면서,[44] 한 걸음 더 나아가 남-북 정렬방식은 엣세네파의 부활사상을 드러내는 것이라고 제안한다.[45] 푸에시는 남-북 정렬방식은 정결하지 못한 예루살렘에 대한 경멸을 표시하는 것으로 해석한다.[46]

밀릭, 스토이델, 푸에시와 같은 학자들은 쿰란공동묘지는 죽음 이후의 삶에 대한 신앙과 단순히 '영혼 불멸'이 아닌 '몸의 부활'에 대한 그들의 믿음에 강력한 증언이라고 본다.

그러므로 쿰란 공동체는 새로운 하나님의 질서의 도래에 대한 종말론적 희망뿐만 아니라, 죽은 자의 몸의 부활에 대한 희망도 갖고 있었음을 알 수 있다. 이러한 두 가지 차원의 종말론-새 하늘과 새 땅의 도래와 몸의 부활-은 신약성서 요한계시록에서 하나로 결합된 형태로 제시된다.

---

[42] 제1에녹서 '파수꾼의 서'는 의인의 부활에 대한 신앙을 제시한다(예: 제1에녹 22장; 58:2-6).
[43] Kapera, "Some Remarks," 106-107에서 재인용.
[44] Steudel, "The Development of Essenic Eschatology," 80.
[45] Peuch, "Resurrection," 참조.
[46] Peuch, "Resurrection," 참조.

5. 결론

본 논문은 구약과 신약 사이의 '죽음과 부활' 이해에 간극이 있다고 보는 것은 오히려 인위적이며, 신구약 중간사 시대의 문학적 산물인 쿰란문서에서 어떻게 구약이 재해석되고 있는지를 간과한 결과라는 인지로부터 출발하였다. 많은 구약학자들이 구약의 '부활' 개념에 대해 회의적이지만, 기독교가 팔레스타인에서 발흥하기 훨씬 이전에 이미 구약의 본문들은 '부활'이라는 신학 개념으로 형상화되고 있었다는 것은 부인할 수 없는 사실이다.

그러므로 오히려 신구약 사이의 '죽음과 부활'에 대한 신학적 담론은 연속성이 더 강조되어야 한다고 본다. 그런데 본 논문은 이상에서 구약의 본문이 크게는 '죽음 너머의 삶과 세계'에 대한 개념으로 확대되는 것은 묵시문학적 환경으로 기인하였고, 그러므로 묵시문학적 종말론이라는 개념 틀 안에서 '죽음과 부활'은 이해되어야 한다고 제시하였다.

쿰란 공동체는 '의의 스승'이라 불리는 사독계 제사장을 중심으로, 제사장 지도 체제하에 있던 그룹이다(예: 1QS, 1QM).[47] 쿰란 공동체는 시대적으로 셀루키드 왕조 말에서 로마제국으로 팔레스타인의 지배 권력이 이동하는 전환기에 살았다. 이런 시대적 환경 속에서 쿰란 공동체는 구약을 엄격하게 재해석함으로써, 자신들이 살고 있는 시대의 식민지배 외세는 과거의 앗수르나 바벨론과 같이 일시적인 권력에 지나지 않는다는 종말론적 확신을 갖고 있었다. 쿰란 묵시문학 문서들에 나타난 '죽음과 부활'에 대한 언급은 죽음과 사후세계에 대한 단순한 문학적 상상력이나 교리의 문제가 아니었다. 쿰란문서에 나타나는 차안을 넘는 피안을 향한 관심은 쿰란 공동

---

[47] 쿰란 공동체의 기원에 대한 직접적인 증거본문은 CD(다메섹 문서) col. 1을 참조하라.

체에게만 배타적으로 허락된 '하나님의 계시' 사건이라는 묵시문학적 종말론의 관점에서 이해되어야 한다.

쿰란 공동체의 묵시문학적 종말론 사상은 종말 전쟁, 최후 심판, 악인과 의인의 죽음 이후의 삶에 대한 처벌과 보상으로 핵을 이룬다. 그러므로 쿰란 공동체에게 최후전쟁과 최후 심판은 그 이후에 이어지는 영원한 축복 및 저주와 불가분의 관계가 있다. 이로부터 쿰란 공동체의 종말론은 현존하는 질서의 해체와 새로운 질서와 역사로의 전진이라는 미래에 대한 희망으로서의 묵시문학적 종말론의 성격을 분명하게 드러낸다.

다른 많은 학자와 마찬가지로, 푸에시는 구약성서와 쿰란 공동체의 시간관을 직선적 시간관으로 단정한다.[48] 그러나 이러한 규정은 서구신학자들의 직선적 혹은 나선적이라는 이분법적 시간관 분류에서 나온 것으로서, 쿰란 공동체의 시간관을 정확하게 설명하는 것이 못된다.

쿰란 공동체의 시간관은 분명 시작과 끝이 있다는 점에서 직선적 시간관이라 할 수 있으나, 이것은 그들의 시간 이해의 한 단면만을 밝힐 뿐이다. 쿰란 공동체는 시간의 끝을 넘어서는 시간을 이야기한다.

오히려 새로운 시대와 역사가 열리는 새로운 시간의 역사를 쓰고 있다. 이것은 직선도 나선도 아닌, 종말을 향해 가는 양자의 비약(quantum leap)과 같은 시간관이다.

쿰란 공동체에게 '죽음'은 끝이 아니라, 새로운 세계와 질서가 열리는 새로운 세상으로 진입하기 위한 통과의례였다. 죽어야지만 부활을 맞볼 수 있다. 한 시대와 역사의 완전한 해체와 새로운 역사로의 비약이라는 묵시문학적 종말론을 통해, 그들은 죽음을 뛰어넘는 부활의 시대를 확신하였다.

---

[48] Puech, "Resurrection," 274.

참고문헌

스티븐 L. 쿡. 『예언과 묵시: 포로기 이후 묵시 사상에 대한 사회학적 연구』. 이윤경 역. 서울: 새물결플러스, 2016.

Berquist, J. *Judaism in Persia's Shadow: A Social and Historical Approach*. Minneapolis: Fortress Press, 1995.

Collins, J. J. "Apocalyptic Eschatology as the Transcendence of Death," *Catholic Biblical Quarterly*. 36 (1974), 21-43.

Hanson, P. *The Dawn of Apocalyptic: The Historical and Sociological Roots of Jewish Apocalyptic Eschatology*. Philadelphia: Fortress Press, 1975.

Hazani, M. "Apocalypticism, Symbolic Breakdown and Paranoia: An Application of Lifton's Model to the Death-Rebirth Fantasy," in *Apocalyptic Time*. A. I. Baumgarten, ed. Brill: Leiden, 2000, 15-40.

Kapera, Z. J. "Some Remarks on the Qumran Cemetery," in *Methods of Investigation of the Dead Sea Scrolls and the Khirbet Qumran Site*. M. O. Wise, N. Golb, J. J. Collins, & D. G. Pardee, eds. NY: The New York Academy of Sciences, 1994, 97-113.

Nickelsburg, G. W. E. "The Qumranic Transformation of a Cosmological and Eschatological Tradition(1QH 4:29-40)," in *The Madrid Qumran Congress: Proceedings of the International Congress on the Dead Sea Scrolls Madrid 18-21 March, 1991*. J. T. Barrera and L. V. Montaner, eds. Madrid: Brill, 1993, 649-659.

_____. *Resurrection, Immortality, and Eternal life in Intertestamental Judaism and Early Christianity*. Cambridge, MA; London: Harvard University Press, 2007.

Puech, É. "Immortality and Life after Death," in *The Dead Sea Scrolls: Fifty Years after their Discovery: Proceedings of the Jerusalem Congress, July 20-25, 1997*. L. H. Schiffman, E. Tov, J. C. VanderKam, & G. Marquis, eds. Jerusalem: Israel Exploration Society, in collaboration with The Shrine of the Book, Israel Museum, 2000, 518-30.

Puech, É. "Resurrection: The Bible and Qumran," in *The Bible and the Dead Sea Scrolls. The Princeton Symposium on the Dead Sea Scrolls. Vol. II: The Dead Sea Scrolls and the Qumran Community.* James H. Charlesworth, ed. Waco: TX, 2006, 247–81.

Rowland, C. *The Open Heaven: A Study of Apocalyptic in Judaism and Early Christianity.* New York: Crossroad, 1982.

Steudel, A. "The Development of Essenic Eschatology," in *Apocalyptic Time.* A. I. Baumgarten, ed. Brill: Leiden, 2000, 79–86.